Schummelseite

Windows 7-Kauderwelsch

Aktiv: Objekt, Symbol oder Fenster, das markiert (ausgewählt) wurde. Elemente, die nicht markiert sind, werden als inaktiv bezeichnet.

Anheften: Windows 7-Funktion, die es ermöglicht, Elemente in der Taskleiste abzulegen.

Assistent: Windows-Tool, um Benutzer durch einen Prozess zu führen und ihnen dabei verschiedene Optionen anzubieten, aus denen sie auswählen können, oder bestimmte Eingabe fordern.

Attribut: Eigenschaften einer Datei, beispielsweise schreibgeschützt, versteckt, komprimiert oder verschlüsselt.

Bildschirmauflösung: Anzahl Daten, die auf dem Monitor angezeigt wird; die Auflösung wird in Pixeln gemessen. Übliche Einstellungen sind 800 x 600 Pixel und 1024 x 768 Pixel. Sie stellen die Bildschirmauflösung in der Windows-Systemsteuerung ein.

Browser: Programm, beispielsweise Internet Explorer, mit dem Sie sich im Internet bewegen können.

Desktop: Hauptbildschirm von Windows 7, der Verknüpfungen zu verschiedenen Programmen und Dateien auf Ihrem Computer sowie die Windows 7-Taskleiste und das Startmenü enthält.

Download: Datei von einer Website oder von einem anderen Computer auf einen anderen Computer oder ein Speichergerät viaModem, Drahtlosverbindung oder Netzwerk kopieren. Siehe auch *Upload*.

Drahtlos: Einsatz von Infrarot- oder Drahtlostechnologie, beispielsweise Bluetooth, um Daten zwischen Computern und anderen Geräten zu übertragen, ohne dafür Kabel zu benötigen.

Firewall: Programm, das Ihren Computer beziehungsweise das System vor dem Zugriff Unbefugter schützt.

Gerätetreiber: Software, mit der Peripheriegeräte wie Drucker oder Modem mit dem Betriebssystem kommunizieren können.

Laufwerk: Speicherbereich im Rechner oder auf einem externen Medium (wie CD-ROM oder DVD), der mit einem Laufwerksbuchstaben gekennzeichnet ist (beispielsweise der Buchstabe C).

Minianwendung: Kleines nützliches Programm, wie Kalender oder Bildpuzzle, das Sie sich auf den Desktop zaubern können.

Modem: Gerät, das die Übertragung von Computerdaten über eine Telefonleitung ermöglicht.

Netzwerk: Gruppe von Computern und anderer Geräte, die über eine Kabel- oder Drahtlosverbindung verbunden sind, sodass sie untereinander Daten austauschen oder gemeinsam nutzen können.

Peripheriegerät: Hardware, die an einen Computer angeschlossen ist, beispielsweise ein Drucker, ein Modem, eine Digitalkamera oder ein Scanner. Peripheriegeräte werden von dem Computer gesteuert, an den sie angeschlossen sind.

Plug & Play: Spezifikationen mithilfe derer Peripheriegeräte sofort erkannt und konfiguriert werden können, sobald sie an einen Computer angeschlossen werden.

Systemwiederherstellung: Windows 7-Funktion, die verwendet wird, um Änderungen auf Ihrem Computer zu verfolgen, indem Sie entweder automatisch oder manuell Wiederherstellungspunkte setzen. Siehe auch *Wiederherstellungspunkt*.

Taskleiste: Leiste auf dem Windows-Desktop, die die START-Schaltfläche sowie die Symbole für verschiedene häufig verwendete Programme und Funktionen enthält.

Upload: Datei von einem Computer oder einem Speichermedium auf einen anderen Standort im Internet via Modem, drahtloser Verbindung oder Netzwerk kopieren.

USB (Universal Serial Bus)-Anschluss: Anschluss an Ihrem Computer, um Plug & Play-Geräte, wie Drucker und Digitalkameras, anzuschließen.

Verknüpfung: Symbol, beispielsweise auf dem Windows-Desktop, auf das Sie doppelklicken, um ein Programm oder einen Ordner zu öffnen.

Wiederherstellungspunkt: Momentaufnahme von allen Einstellungen und Konfigurationen, die auf Ihrem Computer gespeichert sind; Sie können einen Wiederherstellungspunkt setzen, um später die Computereinstellungen auf diesen Zeitpunkt zurückzusetzen und damit ein Problem zu beheben, das sich aus einer Änderung der Einstellungen ergeben hat.

Zugriffspunkt: Ein Gerät, das in drahtlosen Netzwerken eingesetzt wird, um Daten zwischen Netzwerkcomputern oder dem Internet zu senden und zu empfangen; auch als Access Point bekannt.

Windows 7
für Dummies
Ruck-Zuck

Nancy C. Muir

Windows 7
für Dummies
Ruck-Zuck

Übersetzung aus dem Amerikanischen von
Martina Hesse-Hujber

WILEY-VCH Verlag GmbH & Co. KGaA

Bibliografische Information der Deutschen Nationalbibliothek

Die Deutsche Nationalbibliothek verzeichnet diese Publikation
in der Deutschen Nationalbibliografie;
detaillierte bibliografische Daten sind im Internet über
http://dnb.d-nb.de abrufbar.

1. Auflage 2011

© 2011 WILEY-VCH Verlag GmbH & Co. KGaA, Weinheim

Printed in Germany
Gedruckt auf säurefreiem Papier

Korrektur: Frauke Wilkens, München
Satz: aktivComm GmbH, Weinheim
Druck und Bindung: AALEXX Buchproduktion, Großburgwedel

ISBN: 978-3-527-70627-3

Über die Autorin

Nancy Muir hat mehr als 50 Bücher über verschiedene Computerthemen geschrieben und sowohl in der Verlags- als auch in der Softwarebranche gearbeitet. Sie ist Mitglied in der Geschäftsführung der LOOKBOTHWAYS Foundation, einer Organisation, die sich dem Thema Internetsicherheit widmet und kostenlos Informationen für Kinder und junge Erwachsene zu Themen wie Online-Dating oder Blogging anbietet.

Über die Übersetzerin

Martina Hesse-Hujber hat ihr Übersetzerdiplom am FASK Germersheim der Universität Mainz für die Sprachen Englisch und Spanisch in der Fachrichtung Wirtschaft abgelegt. Sie übersetzt bereits seit 1994 für Wiley-VCH. Zu Beginn lag ihr Schwerpunkt vorwiegend bei Computerbüchern der ... für Dummies-Reihe, heute gehören immer wieder auch Wirtschaftsthemen zu den von ihr übersetzten Büchern.

Inhaltsverzeichnis

Einführung

Konventionen in diesem Buch

▶ Wenn Sie etwas in ein Textfeld eingeben müssen, wird dies
fett dargestellt.

▶ Für Befehlsfolgen verwende ich einen senkrechten Strich (|), um die Menübefehle
voneinander zu trennen, beispielsweise: »Wählen Sie in der Internet Explorer-
Symbolleiste EXTRAS|INTERNETOPTIONEN«. Ich könnte natürlich auch schreiben:
»Wählen Sie in der Internet Explorer-Symbolleiste im Menü EXTRAS den Befehl
INTERNETOPTIONEN«.

▶ In manchen Abbildungen habe ich die wichtigen Stellen markiert. Der Text verrät
Ihnen, wonach Sie suchen müssen, und die Markierung erleichtert die Suche.

Ich gehe mal davon aus, dass Sie eine gesunde Abneigung gegenüber Computerbüchern haben. Sie wollen sich nicht ewig mit Windows 7 beschäftigen, sondern
einfach nur mal ein Thema nachschlagen, sich schlaumachen und das Buch wieder
zuklappen. Dann sind Sie in guter Gesellschaft. Es war mir selbst ein großes Anliegen,
ein Buch zu schreiben, in dem es nur darum geht, wie bestimmte Aufgaben erledigt
werden und nichts weiter. Ich werde also nicht lange um den heißen Brei herumre-
den, sondern stets direkt zur Sache kommen. Ich verspreche Ihnen, dass dieses
»Windows 7 für Dummies, Ruck Zuck« genau das Richtige für Sie ist.

Einführung

▶ Über dieses Buch

▶ Warum Sie dieses Buch brauchen

▶ Wie dieses Buch aufgebaut ist

▶ Wie es weitergeht …

Über dieses Buch

Windows 7 ist eine sehr leistungsfähige Software, die über mehr Funktionen verfügt, als Sie sich vorstellen können. Wenn Sie einen Windows 7-Computer besitzen (und davon gehe ich aus, sonst müssen Sie dieses Buch schnell wieder umtauschen!), verbringen Sie sicherlich tagtäglich sehr viel Zeit mit diesem Betriebssystem. In diesem Buch geht es darum, wie Sie sich die Leistungsfähigkeit von Windows 7 zunutze machen. Sie erfahren in diesem Buch Schritt für Schritt, wie Sie die gängigsten Windows 7-Aufgaben erledigen. So können Sie gleich von Anfang an richtig loslegen.

 Dieses Symbol kennzeichnet hilfreiche Tipps zu den Aufgaben in der Schrittanleitung.

Warum Sie dieses Buch brauchen

Sie können nicht wochenlang warten, bis Sie sich endlich in Windows 7 zurechtfinden. Schließlich ist dies die Heimat all Ihrer Programme und Sie wollen E-Mails versenden und Dokumente verwalten. Sie müssen schnell wissen, wie das mit Windows 7 funktioniert. Sie müssen sich möglicherweise ein bisschen in diesem Betriebssystem umsehen und während des Lernens gleich ein paar Aufgaben erledigen. Wenn Sie dabei auf ein Problem stoßen, brauchen Sie schnell eine Antwort, damit Sie weitermachen können. Dieses Buch enthält viele schnelle, klare Anweisungen, die Ihnen das Lernen leicht machen.

Wie dieses Buch aufgebaut ist

Dieses Buch ist in mehrere handliche Teile unterteilt.

Teil I: Arbeiten mit Windows 7

Hier geht es um die Grundlagen wie das Öffnen und Schließen von Anwendungen, das Arbeiten mit Dateien und Ordnern, um die erstellten Dokumente zu verwalten, sowie um das Verwenden der integrierten Windows-Anwendungen, wie den Rechner oder WordPad. Außerdem erfahren Sie, wie Sie mit den coolen Windows-Minianwendungen umgehen.

Teil II: Ab ins Internet

Die ganze Welt ist online und Sie sollten nicht außen vor bleiben. In diesem Teil erfahren Sie, wie Sie sich mit dem Internet verbinden, mit der neuesten Version von Internet Explorer arbeiten, welche Möglichkeiten der Internetnutzung es gibt, wenn Sie unterwegs sind, und wie Sie E-Mails mit Windows Live Hotmail versenden.

Teil III: Hardware und Netzwerke konfigurieren

Nicht nur bei der Software, sondern auch bei der Konfiguration von Hardware und Netzwerkverbindungen zwischen Computern ist Windows behilflich. Es ist nicht immer ganz einfach, neue Hardware oder ein Heimnetzwerk einzurichten. In diesem Teil erfahren Sie, wie das alles funktioniert. Außerdem lernen Sie hier, wie Sie Einstellungen vornehmen, um Monitore und Eingabegeräte auch dann leicht bedienen zu können, wenn Sie schlecht sehen, hören oder sonstige körperliche Beeinträchtigungen haben.

Teil IV: Windows individuell anpassen

Sie können das Aussehen des Windows-Desktops sehr stark verändern – mit anderem Hintergrund, anderen Farben oder dem transparenten Aero-Design. Außerdem können Sie manche Geräte, etwa die Maus oder die Tastatur, so einstellen, dass Sie sie auch gut einsetzen können, wenn die Beweglichkeit Ihrer Finger eingeschränkt ist. Und da wäre dann auch noch die Windows-Spracherkennung.

Teil V: Sicherheits- und Wartungsfunktionen

Windows 7 bietet jede Menge Funktionen, um Ihre Daten zu schützen – angefangen beim Kennwortschutz für Ihre Dateien bis hin zu Tools, um Ihr System vor Viren und Spyware zu schützen. Zahlreiche Funktionen helfen Ihnen außerdem dabei, dass das System stets aktuell ist und störungsfrei läuft.

Teil VI: Gängige Probleme beheben

Ja richtig, selbst mit Windows kann es Probleme geben. Zum Glück gibt es aber die entsprechenden Werkzeuge, um die Dinge wieder geradezubiegen. In diesem Teil geht es um das Beheben von Hardware- und Softwareproblemen sowie darum, wie Sie im Fall der Fälle Hilfe bekommen.

Teil VII: Spaß und Spiele

Zum Schluss haben Sie sich ein bisschen Spaß verdient. Die Kapitel dieses Teils enthalten Wissenswertes zu Spielen, Musik und Fotos unter Windows 7.

Wie es weitergeht ...

Ob Sie ein Programm starten, Ihre E-Mails abrufen oder sich mit dem Internet verbinden wollen, blättern Sie einfach in diesem Buch, suchen Sie die entsprechende Aufgabe und lesen Sie die Anleitung. Windows 7 ist einfach zu handhaben, Sie müssen nur wissen wie. Mit den Anleitungen in diesem Buch meistern Sie Windows 7 im Handumdrehen.

Teil I

Arbeiten mit Windows 7

The 5th Wave   By Rich Tennant

Super-User Dieter Ganz bei der Vorbereitung auf seinen ersten Windows 7-Einsatz

Der Windows 7-Desktop – eine Entdeckungsreise

So wie Ihr Schreibtisch der zentrale Ort ist, von dem aus Sie alle möglichen Arbeiten verrichten, so ist der Windows 7-Desktop Ihre Schaltzentrale für das Arbeiten mit dem Computer. Hier befindet sich das Startmenü, das Informationen über Ihren Computer, Ihre Dateien, Ordner und Anwendungen bereithält. Außerdem gibt es hier die Taskleiste, die Informationen wie Systemdatum und –uhrzeit sowie Verknüpfungen zu häufig verwendeten Programmen und/oder Dateien enthält.

In diesem Kapitel erforschen Sie den Desktop, der angezeigt wird, sobald Sie sich bei Windows 7 angemeldet haben. Sie werden auch etwas über die folgenden Orte erfahren: den Papierkorb, die Windows 7-Taskleiste, über die sich häufig verwendete Programme öffnen lassen, sowie den Infobereich der Taskleiste. Zum Schluss geht es noch darum, wie Sie den Computer herunterfahren, wenn Sie Ihr Tagwerk verrichtet haben.

Also frisch ans Werk und lernen Sie Schritt für Schritt, wie Sie sich die Desktopfunktionen von Windows 7 zunutze machen.

1

In diesem Kapitel

▶ Sich bei Windows 7 an- und abmelden

▶ Mit dem Startmenü arbeiten

▶ Mit häufig verwendeten Programmen arbeiten

▶ Datum und Uhrzeit einstellen

▶ Symbole auf dem Desktop anordnen

▶ Desktopverknüpfungen erstellen

▶ Papierkorb leeren

▶ Computer herunterfahren

Sich bei Windows 7 an- und abmelden

1. Schalten Sie Ihren Computer ein, damit sich Windows 7 auf Touren bringen kann.

2. Wenn der Anmeldebildschirm von Windows 7 angezeigt wird, geben Sie Ihr Kennwort ein – sofern Sie eines eingerichtet haben – und klicken dann auf die blaue Schaltfläche mit dem weißen Pfeil (oder Sie klicken auf BENUTZER WECHSELN und wählen einen anderen Benutzer für die Anmeldung aus). Windows 7 überprüft das eingegebene Kennwort und zeigt dann den Windows 7-Desktop an (siehe Abbildung 1.1). (Hinweis: Wenn Sie keinen Kennwortschutz eingerichtet haben oder es nur einen Benutzer gibt, wird der Windows 7-Desktop direkt angezeigt. Weitere Informationen über das Hinzufügen und Ändern von Kennwörtern finden Sie in Kapitel 14.)

3. Wenn Sie zu einem anderen Benutzerkonto wechseln möchten, speichern Sie zuerst alle geöffneten Dokumente, schließen alle geöffneten Anwendungen und klicken dann auf die Schaltfläche START. Klicken Sie rechts unten im Startmenü auf den Pfeil neben der Schaltfläche HERUNTERFAHREN und wählen Sie dann den Befehl ABMELDEN. Windows 7 meldet den aktuellen Benutzer ab und zeigt eine Liste mit Benutzern an. Um sich wieder anzumelden, klicken Sie auf ein Benutzersymbol.

Abbildung 1.1: Der Windows 7-Desktop

 Um einen anderen Benutzer zu erstellen, wählen Sie START | SYSTEMSTEUERUNG und klicken unter BENUTZERKONTEN UND JUGENDSCHUTZ auf BENUTZERKONTEN HINZUFÜGEN/ENTFERNEN. Klicken Sie dann im Fenster KONTEN VERWALTEN auf NEUES KONTO ERSTELLEN, geben Sie einen Namen für das Konto ein und legen Sie, wenn Sie möchten, ein Kennwort fest.

 Kapitel 14 enthält weitere Informationen zum Erstellen und Verwalten von Benutzerkonten.

 Wenn Sie mehr als einen Benutzer eingerichtet haben, müssen Sie zunächst auf das entsprechende Benutzersymbol klicken, bevor Sie ein Kennwort eingeben können.

Mit dem Startmenü arbeiten

1. Drücken Sie die ⊞-Taste oder klicken Sie auf die Schaltfläche START ganz links in der Taskleiste, um das Startmenü anzuzeigen (siehe Abbildung 1.2).

2. Im Startmenü können Sie unter anderem Folgendes tun:

   • Klicken Sie auf ALLE PROGRAMME, um eine Liste mit den Programmen auf Ihrem Computer anzuzeigen. Klicken Sie auf ein Programm in der Liste, um es zu öffnen.

   • Klicken Sie rechts im Startmenü auf einen Link, um ein Windows-Explorer-Fenster mit den entsprechenden Ordnern und Dateien zu öffnen (siehe Abbildung 1.3).

   • Klicken Sie links im Startmenü entweder auf häufig verwendete Programme oder auf den Pfeil rechts neben einer Anwendung, um eine Liste mit zuletzt verwendeten Dateien anzuzeigen und diese mit einem Klick in der entsprechenden Anwendung zu öffnen.

   • Klicken Sie auf die Schaltfläche HERUNTERFAHREN, um alle Programme zu schließen und Windows zu beenden.

   • Klicken Sie auf den Pfeil neben der Schaltfläche HERUNTERFAHREN, um ein Menü mit Optionen anzuzeigen, über die Sie den Computer in den Energiesparmodus oder Ruhezustand versetzen (mehr dazu im nächsten Tipp), ihn neu starten oder sich ab- und als anderer Benutzer wieder anmelden können.

3. Klicken Sie auf eine Stelle außerhalb des Startmenüs, um es zu schließen.

Wenn Sie Ihren Computer in den Energiesparmodus schicken, werden keine geöffneten Dokumente und Programme geschlossen. Der Computer verbraucht in diesem Zustand noch ein bisschen Strom, erwacht aber innerhalb weniger Sekunden, um munter weiterzuarbeiten. Der Ruhezustand ist in erster Linie für Notebooks gedacht, weil damit die Batterie geschont wird. Beim Ruhezustand werden geöffnete Dokumente oder Programmeinstellungen auf der Festplatte gespeichert und der Computer ausgeschaltet. Ihr Computer braucht zwar länger, um wieder zu starten und den Windows-Desktop aufzubauen, dafür verbraucht er in diesem Zustand weniger Strom.

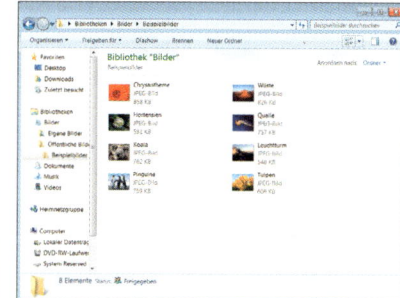

Abbildung 1.2: Das Startmenü   **Abbildung 1.3:** Ein Windows-Explorer-Fenster

Mit häufig verwendeten Programmen arbeiten

1. Programme, die Sie häufig verwenden, können Sie in der Taskleiste direkt neben der Schaltfläche Start verankern (siehe Abbildung 1.4). Wenn Sie Windows zum ersten Mal starten, sind hier in der Regel Symbole für Programme wie Internet Explorer und Windows Media Player oder eine Verknüpfung zum Windows-Explorer zu finden.

2. Um eines dieser Programme zu öffnen, klicken Sie auf das entsprechende Symbol (siehe Abbildung 1.5).

3. Wenn Sie ein Fenster schließen wollen, klicken Sie auf die Schaltfläche Schliessen oben rechts im Fenster (das ist die Schaltfläche mit dem X).

 Um weitere Symbole in der Taskleiste anzuzeigen, klicken Sie im Startmenü oder auf dem Desktop mit der rechten Maustaste auf die betreffende Anwendung und wählen An Taskleiste anheften. Sie können ein Desktopsymbol auch auf die Taskleiste ziehen. (Wenn Sie Hilfe beim Erstellen von Desktopverknüpfungen benötigen, lesen Sie weiter hinten in diesem Kapitel den Abschnitt »Desktopverknüpfungen erstellen«.)

Abbildung 1.4: Die Taskleiste

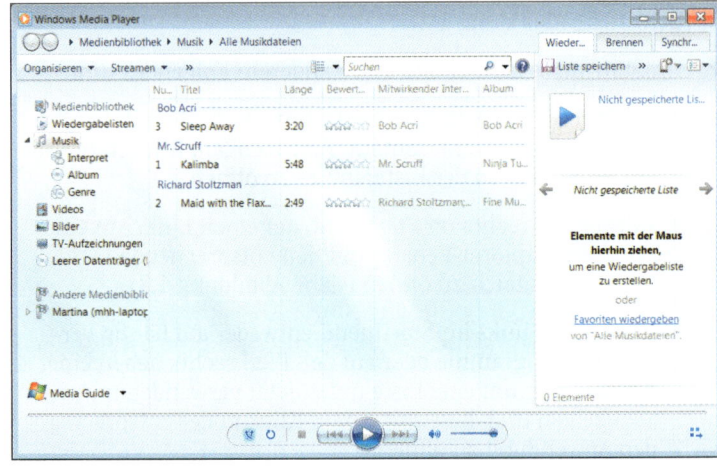

Abbildung 1.5: Ein Programm aus der Taskleiste heraus öffnen

 Sie können der Taskleiste auch andere Funktionen hinzufügen. Klicken Sie mit der rechten Maustaste auf eine freie Fläche auf der Taskleiste und wählen Sie Eigenschaften. Klicken Sie auf die Registerkarte Symbolleisten und aktivieren Sie die Kontrollkästchen der gewünschten Elemente, beispielsweise Adresse oder Links zum Anzeigen der betreffenden Leiste.

Datum und Uhrzeit einstellen

1. Falls die Taskleiste nicht sichtbar sein sollte, drücken Sie die ⊞-Taste, um die Leiste einzublenden.

2. Klicken Sie mit der rechten Maustaste auf die Datum-/Uhrzeitanzeige ganz rechts im Infobereich der Taskleiste und wählen Sie im Kontextmenü den Befehl DATUM/UHRZEIT ÄNDERN.

3. Im Dialogfeld DATUM UND UHRZEIT (siehe Abbildung 1.6) klicken Sie auf die Schaltfläche DATUM UND UHRZEIT ÄNDERN. Im Dialogfeld DATUM- UND UHRZEITEINSTELLUNGEN geben Sie eine neue Uhrzeit im Feld UHRZEIT ein oder verwenden die Pfeiltasten, um die Angabe in dem Feld zu ändern. Klicken Sie auf OK.

4. Um die Zeitzone zu verändern, klicken Sie auf die Schaltfläche ZEITZONE ÄNDERN, wählen eine andere Option in der Dropdownliste ZEITZONE und klicken dann auf OK.

5. Klicken Sie auf OK, um die neuen Einstellungen zu übernehmen und das Dialogfeld zu schließen.

Abbildung 1.6: Das Dialogfeld DATUM UND UHRZEIT

 Wenn Ihr Computer nicht auf Sommerzeit umgestellt werden soll, klicken Sie auf ZEITZONE ÄNDERN und deaktivieren das Kontrollkästchen UHR AUTOMATISCH AUF SOMMER-/WINTERZEIT UMSTELLEN.

 Sie können das Datum und die Uhrzeit auch anzeigen, indem Sie die entsprechenden Minianwendungen auf dem Windows-Desktop platzieren; hierzu mehr in Kapitel 5.

Symbole auf dem Desktop anordnen

1. Klicken Sie mit der rechten Maustaste auf den Desktop und wählen Sie im Kontextmenü den Befehl ANSICHT. Achten Sie darauf, dass die Option SYMBOLE AUTOMATISCH ANORDNEN nicht aktiviert ist (siehe Abbildung 1.7). Sollte dies der Fall sein, deaktivieren Sie sie vor dem nächsten Schritt.

2. Klicken Sie mit der rechten Maustaste auf den Desktop, wählen Sie im Kontextmenü den Befehl SORTIEREN NACH und klicken Sie dann auf das Kriterium, nach dem die Desktopsymbole sortiert werden sollen (siehe Abbildung 1.8).

3. Sie können auch auf ein Symbol klicken und es an eine andere Stelle auf dem Desktop ziehen – beispielsweise um Desktopsymbole so zu gruppieren, dass Sie sie schnell wiederfinden.

 Wenn Sie den Desktop umgestaltet haben, indem Sie die Symbole mal hierhin, mal dorthin verschoben haben, können Sie die Standardanordnung auf die Schnelle wiederherstellen (alle Symbole werden fein säuberlich in Reihen untereinander am linken Desktoprand platziert). Klicken Sie hierzu mit der rechten Maustaste auf den Desktop und wählen Sie ANSICHT | SYMBOLE AUTOMATISCH ANORDNEN.

 Um die Größe der Desktopsymbole zu ändern, wählen Sie im Kontextmenü (siehe Schritt 1) den Befehl GROSSE SYMBOLE, MITTELGROSSE SYMBOLE oder KLEINE SYMBOLE.

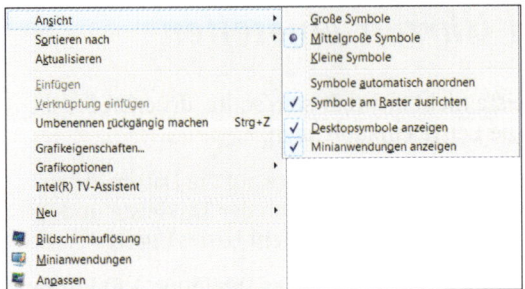

Abbildung 1.7: Das Desktopkontextmenü mit dem Menü zum Befehl ANSICHT

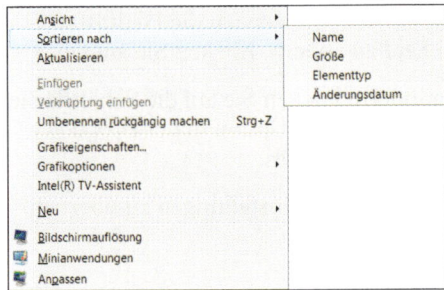

Abbildung 1.8: Das Desktopkontextmenü mit dem Menü zum Befehl SORTIEREN NACH

Desktopverknüpfungen erstellen

1. Wählen Sie START|ALLE PROGRAMME und machen Sie das Programm in der angezeigten Liste ausfindig.

2. Klicken Sie mit der rechten Maustaste auf den betreffenden Eintrag, beispielsweise auf ADOBE READER, und wählen Sie dann SENDEN AN|DESKTOP (VERKNÜPFUNG ERSTELLEN) (siehe Abbildung 1.9).

3. Die Verknüpfung wird auf dem Desktop angezeigt (siehe Abbildung 1.10). Doppelklicken Sie auf das Symbol, um die Anwendung zu öffnen.

 Gelegentlich bietet Windows 7 an, Desktopsymbole zu löschen, die Sie schon lange nicht mehr verwendet haben. Nehmen Sie das Angebot an. Der Desktop sollte für häufig verwendete Programme, Dateien und Ordner reserviert sein. Sie können jederzeit erneut Verknüpfungen erstellen, wenn Sie sie wieder brauchen.

 Um den Desktop manuell aufzuräumen, klicken Sie mit der rechten Maustaste auf den Desktop und wählen ANPASSEN. Klicken Sie auf der linken Seite auf DESKTOPSYMBOLE ÄNDERN und im Dialogfeld DESKTOPSYMBOLEINSTELLUNGEN auf die Schaltfläche WIEDERHERSTELLEN. Daraufhin werden nur noch die ursprünglichen Desktopverknüpfungen angezeigt.

 Sie können auf die Schnelle eine Elementverknüpfung erstellen, indem Sie mit der rechten Maustaste auf den Desktop klicken, zunächst den Befehl NEU und dann einen Eintrag in der Liste wählen (beispielsweise TEXTDOKUMENT ODER KONTAKT). Wenn Sie dann auf diese gerade erstellte Elementverknüpfung doppelklicken, wird eine Datei in der jeweiligen Anwendung geöffnet.

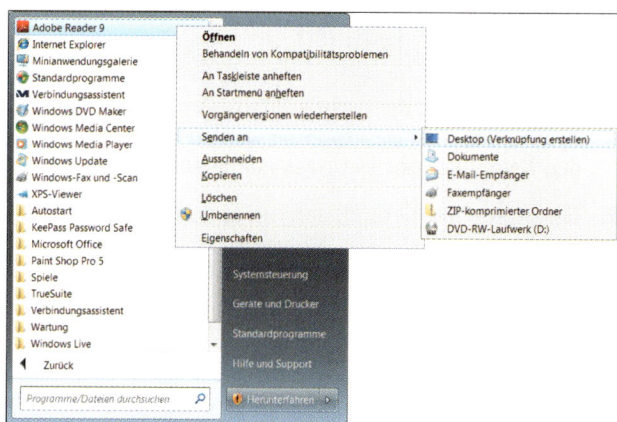

Abbildung 1.9: Das Menü zum Kontextmenübefehl SENDEN AN

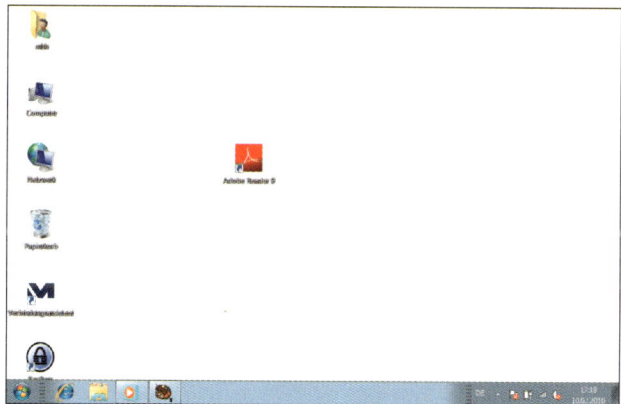

Abbildung 1.10: Eine neue Verknüpfung auf dem Desktop

Papierkorb leeren

1. Klicken Sie mit der rechten Maustaste auf das Papierkorb-Symbol auf dem Desktop und wählen Sie im Kontextmenü den Befehl PAPIERKORB LEEREN (siehe Abbildung 1.11).

2. Bestätigen Sie diesen Befehl im angezeigten Dialogfeld mit JA (siehe Abbildung 1.12). Nachdem Sie den Papierkorb geleert haben, sind die Dateien unwiderruflich weg.

Bis Sie den Papierkorb mit den obigen Schritten tatsächlich leeren, können Sie seine Inhalte wiederherstellen, indem Sie mit der rechten Maustaste auf das Papierkorb-symbol klicken und ÖFFNEN wählen. Wählen Sie dann ein Element aus, das Sie wieder aus dem Papierkorb herausholen möchten, und klicken Sie anschließend oben im PAPIERKORB-FENSTER auf DIESES ELEMENT WIEDERHERSTELLEN.

Sie können die Eigenschaften für den Papierkorb ändern, indem Sie mit der rechten Maustaste auf sein Symbol klicken und EIGENSCHAFTEN wählen. Im angezeigten Dialogfeld können Sie dann die maximale Größe für den Papierkorb wählen und festlegen, ob Dateien sofort gelöscht werden sollen, wenn sie in den Papierkorb verschoben werden. Sie können auch die Funktion deaktivieren, dass Sie den Lösch-vorgang nochmals bestätigen müssen, nachdem Sie den Befehl PAPIERKORB LEEREN gewählt haben.

Abbildung 1.11: Das Kontextmenü des Papierkorbs

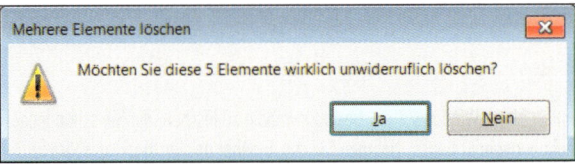
Abbildung 1.12: Den Befehl PAPIERKORB LEEREN bestätigen

Computer herunterfahren

1. Klicken Sie auf die Schaltfläche Sᴛᴀʀᴛ und dann auf den Pfeil rechts neben der Schaltfläche Hᴇʀᴜɴᴛᴇʀꜰᴀʜʀᴇɴ.

2. Im daraufhin angezeigten Menü (siehe Abbildung 1.13) wählen Sie den Befehl Rᴜʜᴇᴢᴜsᴛᴀɴᴅ, um die aktuelle Sitzung zu speichern und den Computer herunterzufahren. Wenn Sie den Computer aus- und sofort wieder einschalten wollen, wählen Sie Nᴇᴜ Sᴛᴀʀᴛᴇɴ.

Wenn Sie Ihre Arbeit eine Zeit lang unterbrechen, aber nicht beim erneuten Arbeitsbeginn die ganze Startzeremonie mit Musik und Trallala durchlaufen wollen, müssen Sie den Computer nicht herunterfahren. Wählen Sie einfach (in Schritt 2) den Befehl Eɴᴇʀɢɪᴇ sᴘᴀʀᴇɴ, um den Computer in einen Schlafzustand zu versetzen, bei dem der Bildschirm schwarz wird und sich der Lüfter ausschaltet. Wenn Sie weiterarbeiten wollen, drücken Sie einfach eine Maustaste oder die Taste ⏎ – bei Notebooks eventuell auch den Netzschalter – und schon wird der Computer wieder lebendig und alle zuvor geöffneten Programme und Dokumente sind noch immer geöffnet.

Wenn Sie längere Zeit abwesend sind oder beispielsweise bestimmte Änderungen an der Hardware vornehmen wollen, können Sie Ihren Computer natürlich auch komplett ausschalten, indem Sie direkt auf die Schaltfläche Hᴇʀᴜɴᴛᴇʀꜰᴀʜʀᴇɴ klicken. Damit werden alle Programme geschlossen, Windows wird beendet und der Computer schaltet sich aus.

Wenn sich Ihr Computer aus irgendeinem Grund aufhängt, haben Sie mehrere Möglichkeiten, ihn auszuschalten. Drücken Sie zwei Mal hintereinander ⌜Strg⌝ + ⌜Alt⌝ + ⌜Entf⌝ oder drücken Sie den Netzschalter an der Konsole so lange, bis sich der Computer ausschaltet.

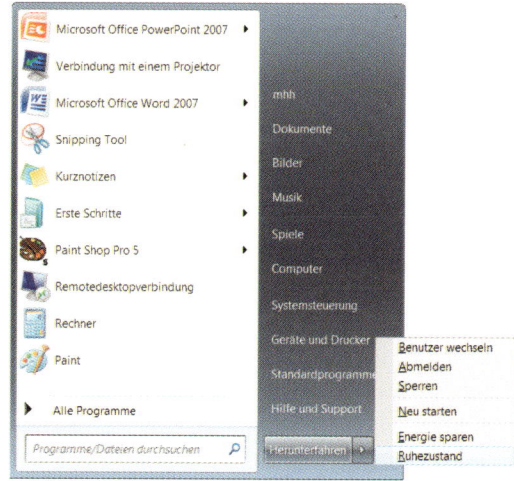

Abbildung 1.13: Das Menü zum Herunterfahren oder Neustarten des Computers

Drehen Sie dem Computer nicht einfach den Saft ab, es sei denn, er funktioniert gar nicht mehr. Windows könnte nämlich beim nächsten Start nicht mehr richtig hochfahren, wenn Sie den Computer nicht ordnungsgemäß heruntergefahren hatten.

Mit Windows 7 Anwendungen steuern

Sie halten Windows 7 vielleicht für eine nette Ansammlung nützlichen Zubehörs wie Spiele, Taschenrechner oder Zeichenprogramm, aber Windows 7 ist in erster Linie ein Betriebssystem. Windows 7 will Ihnen das Ausführen und Verwalten von anderen Anwendungen erleichtern, angefangen von Programmen, mit denen Sie Ihre Finanzen im Griff haben bis hin zu den neuesten 3-D-Spielen. Wenn Sie Windows 7 optimal einsetzen, um Software auszuführen, ist das eine große Zeitersparnis, und wenn Sie es auch noch optimal auf Ihre Anforderungen zuschneiden, wird mit Windows 7 das (Computer-)Leben leichter.

In diesem Kapitel geht es um einige einfache und sehr hilfreiche Kniffe, um Anwendungen zu starten und auch wieder zu schließen. Darüber hinaus finden Sie hier Anleitungen zum Wechseln zwischen gleichzeitig ausgeführten Anwendungen, zum Ändern der Größe des Anwendungsfensters und auch zum Entfernen von Programmen, die Sie nicht mehr brauchen.

2

In diesem Kapitel

▶ Anwendungen starten

▶ Größe von Anwendungsfenstern ändern

▶ Zwischen geöffneten Anwendungen wechseln

▶ Daten von einer Anwendung in eine andere verschieben

▶ Anwendungen automatisch starten

▶ Anwendungen schließen

▶ Standardprogramme festlegen

▶ Anwendungen deinstallieren

Anwendungen starten

1. Wenden Sie eine der folgenden vier Methoden an, um eine Anwendung zu starten:

   - Wählen Sie START|ALLE PROGRAMME und klicken Sie in der angezeigten Liste auf den Programmnamen. Wenn Sie auf einen Eintrag mit einem Ordnersymbol klicken, wird eine Liste mit den darin enthaltenen Programmen angezeigt; klicken Sie dann in dieser Liste einfach auf das Programm, um es zu öffnen (siehe Abbildung 2.1).

   - Doppelklicken Sie auf eine Programmverknüpfung auf dem Desktop (siehe Abbildung 2.2).

   - Klicken Sie auf eines der Symbole in der Taskleiste (siehe Abbildung 2.2), die sich direkt neben der Schaltfläche START befinden. Kapitel 1 enthält mehr über die Taskleiste.

   - Zuletzt geöffnete Programme werden im Startmenü aufgelistet. Wählen Sie also einfach ein Programm aus der Liste aus, die angezeigt wird, wenn Sie das Startmenü öffnen. Klicken Sie dann in der rechts angezeigten Liste auf ein Dokument, das Sie mit diesem Programm erstellt haben. (Kapitel 1 enthält auch Informationen, wie zuletzt verwendete Dateien im Startmenü angezeigt werden.)

2. Sobald die Anwendung geöffnet ist, legen Sie los. Spielen Sie, wenn die Anwendung ein Spiel ist, oder geben Sie Zahlen ein, wenn es ein Tabellenkalkulationsprogramm ist.

 Nicht jedes auf Ihrem Computer installierte Programm wird als Verknüpfung auf dem Desktop oder als Symbol in der Taskleiste angezeigt. Wie Sie eine Desktopverknüpfung erstellen, erfahren Sie in Kapitel 1.

Abbildung 2.1: Das Menü ALLE PROGRAMME

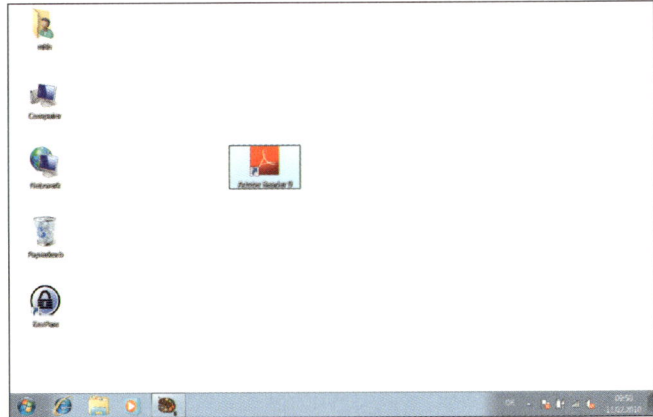

Abbildung 2.2: Verknüpfungen auf dem Desktop und in der Taskleiste

Größe von Anwendungsfenstern ändern

1. Wenn Sie ein Anwendungsfenster öffnen, können Sie es auf Bildschirmgröße ausdehnen, es etwas verkleinern oder zum Symbol auf der Taskleiste schrumpfen lassen. Wenn eine Anwendung geöffnet und sich bereits in Vollbilddarstellung befindet, klicken Sie auf die Schaltfläche VERKLEINERN (die mit den beiden überlappenden Fenstern) in der oberen rechten Ecke des Programmfensters (siehe Abbildung 2.3).

2. Um ein verkleinertes Fenster wieder in Vollbilddarstellung anzuzeigen, klicken Sie auf die Schaltfläche MAXIMIEREN. (**Hinweis:** Diese Schaltfläche teilt sich ihre Position mit der Schaltfläche VERKLEINERN und ändert je nachdem, ob das Fenster verkleinert oder maximiert ist, ihr Aussehen und ihre Bezeichnung. Wenn Sie den Mauszeiger über die Schaltfläche bewegen, wird eine QuickInfo mit dem entsprechenden Namen eingeblendet.)

3. Klicken Sie auf die Schaltfläche MINIMIEREN (das ist die linke in diesem Dreigespann, die aussieht wie ein kleiner Balken), um das Fenster als Symbol in die Taskleiste zu verbannen. Um das Fenster wieder zu öffnen, klicken Sie auf das Symbol in der Taskleiste.

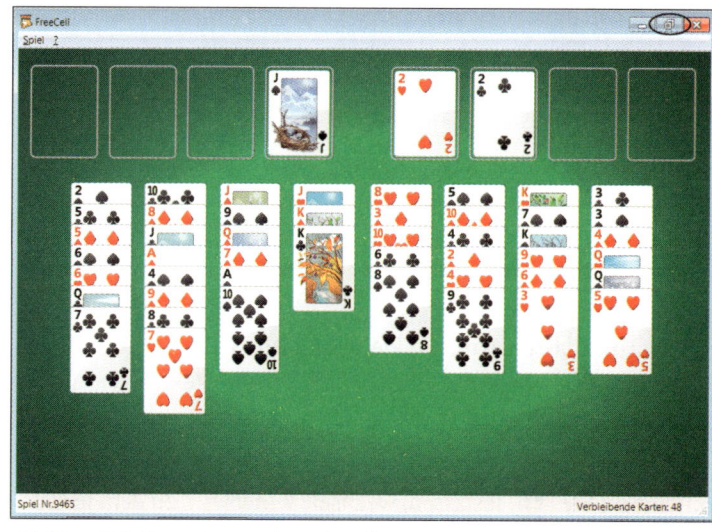

Abbildung 2.3: Ein maximiertes Anwendungsfenster

 Wenn ein Fenster maximiert ist, können Sie es nicht verschieben. Wenn Sie die Größe eines Fensters verkleinern, können Sie auf dessen Titelleiste klicken und es dann mit gedrückter Maustaste auf dem Desktop herumziehen; so können Sie mehrere Fenster gleichzeitig auf dem Bildschirm anzeigen. Sie können auch auf eine der Ecken eines verkleinerten Fensters klicken, um die Größe beliebig zu ändern.

Zwischen geöffneten Anwendungen wechseln

1. Öffnen Sie mindestens zwei Programme. Das letzte Programm, das Sie öffnen, ist das aktive Programm.

2. Drücken Sie ⌊Alt⌋ + ⌊⇆⌋, um von einem geöffneten Anwendungsfenster zum nächsten zu wechseln.

3. Wenn Sie ⌊Alt⌋ + ⌊⇆⌋ drücken und danach nur noch ⌊Alt⌋ gedrückt lassen, wird ein kleines Fenster geöffnet (siehe Abbildung 2.4), das alle geöffneten Programme zeigt.

4. Drücken Sie ⌊⇆⌋, um zwischen den Symbolen der geöffneten Programme zu wechseln.

5. Sobald Sie ⌊⇆⌋ loslassen, wechselt Windows 7 zu dem jeweils ausgewählten Programm. Wenn Sie zum letzten aktiven Programm wechseln wollen, drücken Sie einfach erneut ⌊Alt⌋ + ⌊⇆⌋.

Alle geöffneten Programme werden als Schaltflächen in der Windows 7-Taskleiste angezeigt. Klicken Sie einfach auf ein geöffnetes Programm in der Taskleiste, um dessen Fenster anzuzeigen und es zum aktiven Programm zu machen. Falls die Taskleiste nicht sichtbar ist, drücken Sie die ⊞-Taste, um sie anzuzeigen.

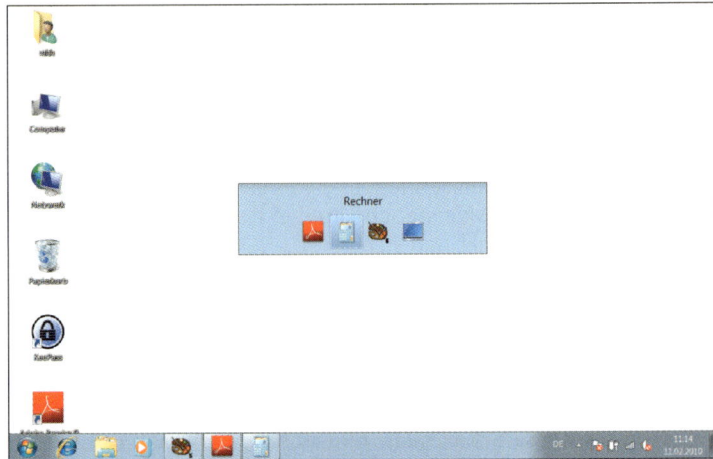

Abbildung 2.4: Die Liste der aktiven Programme

Daten von einer Anwendung in eine andere verschieben

1. Öffnen Sie Dokumente in zwei Anwendungen. Wenn die Fenster maximiert sind, klicken Sie auf die Schaltfläche VERKLEI-NERN in der oberen rechten Fensterecke.

2. Klicken Sie auf die untere rechte Ecke jedes Programmfensters und ziehen Sie das Fenster bis zu einer Größe, in der Sie beide Programme gleichzeitig auf dem Desktop sehen können (siehe Abbildung 2.5).

3. Klicken Sie auf die Titelleiste der Fenster und verschieben Sie sie mit gedrückter Maustaste auf dem Desktop. Sie können auch mit der rechten Maustaste auf die Taskleiste klicken und eine der Optionen ÜBERLAPPEND, FENSTER GESTAPELT ANZEIGEN oder FENSTER NEBENEINANDER ANZEIGEN wählen.

4. Wählen Sie aus, was Sie verschieben wollen (beispielsweise Text, Zahlen oder ein Bild), und ziehen Sie es in die andere Anwendung (siehe Abbildung 2.6).

5. Lassen Sie die Maustaste los, um die entsprechenden Daten in das Zielfenster zu kopieren.

 Sie können auch mit »Ausschneiden und Einfügen« oder »Kopieren und Einfügen« arbeiten. Hierzu markieren Sie zunächst die Information in dem Dokument und drücken dann $\boxed{\text{Strg}}$ + $\boxed{\text{X}}$ zum Ausschneiden oder $\boxed{\text{Strg}}$ + $\boxed{\text{C}}$ zum Kopieren. Klicken Sie anschließend im Zieldokument auf die Stelle, an der Sie die Information einfügen wollen, und drücken Sie dann $\boxed{\text{Strg}}$ + $\boxed{\text{V}}$.

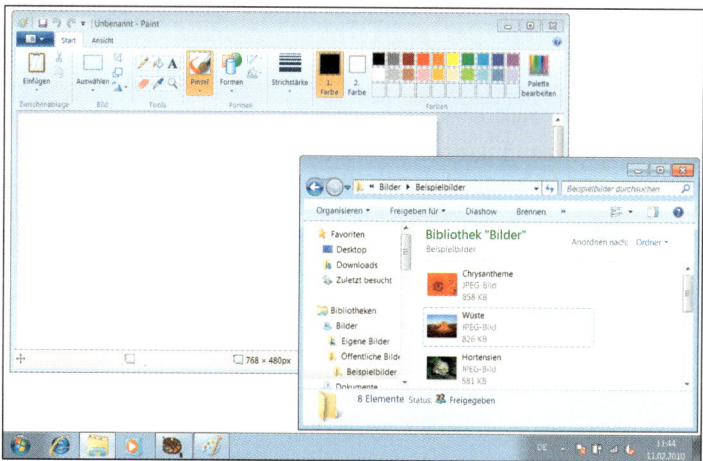

Abbildung 2.5: Fenster anordnen

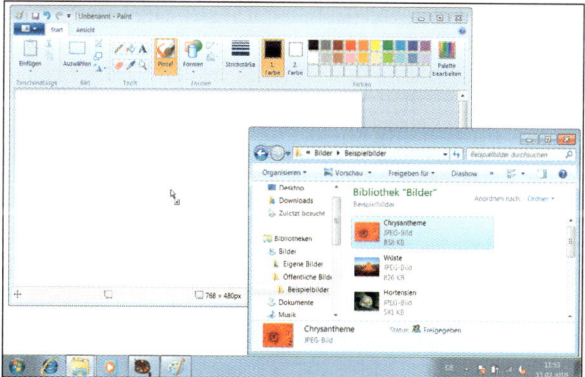

Abbildung 2.6: Eine Auswahl von einem Fenster in ein anderes ziehen

Anwendungen automatisch starten

1. Wählen Sie START|ALLE PROGRAMME.

2. Klicken Sie mit der rechten Maustaste auf den Ordner AUTO-START und wählen Sie den Befehl ÖFFNEN (siehe Abbildung 2.7).

3. Klicken Sie mit der rechten Maustaste auf die Schaltfläche START und wählen Sie WINDOWS-EXPLORER ÖFFNEN. Im angezeigten Fenster öffnen Sie den Ordner, in dem sich die Anwendung befindet, die beim Start von Windows gestartet werden soll. Klicken Sie auf die Anwendung, um sie auszuwählen.

4. Ziehen Sie die Datei in das Fenster AUTOSTART, das Sie in Schritt 2 geöffnet haben (siehe Abbildung 2.8).

5. Wenn Sie die gewünschten Programme in den Ordner AUTO-START gezogen haben, klicken Sie in der oberen rechten Ecke beider Fenster auf die Schaltfläche SCHLIESSEN. Die betreffenden Programme werden nun bei jedem Start von Windows 7 geöffnet. Sie können eine Anwendung aus dem Ordner AUTOSTART entfernen, indem Sie mit der rechten Maustaste auf die betreffende Anwendung klicken und dann LÖSCHEN wählen.

 Wenn Sie zu viele Programme im Ordner AUTOSTART haben, kann es ein Weilchen dauern, bis alle Programme geladen worden sind. Nutzen Sie diesen Ordner daher nur für Programme, die Sie häufig verwenden.

 Sie können auch Dokumente, an denen Sie häufig arbeiten, in diesem Ordner ablegen, beispielsweise einen Kalender oder einen größeren Projektplan, damit Sie schneller darauf zugreifen können.

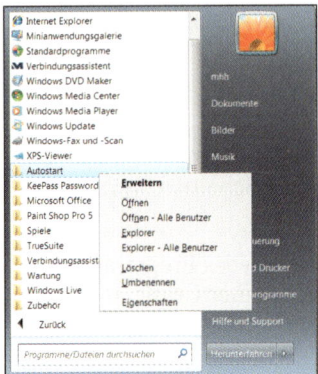

Abbildung 2.7: Den Ordner AUTOSTART öffnen

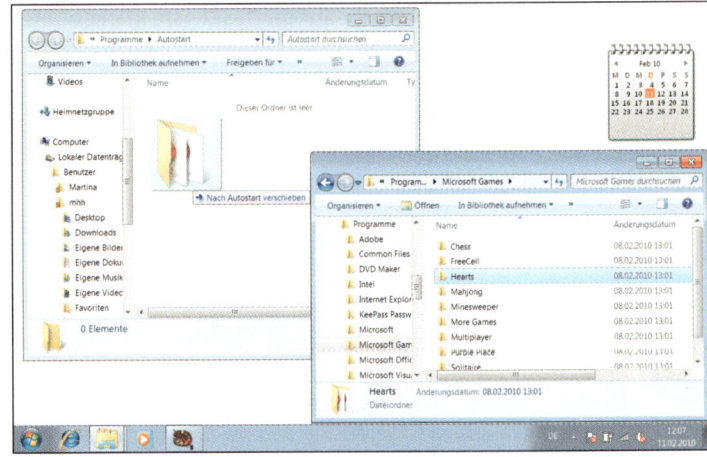

Abbildung 2.8: Eine Anwendung in den Ordner AUTOSTART verschieben

Anwendungen schließen

1. Speichern Sie in einer Anwendung zuerst alle geöffneten Dokumente (in der Regel mit dem Befehl DATEI|SPEICHERN oder in neueren Microsoft Office-Anwendungen mit einem Klick auf die Schaltfläche OFFICE beziehungsweise auf die Registerkarte DATEI und dem Befehl SPEICHERN oder SPEICHERN UNTER) und schließen Sie dann die Anwendung mit einer dieser Methoden:

- Klicken Sie auf die Schaltfläche SCHLIESSEN in der oberen rechten Fensterecke.

- Drücken Sie [Alt] + [F4], um das aktive Fenster zu schließen.

- Wählen Sie DATEI (oder die Schaltfläche OFFICE beziehungsweise die Registerkarte DATEI) und dann BEENDEN (siehe Abbildung 2.9).

2. Wenn Sie Änderungen an einem geöffneten Dokument noch nicht gespeichert haben und die Anwendung schließen wollen, wird eine Nachfrage angezeigt, ob Sie die Änderungen in dem Dokument speichern wollen (siehe Abbildung 2.10). Klicken Sie auf SPEICHERN oder auf NICHT SPEICHERN, je nachdem, was Sie wollen.

 Wenn Sie ein neues Dokument speichern wollen, wählen Sie DATEI | SPEICHERN, vergeben im angezeigten Dialogfeld SPEICHERN UNTER einen Namen für die Datei und legen den Ordner fest, in dem die Datei gespeichert werden soll.

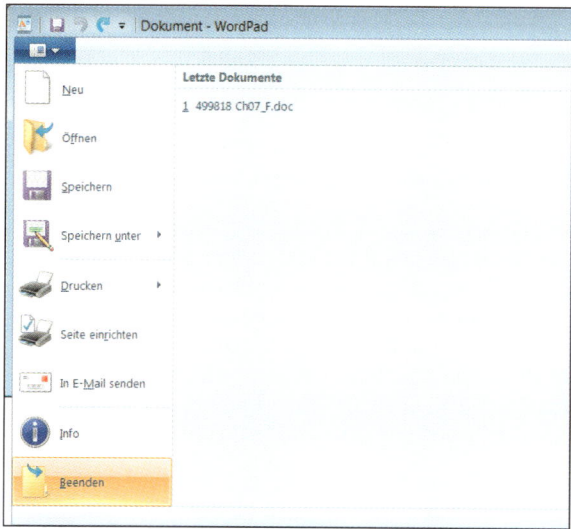

Abbildung 2.9: Den Befehl BEENDEN wählen

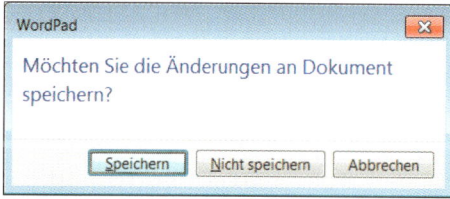

Abbildung 2.10: Änderungen an einem geöffneten Dokument speichern

 Wenn Sie DATEI | BEENDEN wählen, werden alle geöffneten Dokumente in einer Anwendung geschlossen. Mit DATEI | SCHLIESSEN wird nur das momentan aktive Dokument geschlossen und die Anwendung sowie andere geöffnete Dokumente bleiben geöffnet.

Standardprogramme festlegen

1. Wählen Sie START|SYSTEMSTEUERUNG|PROGRAMME.

2. Im Fenster PROGRAMME (siehe Abbildung 2.11) klicken Sie unter STANDARDPROGRAMME auf STANDARDPROGRAMME FESTLEGEN.

3. Im Fenster STANDARDPROGRAMME FESTLEGEN klicken Sie in der Liste auf der linken Seite auf ein Programm (siehe Abbildung 2.12) und dann rechts auf DIESES PROGRAMM ALS STANDARD FESTLEGEN. Sie können auch auf STANDARDS FÜR DIESES PROGRAMM AUSWÄHLEN klicken und bestimmte Dateitypen auswählen, die mit diesem Programm geöffnet werden sollen (beispielsweise für Grafikdateien .jpeg oder für Word-Dateien .docx); klicken Sie auf SPEICHERN, wenn Sie Ihre Auswahl getroffen haben.

4. Klicken Sie auf OK, um die Einstellungen zu speichern.

Sie können auch festlegen, welche Geräte verwendet werden sollen, um standardmäßig Medien wie Filme oder Audiodateien abzuspielen, indem Sie im Fenster PROGRAMME (aus Schritt 1) STANDARDEINSTELLUNGEN FÜR MEDIEN UND GERÄTE ÄNDERN WÄHLEN.

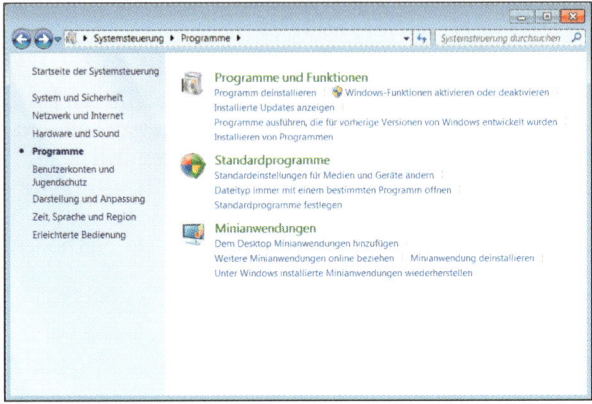

Abbildung 2.11: Das Fenster PROGRAMME

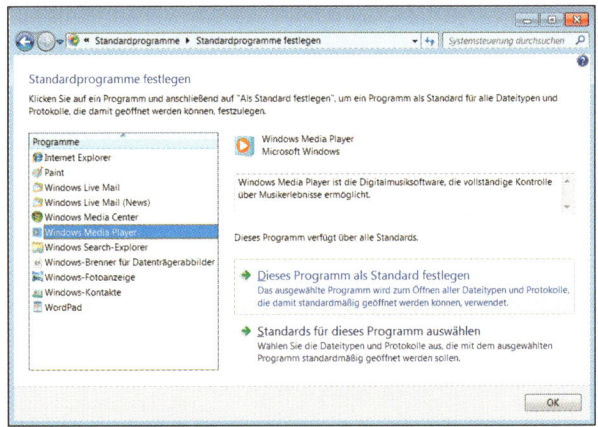

Abbildung 2.12: Das Fenster STANDARDPROGRAMME FESTLEGEN

Anwendungen deinstallieren

1. Wählen Sie Start|Systemsteuerung und klicken Sie dann unter Programme auf Programm deinstallieren.

2. Im Fenster Programme und Funktionen (siehe Abbildung 2.13) klicken Sie auf ein Programm und dann auf Deinstallieren. Auch wenn einige Programme ein eigenes Deinstallationsfenster öffnen, wird in den meisten Fällen ein Dialogfeld zur Bestätigung der Deinstallation angezeigt (siehe Abbildung 2.14).

3. Wenn Sie sicher sind, dass Sie das Programm deinstallieren wollen, klicken Sie hier auf Ja. Das Dialogfeld wird geschlossen, sobald das Programm gelöscht ist.

Bei einigen Programmen, die mehrere Anwendungen enthalten, beispielsweise Microsoft Office, steht in Schritt 2 sowohl die Option Deinstallieren als auch die Option Ändern zur Verfügung. Vielleicht möchten Sie ja nur ein Programm und nicht die ganze Suite entfernen. Sie haben beispielsweise keine Verwendung für Microsoft Access, könnten aber ohne Excel und Word nicht leben – warum sollen Sie dann nicht freien Festplattenspeicher schaffen und Access den Laufpass geben? Wenn Sie ein Programm auf diese Weise anpassen wollen, klicken Sie in Schritt 2 auf die Schaltfläche Ändern und nicht auf Deinstallieren. In dem anschließend angezeigten Dialogfeld können Sie die Programme auswählen, die Sie installieren oder deinstallieren wollen, oder es öffnet sich der Originalinstallationsbildschirm des betreffenden Programms.

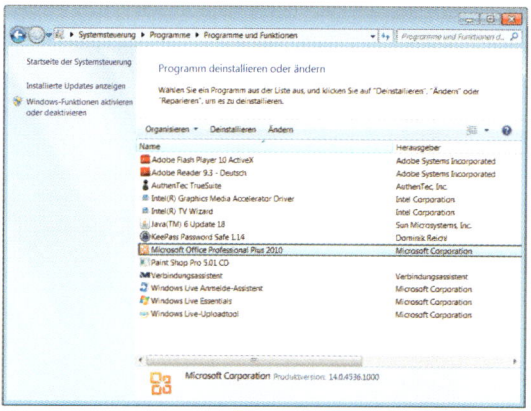

Abbildung 2.13: Das Fenster Programme und Funktionen

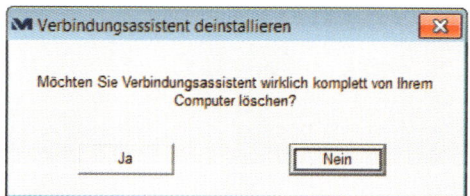

Abbildung 2.14: Das Dialogfeld zum Bestätigen der Deinstallation

Achtung: Wenn Sie auf die Schaltfläche Deinstallieren klicken, werden manche Programme ohne weitere Nachfrage einfach deinstalliert. Sie müssen also vor dem Deinstallieren sicher sein, dass Sie das Programm wirklich nicht mehr brauchen, oder die Originalsoftware noch auf CD haben, damit Sie sie im Notfall wieder installieren können.

Mit Dateien und Ordnern arbeiten

Wissen Sie noch, wie früher Büros aussahen? Aktenschränke mit Ordnern voller Papiere statt schicker Computerarbeitsplätze und drahtloser Internetverbindungen! Sie legen Ihre Arbeit zwar noch immer in Dateien und Ordnern ab, aber heute sind Aktenschrank und Pappdeckel elektronischen Bits und Bytes gewichen. Dateien sind individuelle Dokumente, die Sie in Anwendungen wie Word oder Excel speichern, und Sie verwenden Ordner und Unterordner, um Dateien in Gruppen oder Kategorien zusammenzufassen, beispielsweise nach Projekt oder Kunde.

In diesem Kapitel finden Sie heraus, wie Sie mit Dateien und Ordnern arbeiten:

▶ **Dateien und Ordner auffinden:** Hierzu gehört auch das Öffnen von Dateien und Ordnern.

▶ **Dateien und Ordner bearbeiten:** Hierzu gehören Aufgaben wie das Verschieben, Umbenennen, Löschen und Drucken von Dateien.

▶ **Inhalte einer Datei zusammenquetschen:** Hier erfahren Sie, wie Sie einen komprimierten Ordner erstellen, um eine große Datei auf eine handliche Größe zu reduzieren.

3

In diesem Kapitel

▶ Über das Startmenü auf zuletzt verwendete Elemente zugreifen

▶ Dateien und Ordner im COMPUTER-Fenster anzeigen

▶ Dateien und Ordner im Windows-Explorer suchen

▶ Über das Startmenü nach Dateien suchen

▶ Dateien oder Ordner verschieben

▶ Dateien oder Ordner umbenennen

▶ Verknüpfungen zu Dateien oder Ordnern erstellen

▶ Dateien drucken

▶ Dateien oder Ordner löschen

▶ Komprimierte Dateien oder Ordner erstellen

▶ Ordner zur Favoritenliste hinzufügen

Über das Startmenü auf zuletzt verwendete Elemente zugreifen

1. Öffnen Sie das Startmenü und klicken Sie mit der rechten Maustaste auf eine freie Stelle. Im daraufhin angezeigten Kontextmenü wählen Sie EIGENSCHAFTEN.

2. Im Dialogfeld EIGENSCHAFTEN VON TASKLEISTE UND STARTMENÜ klicken Sie auf die Registerkarte STARTMENÜ (falls diese nicht bereits angezeigt wird).

3. Aktivieren Sie das Kontrollkästchen ZULETZT GEÖFFNETE ELEMENTE IM STARTMENÜ UND IN DER TASKLEISTE SPEICHERN UND ANZEIGEN (siehe Abbildung 3.1) und klicken Sie auf OK.

4. Öffnen Sie das Startmenü und führen Sie den Mauszeiger im linken Bereich auf ein kürzlich verwendetes Programm, neben dem ein Pfeil angezeigt wird. Daraufhin wird ein Untermenü mit zuletzt geöffneten Elementen angezeigt. Wählen Sie in diesem Untermenü eine Datei aus (siehe Abbildung 3.2), um sie zu öffnen.

 Zuletzt verwendete Programme sollten standardmäßig im Startmenü angezeigt werden. Falls dies nicht der Fall ist, befolgen Sie die Anweisungen aus Schritt 1, um das Dialogfeld EIGENSCHAFTEN VON TASKLEISTE UND STARTMENÜ zu öffnen und zu prüfen, ob das Kontrollkästchen ZULETZT GEÖFFNETE PROGRAMME IM STARTMENÜ SPEICHERN UND ANZEIGEN aktiviert ist.

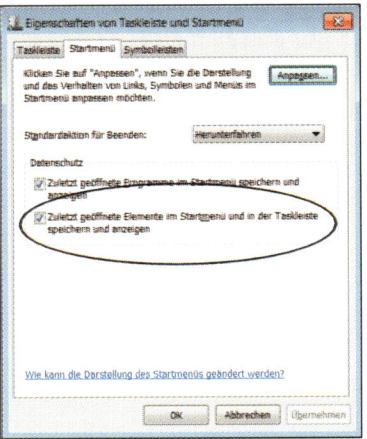

Abbildung 3.1: Das Dialogfeld EIGENSCHAFTEN VON TASKLEISTE UND STARTMENÜ

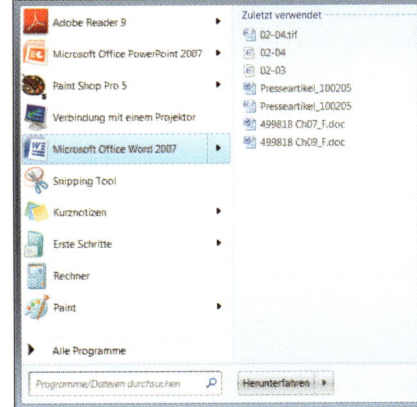

Abbildung 3.2: Das Untermenü ZULETZT VERWENDET im Startmenü

Dateien und Ordner im COMPUTER-Fenster anzeigen

1. Wählen Sie START|COMPUTER.

2. Doppelklicken Sie im Fenster Computer (siehe Abbildung 3.3) auf ein Element, beispielsweise ein USB-Laufwerk, ein CD-ROM-Laufwerk oder einen lokalen Datenträger, um es zu öffnen.

3. Wenn die Datei oder der Ordner, nach der/dem Sie suchen, sich in einem Ordner befindet (siehe Abbildung 3.4), doppelklicken Sie auf den Ordner oder der Reihe nach auf weitere Ordner.

4. Wenn Sie die gewünschte Datei gefunden haben, doppelklicken Sie darauf, um sie zu öffnen.

 Werfen Sie einen Blick auf die Schaltflächen am oberen Fensterrand in Abbildung 3.4. Mit den Befehlen in diesem Bereich können Sie einfache Datei- und Ordneraufgaben ausführen, beispielsweise Dateien organisieren, freigeben oder öffnen.

 Je nachdem, welche Anzeige Sie für die Dateien und Ordner gewählt haben, sehen Sie eine Detailansicht (wie in Abbildung 3.4), Symbole oder kleine Darstellungen des Dateiinhalts. Über das Menü ANSICHT in der Menüleiste des Fensters können Sie einstellen, wie Dateien und Ordner angezeigt werden (falls die Menüleiste nicht vorhanden ist, drücken Sie `Alt`, um sie einzublenden).

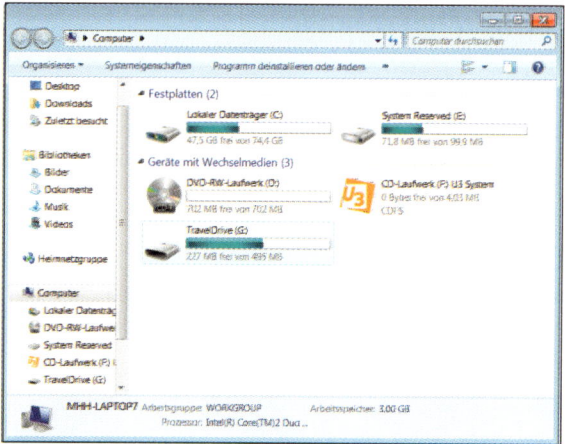

Abbildung 3.3: Das Fenster COMPUTER

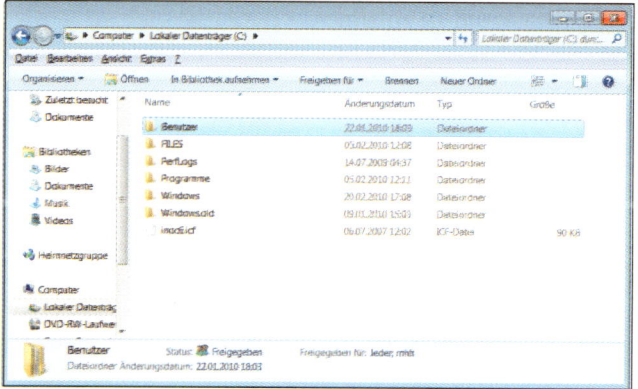

Abbildung 3.4: Das Fenster für eine Festplatte

Dateien und Ordner im Windows-Explorer suchen

1. Klicken Sie mit der rechten Maustaste auf die Schaltfläche START und wählen Sie WINDOWS-EXPLORER ÖFFNEN oder klicken Sie in der Taskleiste auf die Schaltfläche WINDOWS-EXPLORER (die wie ein Registraturordner aussieht).

2. Im Windows-Explorer (siehe Abbildung 3.5) doppelklicken Sie entweder im Hauptfenster oder im Navigationsbereich auf den Ordner, den Sie öffnen wollen.

3. Der Inhalt des Ordners wird angezeigt. Falls erforderlich, öffnen Sie auf diese Weise eine Reihe von Ordnern, bis Sie die Datei gefunden haben, die Sie suchen.

4. Wenn Sie die gewünschte Datei gefunden haben, doppelklicken Sie darauf, um sie zu öffnen.

 Wenn Sie verschiedene Ansichten und Informationen zu den Dateien im Windows-Explorer anzeigen möchten, klicken Sie auf den Pfeil neben der Schaltfläche ANSICHT ÄNDERN (rechts in der Symbolleiste des Explorerfensters) und wählen dort eine der folgenden Optionen: EXTRA GROSSE, GROSSE, MITTELGROSSE oder KLEINE SYMBOLE für eine grafische Darstellung; LISTE, um die Symbole untereinander in Listenform anzuzeigen; DETAILS, um Details wie Änderungsdatum oder Dateigröße anzuzeigen; KACHELN, um Datei-/Ordnername, Dateityp und Größe anzuzeigen; INHALT, um Autor und Dateigröße anzuzeigen. Wenn Sie mit einem Ordner arbeiten, der Grafikdateien enthält, werden die Grafiken, außer in der Ansicht DETAILS, automatisch als Miniaturansicht angezeigt.

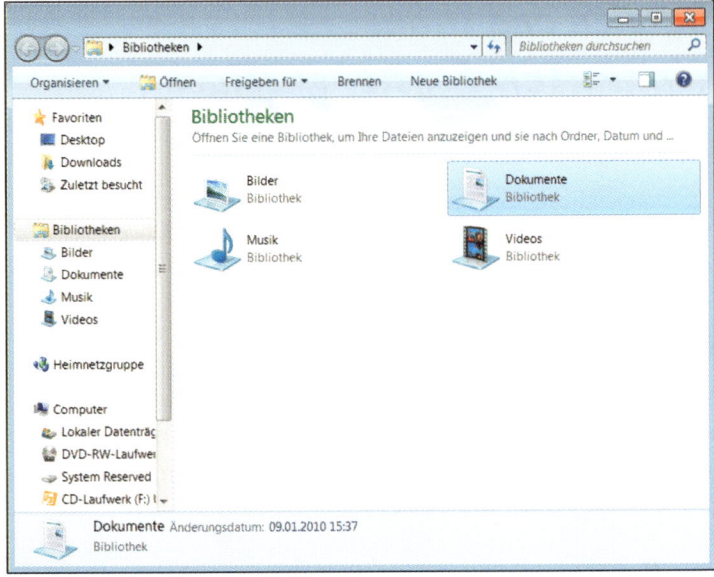

Abbildung 3.5: Das Windows-Explorer-Fenster

 Im Startmenü finden Sie einige Verknüpfungen zu häufig verwendeten Ordnern, beispielsweise DOKUMENTE, BILDER, MUSIK oder SPIELE. Wenn Sie auf einen dieser Ordner klicken, öffnet Windows-Explorer das entsprechende Fenster.

Über das Startmenü nach Dateien suchen

1. Öffnen Sie das Startmenü und geben Sie unten in das Such-feld einen Suchbegriff ein.

2. Eine Liste mit Suchergebnissen wird nach Fundorten geord-net angezeigt (siehe Abbildung 3.6).

3. Klicken Sie auf WEITERE ERGEBNISSE ANZEIGEN.

4. Im Fenster SUCHERGEBNISSE (siehe Abbildung 3.7) klicken Sie rechts in der Symbolleiste auf die Schaltfläche ANSICHT ÄNDERN, um zwischen verschiedenen Symbolgrößen oder Anordnun-gen zu wählen.

5. Wenn Sie die gewünschte Datei gefunden haben, doppelkli-cken Sie darauf, um sie zu öffnen.

 Suchordner waren eine neue Funktion in Windows Vista, die in Windows 7 übernommen wurde. Um die Ergebnisse einer Suche zu speichern, klicken Sie auf die Schaltfläche SUCHE SPEICHERN. Im Dialogfeld SPEICHERN UNTER vergeben Sie einen Dateinamen, wählen einen Dateityp aus und legen fest, wo das Suchergebnis gespei-chert werden soll. Danach klicken Sie auf SPEICHERN. Die Suchergebnisse werden als Suchordner in Ihrem Benutzerordner gespeichert.

 Wählen Sie im Fenster SUCHERGEBNISSE im Menü zur Schaltfläche ORGANISIEREN den Befehl ORDNER- UND SUCHOPTIONEN (siehe Abbildung 3.7), um die Sucheinstellungen zu ändern. Geben Sie im Dialogfeld ORDNEROPTIONEN auf der Registerkarte SUCHEN an, an welchen Orten gesucht werden soll, ob auch Teiltreffer angezeigt werden sollen und so weiter.

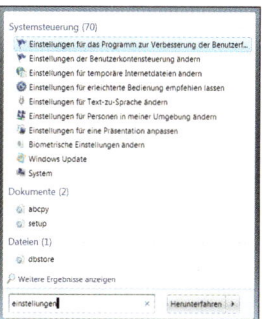

Abbildung 3.6: Das Suchfeld samt Ergebnissen im Startmenü

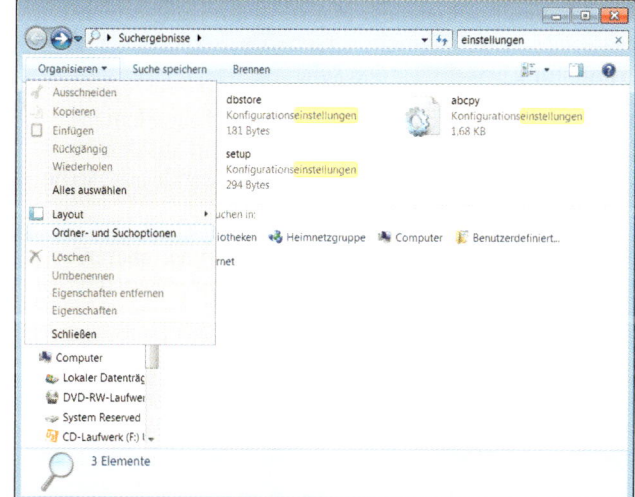

Abbildung 3.7: Das Fenster SUCHERGEBNISSE

Dateien oder Ordner verschieben

1. Klicken Sie mit der rechten Maustaste auf die Schaltfläche START und wählen Sie WINDOWS-EXPLORER ÖFFNEN.

2. Im Windows-Explorer (siehe Abbildung 3.8) doppelklicken Sie auf einen oder mehrere Ordner, um die Datei oder den Ordner zu suchen, die/den Sie verschieben wollen.

3. Führen Sie zum Verschieben einen der folgenden Schritte aus:

   • Ziehen Sie das Element mit gedrückter Maustaste auf einen anderen Ordner in der Ordnerleiste im Navigationsbereich. Wenn Sie mit gedrückter rechter Maustaste ziehen, können Sie nach dem Loslassen der Maustaste im Kontextmenü auswählen, ob das Element verschoben, kopiert oder eine Verknüpfung erstellt werden soll.

   • Klicken Sie mit der rechten Maustaste auf das Element und wählen Sie SENDEN AN. Wählen Sie dann aus den im Untermenü angezeigten Optionen die passende aus (siehe Abbildung 3.9).

4. Klicken Sie auf die Schaltfläche SCHLIESSEN in der oberen rechten Fensterecke, um das Windows-Explorer-Fenster zu schließen.

 Wenn Sie die Kopie einer Datei oder eines Ordners an einem anderen Speicherort auf Ihrem Computer ablegen wollen, klicken Sie mit der rechten Maustaste auf das Element und wählen KOPIEREN. Verwenden Sie den Windows-Explorer, um den Zielspeicherort für die Kopie zu öffnen, klicken Sie dort mit der rechten Maustaste und wählen Sie EINFÜGEN oder drücken Sie [Strg] + [V].

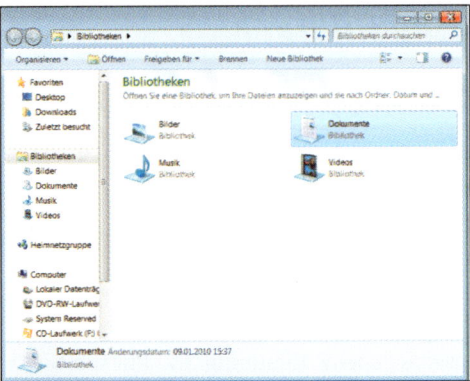

Abbildung 3.8: Das Windows-Explorer-Fenster

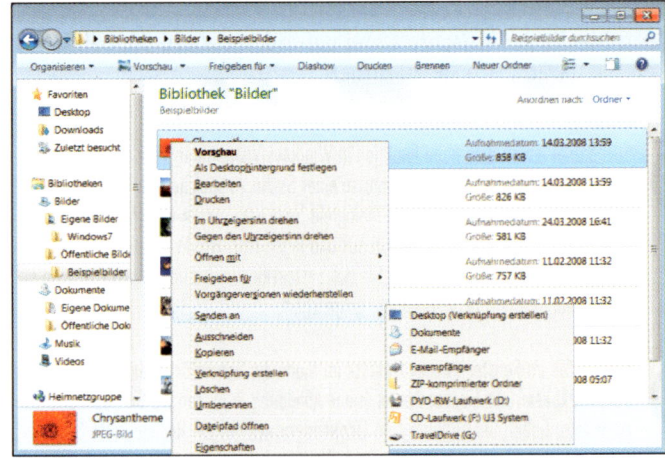

Abbildung 3.9: Das Untermenü zum Kontextmenübefehl SENDEN AN

Dateien oder Ordner umbenennen

1. Suchen Sie die Datei, die Sie umbenennen wollen, im Windows-Explorer. (Klicken Sie mit der rechten Maustaste auf die Schaltfläche START und wählen Sie WINDOWS-EXPLORER ÖFFNEN.)

2. Klicken Sie mit der rechten Maustaste auf die Datei und wählen Sie den Befehl UMBENENNEN (siehe Abbildung 3.10).

3. Der Dateiname kann jetzt bearbeitet werden. Geben Sie einen neuen Namen ein und klicken Sie dann außerhalb des Dateinamens, um den neuen Namen zu speichern.

 In einem Ordner kann es nicht zwei Dateien gleichen Namens geben. Um einer Datei denselben Namen wie einer anderen Datei geben zu können, müssen Sie sie erst ausschneiden und in einen anderen Ordner einfügen. Sie können die Datei auch öffnen und unter demselben Namen an einem anderen Ort speichern. Zwei Dateien mit demselben Namen können für Verwirrung sorgen, wenn Sie nach Dateien suchen. Wenn möglich, sollten Sie daher immer unterschiedliche Dateinamen verwenden.

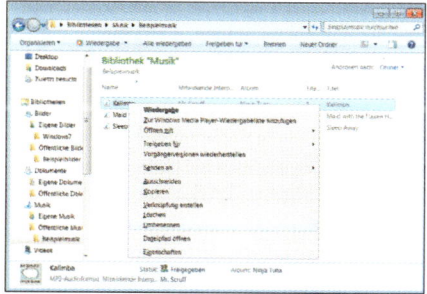

Abbildung 3.10: Eine Datei wartet auf ihre Umbenennung

Verknüpfungen zu Dateien oder Ordnern erstellen

1. Suchen Sie die Datei oder den Ordner im Windows-Explorer.

2. Im Windows-Explorer (siehe Abbildung 3.11) klicken Sie mit der rechten Maustaste auf die Datei oder den Ordner, für die/den Sie eine Verknüpfung erstellen wollen, und wählen dann den Befehl SENDEN AN|DESKTOP (VERKNÜPFUNG ERSTELLEN).

3. Das Dateisymbol wird mit einem Pfeil und dem Namenszusatz VERKNÜPFUNG auf dem Desktop angezeigt.

 Sie öffnen die Datei in der entsprechenden Anwendung oder den Ordner im Windows-Explorer mit einem Doppelklick auf die entsprechende Verknüpfung.

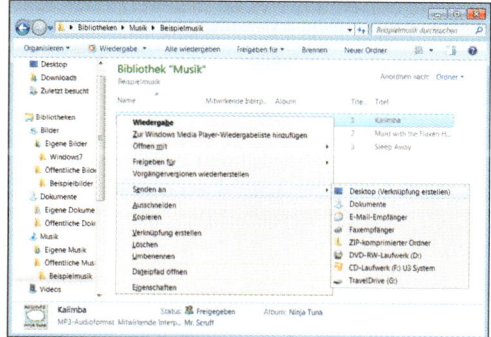

Abbildung 3.11: Verknüpfung auf dem Desktop erstellen

Dateien drucken

1. Öffnen Sie die Datei in der Anwendung, in der sie erstellt wurde.

2. Wählen Sie DATEI|DRUCKEN (in den neueren Office-Versionen klicken Sie auf die Schaltfläche OFFICE oder die Registerkarte DATEI und wählen dann DRUCKEN).

3. Im Dialogfeld DRUCKEN (siehe Abbildung 3.12) legen Sie fest, was gedruckt werden soll; diese Optionen können variieren, in der Regel finden Sie aber folgende:

   • ALLES: Alle Seiten des Dokuments werden gedruckt.

   • AKTUELLE SEITE: Die Seite, auf der sich der Cursor befindet, wird gedruckt.

   • SEITEN: Der Seitenbereich oder die einzelnen Seiten, den/die Sie hier angeben, werden gedruckt. Geben Sie beispielsweise 3-11 ein, um die Seiten 3 bis 11 zu drucken, oder 3, 7, 9-11 für die Seiten 3, 7 und 9 bis 11.

   • MARKIERUNG: Hiermit wird nur der markierte Text oder das markierte Element gedruckt.

4. Im Feld ANZAHL EXEMPLARE klicken Sie auf den nach oben oder nach unten zeigenden Pfeil, um die Anzahl der Kopien einzustellen; wenn die Kopien sortiert werden sollen, aktivieren Sie das Kontrollkästchen SORTIEREN.

5. Klicken Sie auf OK, um den Druck zu starten.

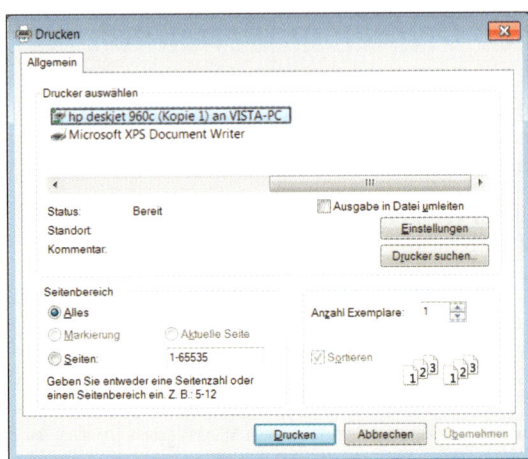

Abbildung 3.12: Das Dialogfeld DRUCKEN

 Eine weitere Möglichkeit: Suchen Sie die Datei im Windows-Explorer (zum Öffnen des Explorerfensters klicken Sie mit der rechten Maustaste auf die Schaltfläche START und wählen WINDOWS-EXPLORER ÖFFNEN). Klicken Sie mit der rechten Maustaste auf die Datei und wählen Sie im Kontextmenü den Befehl DRUCKEN. Die Datei wird mit den Standarddruckeinstellungen gedruckt.

 Im Dialogfeld DRUCKEN können je nach Anwendung unterschiedliche Optionen angeboten werden. In PowerPoint können Sie beispielsweise Folien oder Handzettel drucken, während Outlook Ihnen anbietet, E-Mails im Tabellen- oder im Memoformat zu drucken.

Dateien oder Ordner löschen

1. Suchen Sie die Datei oder den Ordner im Windows-Explorer. (Klicken Sie zum Öffnen des Explorerfensters mit der rechten Maustaste auf die Schaltfläche START und wählen Sie WINDOWS-EXPLORER ÖFFNEN.)

2. Klicken Sie im Windows-Explorer mit der rechten Maustaste auf die Datei oder den Ordner, die/den Sie löschen wollen (siehe Abbildung 3.13), und wählen Sie dann LÖSCHEN.

3. Im Dialogfeld DATEI LÖSCHEN (siehe Abbildung 3.14) klicken Sie auf JA, um die Datei zu löschen.

 Wenn Sie in Windows Dateien oder Ordner löschen, sind diese nicht wirklich weg. Sie befinden sich im Papierkorb. Windows entfernt regelmäßig ältere Dateien aus diesem Ordner, aber kürzlich gelöschte Dateien und Ordner können in der Regel wiederhergestellt werden. Um gelöschte Dateien oder Ordner wiederherzustellen, doppelklicken Sie auf das Papierkorb-Symbol auf dem Desktop, klicken mit der rechten Maustaste auf die Datei oder den Ordner und wählen dann den Befehl WIEDERHERSTELLEN. Windows stellt das entsprechende Element am ursprünglichen Speicherort wieder zur Verfügung.

 Anstatt mit der rechten Maustaste zu klicken und im Kontextmenü den Befehl LÖSCHEN zu wählen (siehe Schritt 2), können Sie auch `Entf` auf der Tastatur drücken.

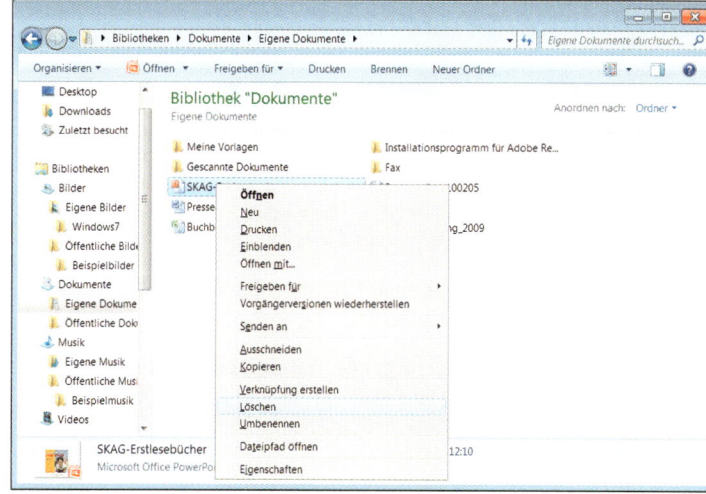

Abbildung 3.13: Das Windows-Explorer-Fenster mit dem Kontextmenü

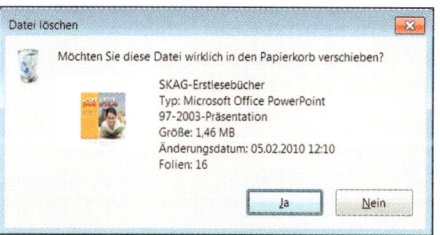

Abbildung 3.14: Das Dialogfeld DATEI LÖSCHEN

Komprimierte Dateien oder Ordner erstellen

1. Suchen Sie im Windows-Explorer die Dateien oder Ordner, die Sie komprimieren wollen. (Klicken Sie zum Öffnen des Explorerfensters mit der rechten Maustaste auf die Schaltfläche Start und wählen Sie WINDOWS-EXPLORER ÖFFNEN.)

2. Im Windows-Explorer-Fenster können Sie Folgendes durchführen (siehe Abbildung 3.15):

   - **Mehrere aufeinanderfolgende Dateien oder Ordner auswählen:** Klicken Sie auf eine Datei oder einen Ordner und klicken Sie dann mit gedrückter ⬆-Taste auf das letzte Element in dieser Liste.

   - **Nicht aufeinanderfolgende Elemente auswählen:** Klicken Sie mit gedrückter Strg-Taste auf die einzelnen Elemente.

3. Klicken Sie mit der rechten Maustaste auf die markierten Elemente und wählen Sie im Kontextmenü SENDEN AN|ZIP-KOM-PRIMIERTER ORDNER (siehe Abbildung 3.16). Ein neuer komprimierter Ordner wird unter der zuletzt ausgewählten Datei im Windows-Explorer angezeigt. Der komprimierte Ordner wird nach der letzten Datei benannt, die Sie in der Reihe ausgewählt haben.

 Wahrscheinlich werden Sie dem komprimierten Ordner einen anderen als den von Windows automatisch vergebenen Namen geben wollen. Lesen Sie hierzu den Abschnitt »Dateien oder Ordner umbenennen« weiter vorn in diesem Kapitel.

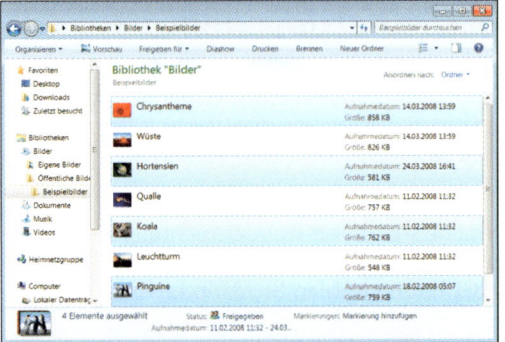

Abbildung 3.15: Einzelne markierte Dateien und Ordner

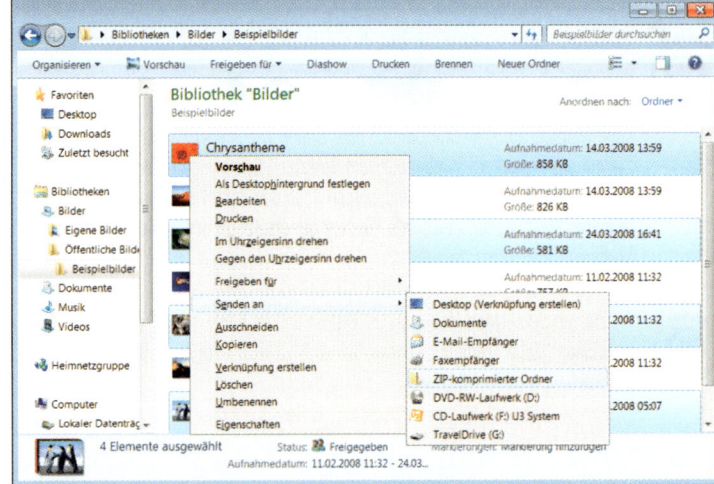

Abbildung 3.16: Das Untermenü zum Kontextmenübefehl SENDEN AN

Ordner zur Favoritenliste hinzufügen

1. Suchen Sie im Windows-Explorer den Ordner, den Sie unter FAVORITEN ablegen wollen. (Klicken Sie zum Öffnen des Explorerfensters mit der rechten Maustaste auf die Schaltfläche START und wählen Sie WINDOWS-EXPLORER ÖFFNEN.)

2. Klicken Sie auf den Ordner und ziehen Sie ihn im Navigationsbereich auf den Bereich FAVORITEN (siehe Abbildung 3.17).

3. Neben Ordnern können Sie auch gespeicherte Suchvorgänge oder Bibliotheken als Favoriten ablegen.

4. Wenn Sie einen Favoriten wieder löschen wollen, klicken Sie mit der rechten Maustaste auf den Favoriten und wählen dann im Kontextmenü ENTFERNEN.

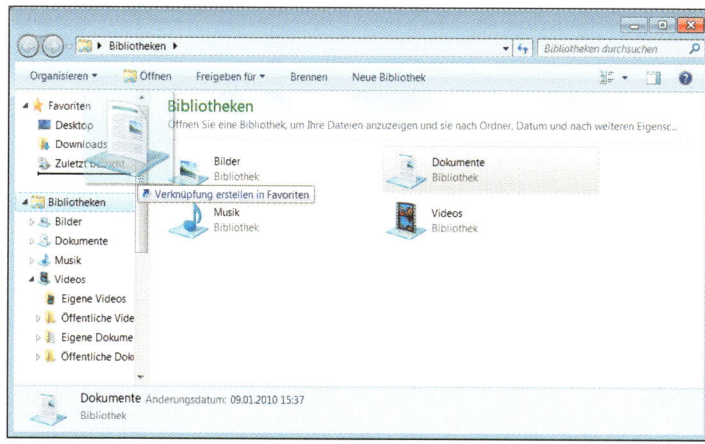

Abbildung 3.17: Der Bereich FAVORITEN im Windows-Explorer-Fenster

 Favoriten werden als Verknüpfungen gespeichert. Bei Dateien oder Ordnern, die Sie aus der Favoritenliste löschen, wird daher nur deren Verknüpfung, nicht aber die Datei oder der Ordner selbst gelöscht.

 Wenn Ihnen die angezeigte Reihenfolge der Favoriten nicht gefällt, ziehen Sie sie einfach mit gedrückter Maustaste an die gewünschte Position in der Liste.

Mit Windows-Anwendungen arbeiten

Windows 7 sorgt nicht nur für ein reibungsloses Funktionieren Ihrer Computer-hardware und anderer Software, sondern verfügt auch über eine Reihe eigener Tools, mit denen sich gut arbeiten lässt. Mit den verschiedenen Anwendungen im Windows-Zubehör (also den integrierten Programmen) können Sie unter anderem wichtige Gedanken niederschreiben und Bilder bearbeiten. Hier eine Liste der Dinge, bei denen Ihnen die Windows-Anwendungen zur Seite stehen:

▶ **Mit Wörtern arbeiten:** WordPad ist ein virtuelles Notizbuch, um Ideen aufzuschreiben, Notizen zu machen, kleine Dokumente zu erstellen oder Programmiercode einzugeben. WordPad ist nicht so leistungsstark wie einige etablierte Textverarbeitungsprogramme, aber es ist genau das Richtige für einfache Dokumente mit nur einigen wenigen Formatierungen.

▶ **Mit Bildern spielen:** Windows macht Sie zum Künstler, weil Sie in Paint Grafikdateien anzeigen und bearbeiten können und mit der Windows-Fotoanzeige digitale Bilder betrachten können. Mit Snipping Tool können Sie kleine Text- oder Bildausschnitte erfassen, diese beschriften und in andere Dokumente einfügen.

▶ **Mit Zahlen jonglieren und Notizen machen:** Der Windows-Rechner ist eine elektronische Version des kleinen Plastiktaschenrechners, den Sie mit sich herumtragen; er ist ideal, um mal eben ein paar Zahlen nachzurechnen. Die Windows-Kurznotizen sind kleine virtuelle Haftnotizen. Sie können eine Notiz schreiben und sie als Erinnerung an eine Verabredung oder eine Aufgabe auf Ihren Desktop »kleben«.

In diesem Kapitel

▶ Dokumente in WordPad erstellen

▶ Bilder in Paint bearbeiten

▶ Digitale Bilder mit der Windows-Fotoanzeige betrachten

▶ Mit Snipping Tool Text- und Bildausschnitte erstellen

▶ Kurznotizen erstellen

▶ Den Windows-Rechner mit Zahlen füttern

Dokumente in WordPad erstellen

1. Wählen Sie START|ALLE PROGRAMME|ZUBEHÖR|WORDPAD, um Word-Pad zu öffnen (siehe Abbildung 4.1).

2. Geben Sie Ihren Text in das leere Dokument ein.

3. Klicken Sie und ziehen Sie mit gedrückter Maustaste, um Text zu markieren; klicken Sie dann, falls erforderlich, auf die Registerkarte START, um die Formatierungsoptionen anzuzeigen.

4. Mit den Formatierungswerkzeugen (siehe Abbildung 4.2) können Sie Schriftart, Schriftgröße und Schriftschnitt ändern. Sie können Text über die entsprechenden Schaltflächen tief- oder hochstellen und Text- und Texthervorhebungsfarbe ändern.

5. Um weitere Formatierungen vorzunehmen, klicken Sie auf Schaltflächen in der Gruppe ABSATZ, beispielsweise auf die Schaltfläche für den Zeilenabstand.

6. Klicken Sie auf der Registerkarte START in der Gruppe EINFÜGEN auf die Schaltfläche BILD, um ein Bild einzufügen.

7. Im Dialogfeld BILD AUSWÄHLEN klicken Sie im Ordner BILDER auf das gewünschte Bild und klicken dann auf ÖFFNEN. Ändern Sie das eingefügte Objekt, indem Sie es verschieben oder seine Größe ändern.

8. Wenn Ihr Dokument fertig ist, klicken Sie auf die Schaltfläche SPEICHERN, die sich oben links im Fenster befindet und wie eine kleine Diskette aussieht.

Ein WordPad-Dokument per E-Mail zu verschicken, ist das reinste Kinderspiel. Klicken Sie einfach auf die Schaltfläche WORDPAD (links von der Registerkarte START) und dann auf IN E-MAIL SENDEN. Daraufhin öffnet sich in Ihrem Standard-E-Mail-Programm ein E-Mail-Fenster, in dem die Datei bereits angefügt ist. Geben Sie einen Empfänger und eine Nachricht ein und klicken Sie dann auf SENDEN. Schon ist das Dokument auf Reisen!

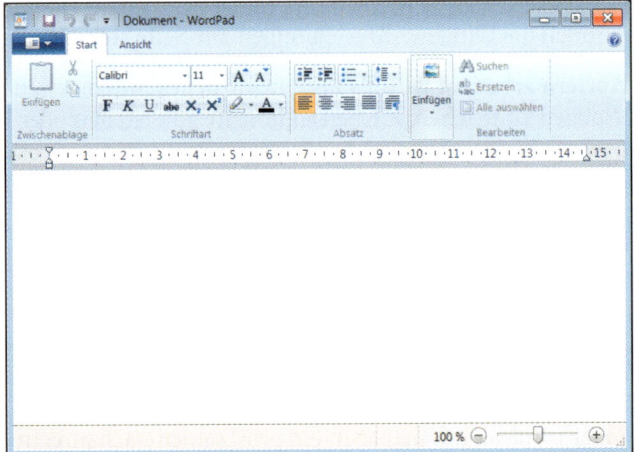

Abbildung 4.1: Das WordPad-Fenster

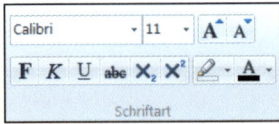

Abbildung 4.2: Formatierungswerkzeuge in WordPad

Bilder in Paint bearbeiten

1. Wählen Sie START|ALLE PROGRAMME|ZUBEHÖR|PAINT.

2. Im Paint-Fenster klicken Sie auf die Schaltfläche PAINT (links von der Registerkarte START) und dann auf ÖFFNEN (siehe Abbildung 4.3). Markieren Sie die Bilddatei, die Sie bearbeiten wollen, und klicken Sie dann auf ÖFFNEN (Abbildung 4.4).

3. Sie können das Bild auf verschiedene Weise bearbeiten:

   - **Farben bearbeiten:** Wählen Sie auf der Registerkarte START eine Farbe aus und verwenden Sie verschiedene Werkzeuge, um das Bild farblich zu gestalten.

   - **Bereiche auswählen:** Klicken Sie in der Gruppe *Bild* auf die Schaltfläche AUSWÄHLEN und entscheiden Sie sich dann für RECHTECKIGE AUSWAHL oder FORMFREIE AUSWAHL. Klicken Sie auf das Bild und ziehen Sie mit gedrückter Maustaste, um Bereiche des Bildes zu markieren. Sie können diese Elemente ausschneiden, indem Sie in der Gruppe BILD auf ZUSCHNEIDEN klicken.

   - **Text hinzufügen:** Klicken Sie in der Gruppe TOOLS auf die Schaltfläche TEXT. Klicken Sie auf das Bild und ziehen Sie mit gedrückter Maustaste, um ein Textfeld zu erstellen, in das Sie Text eingeben können, der auch formatiert werden kann.

   - **Objekte zeichnen:** Klicken Sie in der Gruppe FORMEN auf die gleichnamige Schaltfläche und wählen Sie eine Form aus; klicken Sie dann auf das Bild und ziehen Sie mit gedrückter Maustaste, um diese Form zu zeichnen.

- **Bild bearbeiten:** Verwenden Sie die Schaltflächen in der Gruppe BILD, um die Größe des Bildes zu ändern, es zu zerren, zu drehen oder zu spiegeln.

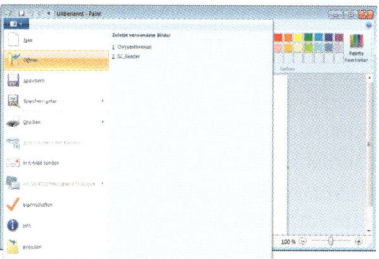

Abbildung 4.3: Das Menü zur Schaltfläche PAINT

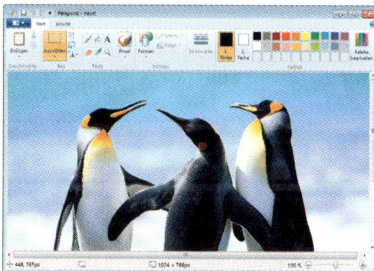

Abbildung 4.4: Ein geöffnetes Bild im Paint-Fenster

 Ihnen gefallen die Farben nicht, die Paint in der Farbpalette zeigt? Sie wollen ein bestimmtes Rot für die Haarfarbe des von Ihnen gezeichneten Sängers verwenden? Um die Farben in der Farbpalette zu ändern, klicken Sie in der Gruppe FARBEN auf die Schaltfläche PALETTE BEARBEITEN. Klicken Sie dann auf eine Farbe und anschließend auf FARBEN HINZUFÜGEN, um sie der Palette hinzuzufügen. Mit einem Klick auf OK wird die geänderte Palette gespeichert.

Digitale Bilder mit der Windows-Fotoanzeige betrachten

1. Klicken Sie mit der rechten Maustaste auf die Schaltfläche START und wählen Sie WINDOWS-EXPLORER ÖFFNEN.

2. Doppelklicken Sie dann auf das Symbol der Bildbibliothek und anschließend auf das gewünschte Foto. In der Windows-Fotoanzeige (siehe Abbildung 4.5) verwenden Sie die Werkzeuge am unteren Fensterrand (siehe Abbildung 4.6) wie folgt:

   • Mit den Schaltflächen WEITER und ZURÜCK zeigen Sie das nächste beziehungsweise das vorherige Bild im aktuellen Ordner an.

   • Wenn Sie auf die Schaltfläche mit der Lupe klicken, wird ein Regler eingeblendet, mit dem Sie die Darstellungsgröße des Bildes ändern können.

   • Mit einem Klick auf die Schaltfläche LÖSCHEN wird das ausgewählte Bild gelöscht.

   • Mit den Schaltflächen GEGEN DEN UHRZEIGERSINN DREHEN und IM UHRZEIGERSINN DREHEN drehen Sie das Bild jeweils um 90 Grad.

   • Die Schaltfläche DIASHOW WIEDERGEBEN in der Mitte der Leiste zeigt die Bilder im Bildordner in einer fortlaufenden Diashow an.

 Sie haben ein Foto von Ihrer Kamera hochgeladen, aber vergessen, wie Sie es benannt haben? Wenn Sie ein vor Kurzem von einer Kamera oder einem Scanner importiertes Foto wiederfinden wollen, klicken Sie in der Bildbibliothek im Navigationsbereich unter FAVORITEN auf ZULETZT BESUCHT.

Abbildung 4.5: Die Windows-Fotoanzeige

Abbildung 4.6: Die Werkzeuge, mit denen Sie Bilder bearbeiten können

3. Arbeiten Sie mit den Schaltflächen am oberen Fensterrand (siehe Abbildung 4.7):

Abbildung 4.7: Arbeiten Sie mit diesen Schaltflächen und Dropdownlisten, um Fotos auf unterschiedliche Weise zu bearbeiten.

- DATEI zeigt Befehle für das Arbeiten mit der Datei an, beispielsweise LÖSCHEN oder KOPIEREN.

- Auf DRUCKEN klicken Sie, um das Bild zu drucken.

- Mit E-MAIL öffnen Sie ein Dialogfeld, in dem Sie die Bildgröße für die Datei festlegen, die Sie als Anhang mit Ihrem Standard-E-Mail-Programm senden.

- BRENNEN ermöglicht das Erstellen von Daten-CDs und Video-DVDs.

- Mit ÖFFNEN öffnen Sie das Bild in einem anderen Programm, etwa in Paint, um das Bild dort zu bearbeiten.

4. Wenn Sie Ihre Bilder betrachtet und bearbeitet haben, klicken Sie auf die Schaltfläche SCHLIESSEN in der rechten oberen Fensterecke (siehe Abbildung 4.8).

Abbildung 4.8: Windows-Fotoanzeige schließen

 Wenn Sie Abzüge von Ihren Fotos möchten, finden Sie hier den richtigen Befehl: Wählen Sie in der Dropdownliste DRUCKEN den Befehl ABZÜGE BESTELLEN und laden Sie eine Liste mit Onlinefotolaboren herunter.

Mit Snipping Tool Text- und Bildausschnitte erstellen

1. Wählen Sie Start|Alle Programme|Zubehör|Snipping Tool.

2. Im Snipping Tool-Fenster (siehe Abbildung 4.9) klicken Sie auf den nach unten zeigenden Pfeil neben der Schaltfläche Neu und wählen eine Option in der Dropdownliste aus:

- Mit der Option Freies ausschneiden ziehen Sie einfach mit gedrückter Maustaste eine Form, beispielsweise ein Dreieck, um zu definieren, was ausgeschnitten werden soll.

- Die Option Rechteckiges ausschneiden tut genau das: Wenn Sie auf einen Bereich klicken und mit gedrückter Maustaste ziehen, wird ein rechteckiger Ausschnitt erstellt.

- Die Option Fenster ausschneiden lässt Sie ein aktives Fenster wählen.

- Mit Vollbild ausschneiden wird ein Screenshot des gesamten Bildschirms erstellt.

3. Wenn Sie in Schritt 2 Freies ausschneiden oder Rechteckiges ausschneiden gewählt haben, klicken Sie auf den Desktop oder in ein Dokument und ziehen mit gedrückter Maustaste, um einen Bereich zu markieren. Wenn Sie Fenster ausschneiden wählen, klicken Sie auf das Fenster, das Sie ausschneiden wollen. Wenn Sie Vollbild ausschneiden wählen, läuft alles automatisch ab.

4. Im Snipping Tool-Bearbeitungsfenster (siehe Abbildung 4.10) verwenden Sie die Werkzeuge Stift, Textmarker und Radierer, um das Bild zu bearbeiten.

5. Klicken Sie auf die Schaltfläche Ausgeschnittenes speichern, die wie eine Diskette aussieht, um das Dialogfeld Speichern unter anzuzeigen. Geben Sie dort einen Dateinamen und den Speicherort an und klicken Sie dann auf Speichern.

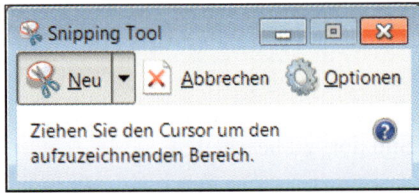

Abbildung 4.9: Das Snipping Tool-Fenster

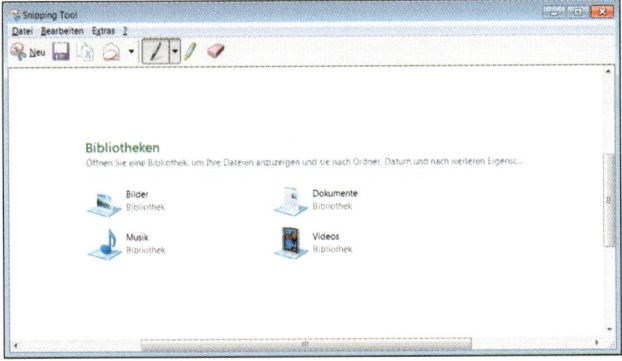

Abbildung 4.10: Das Snipping Tool-Bearbeitungsfenster mit einem Screenshot

Kurznotizen erstellen

1. Wählen Sie START|ALLE PROGRAMME|ZUBEHÖR|KURZNOTIZEN.

2. Geben Sie in das Kurznotizfenster (siehe Abbildung 4.11) eine Notiz ein oder fügen Sie ausgeschnittenen oder kopierten Text aus einem anderen Dokument hier ein. Um eine weitere Notiz zu erstellen, klicken Sie auf die Schaltfläche NEUE NOTIZ (die mit dem Pluszeichen).

3. Eine Kurznotiz können Sie an ihrer Titelleiste an jede beliebige Position auf dem Desktop verschieben.

4. Um eine Kurznotiz zu löschen, klicken Sie auf die Schaltfläche NOTIZ LÖSCHEN (die mit dem X) und wählen dann JA im Dialogfeld KURZNOTIZEN.

Klicken Sie mit der rechten Maustaste auf die Kurznotiz, um eine andere Farbe zu wählen. So können Sie beispielsweise lila Notizzettel für geschäftliche Termine, grüne für private Termine und blaue für Erinnerungen nehmen.

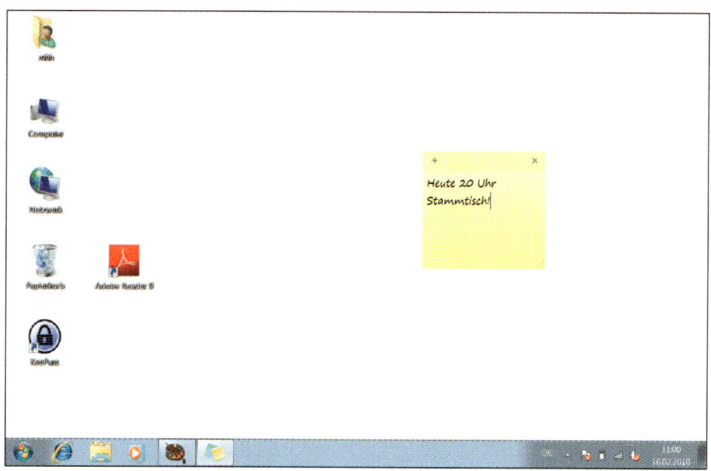

Abbildung 4.11: Eine Kurznotiz

Den Windows-Rechner mit Zahlen füttern

1. Wählen Sie START|ALLE PROGRAMME|ZUBEHÖR|RECHNER.

2. Im Rechner-Fenster (siehe Abbildung 4.12) klicken Sie auf Zahlen und verwenden die Rechensymbole, um eine Rechenaktion auszuführen. Klicken Sie beispielsweise auf die Schaltflächen 5, 8 und 9, um die Zahl 589 einzugeben; klicken Sie dann auf die Schaltfläche + und anschließend auf die Schaltfläche 9. Wenn Sie auf die Schaltfläche = klicken, wird das Ergebnis von 589 + 9 angezeigt. (**Hinweis:** Verwenden Sie die Schaltfläche / zum Dividieren und die Schaltfläche * zum Multiplizieren.)

3. Wenn Sie sich vertippt haben, klicken Sie auf die Schaltfläche *Ce*, um die Eingabe zu löschen. Wenn Sie eine Berechnung löschen wollen und mit einer neuen beginnen wollen, klicken Sie auf die Schaltfläche C.

4. Öffnen Sie das Menü ANSICHT, um einen anderen Rechnertyp auszuwählen, beispielsweise WISSENSCHAFTLICH oder STATISTIK.

5. Klicken Sie auf die Schaltfläche SCHLIESSEN, um den Rechner zu schließen.

 Wenn Sie eine vorherige Berechnung noch einmal anzeigen wollen, wählen Sie BEARBEITEN | VERLAUF.

 Einige Standardberechnungen finden Sie im Menü ANSICHT unter ARBEITSBLÄTTER. Hierüber können Sie Leasingraten, Hypothekenzahlungen oder den Kraftstoffverbrauch Ihres Autos berechnen.

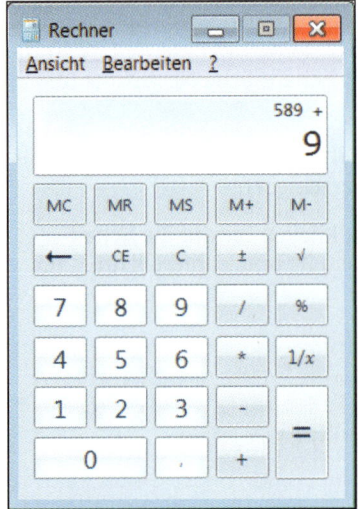

Abbildung 4.12: Das Rechner-Fenster

Die Minianwendungen für den Windows 7-Desktop

*W*indows 7 verfügt über kleine Programme, sogenannte Minianwendungen. Dies sind nette, kleine Features, mit denen Sie sich schnell über das Wetter informieren, Ihre Termine organisieren oder Onlinenachrichten direkt auf Ihrem Desktop lesen können. In diesem Kapitel werden einige dieser Minianwendungen behandelt:

▶ **Mit Bildern arbeiten:** Die Minianwendung DIASHOW ist eine fortlaufende Präsentation der Bilder, die in Ihrem Bilderordner enthalten sind.

▶ **Termine planen:** Mit der Minianwendung KALENDER haben Sie direkt auf dem Desktop Zugriff auf einen Tages- und Monatskalender. Die Minianwendung UHR bietet Ihnen eine Auswahl von acht Uhrenformen und ermöglicht das Einstellen verschiedener Zeitzonen.

▶ **Bilder puzzeln:** Die nette, kleine Minianwendung BILDPUZZLE vertreibt Langeweile im Büroalltag.

▶ **Mit Onlineinformationen arbeiten:** Die Minianwendung FEEDSCHLAGZEILEN ruft Informationen von einem Online-RSS-Feed ab (ein Format, mit dem Nachrichten und andere Inhalte abgerufen werden können). Die Minianwendung WÄHRUNGS-RECHNER bietet aktuelle Umrechnungskurse.

▶ **Systemleistung im Auge behalten:** Die Minianwendung CPU-NUTZUNG liefert aktuelle Informationen über die Prozessorleistung und den verfügbaren Arbeitsspeicher.

5

In diesem Kapitel

▶ Minianwendungen auf dem Desktop anzeigen

▶ Uhrzeit prüfen

▶ Diashow abspielen

▶ Mit dem Windows-Kalender arbeiten

▶ Bilder puzzeln

▶ Währungen umrechnen

▶ Nachrichtenticker verwenden

▶ Sich über das Wetter informieren

▶ CPU-Nutzung im Auge behalten

Minianwendungen auf dem Desktop anzeigen

1. Klicken Sie mit der rechten Maustaste auf den Desktop und wählen Sie Minianwendungen, um die Minianwendungsgalerie zu öffnen (siehe Abbildung 5.1). Die hier verfügbaren Minianwendungen hängen vom jeweiligen Computerhersteller ab.

2. Klicken Sie auf eine Minianwendung und ziehen Sie sie auf den Desktop (siehe Abbildung 5.2).

3. Klicken Sie auf die Schaltfläche Schliessen, um die Minianwendungsgalerie zu schließen.

 Minianwendungen sind sehr beliebt und ständig werden neue erstellt. Klicken Sie auf den Link Weitere Minianwendungen online beziehen, um die neuesten Minianwendungen anzuzeigen und gegebenenfalls herunterzuladen.

 Um eine Minianwendung wieder vom Desktop verschwinden zu lassen, führen Sie einfach den Mauszeiger auf die Anwendung und klicken dann auf die Schaltfläche Schliessen (die mit dem X), die daneben angezeigt wird. Um die Anwendung erneut anzuzeigen, führen Sie einfach die obigen Schritte erneut aus.

Abbildung 5.1: Die Minianwendungsgalerie

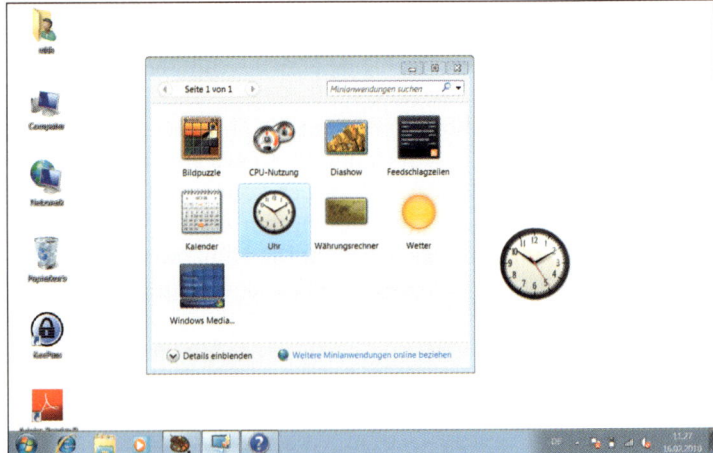

Abbildung 5.2: Minianwendung auf dem Desktop

Uhrzeit prüfen

1. Klicken Sie mit der rechten Maustaste auf den Desktop und wählen Sie MINIANWENDUNGEN.

2. Klicken Sie in der Minianwendungsgalerie auf die Uhr und ziehen Sie sie auf den Desktop.

3. Um Änderungen an der Uhrendarstellung oder der Zeitzone vorzunehmen, führen Sie den Mauszeiger auf die Uhr und klicken dann auf die Schaltfläche OPTIONEN (die mit dem Schraubenschlüssel als Symbol).

4. Im Dialogfeld UHR (siehe Abbildung 5.3) klicken Sie auf die Schaltfläche VORHERIGE oder NÄCHSTE, um die verschiedenen Uhrenarten anzuzeigen.

5. Sie können auch einen Namen in das Feld UHRNAME eingeben. Um die Zeitzone zu ändern, wählen Sie im Dropdown-Listenfeld ZEITZONE die betreffende Zeitzone aus.

6. Klicken Sie auf OK, um die Einstellungen zu speichern.

 Sie können auch einen Sekundenzeiger anzeigen, indem Sie im Dialogfeld UHR das Kontrollkästchen SEKUNDENZEIGER ANZEIGEN aktivieren.

 Wenn Sie unterwegs sind und wissen wollen, wie spät es vor Ort und bei Ihnen zu Hause ist, können Sie schnell die Minianwendung UHR mehrfach aus der Minianwendungsgalerie auf den Desktop ziehen. Bearbeiten Sie dann die Einstellungen für die Zeitzone und verwenden Sie verschiedene Uhrenformen, um die einzelnen Anzeigen schnell voneinander unterscheiden zu können.

Abbildung 5.3: Das Dialogfeld für die Uhreneinstellungen

Diashow abspielen

1. Ziehen Sie die Minianwendung Diashow auf den Desktop (wie im Abschnitt »Minianwendungen auf dem Desktop anzeigen« beschrieben).

2. Führen Sie den Mauszeiger auf die Minianwendung Diashow und verwenden Sie die unten im Fenster angezeigten Schaltflächen (siehe Abbildung 5.4):

   • Klicken Sie auf die Schaltfläche Ansicht, um das aktuelle Bild in der Windows-Fotoanzeige zu öffnen.

   • Klicken Sie auf Anhalten, um die Diashow bei dem aktuellen Bild zu stoppen.

   • Klicken Sie auf Vorheriges, um das vorherige Bild anzuzeigen.

   • Klicken Sie auf Nächstes, um das nächste Bild anzuzeigen.

   • Klicken Sie auf die Schaltfläche Optionen, die aussieht wie ein Schraubenschlüssel. Im Dialogfeld Diashow (siehe Abbildung 5.5) können Sie den Bildordner für die Diashow, die Anzeigedauer der Bilder und den Übergang zwischen den Bildern festlegen.

3. Klicken Sie auf OK, um das Dialogfeld zu schließen.

 Wenn Sie auf die Schaltfläche Ansicht klicken, um das aktuelle Bild in der Windows-Fotoanzeige zu öffnen, können Sie mit den Werkzeugen in diesem Fenster das Bild ändern, drucken, per Mail senden und sogar einen Film erstellen. Kapitel 4 enthält weitere Informationen über die Windows-Fotoanzeige.

Abbildung 5.4: Die Werkzeugleiste der Diashow-Minianwendung

Abbildung 5.5: Das Dialogfeld Diashow

Mit dem Windows-Kalender arbeiten

1. Ziehen Sie die Minianwendung KALENDER auf den Desktop (siehe Abbildung 5.6). (Lesen Sie hierzu weiter vorn in diesem Kapitel den Abschnitt »Minianwendungen auf dem Desktop anzeigen«.)

2. Führen Sie den Mauszeiger auf den Kalender und klicken Sie auf die Schaltfläche GRÖSSER/KLEINER (siehe Abbildung 5.7), um den Kalender entweder in der größeren Darstellung (Monats- und Tageskalender wie in Abbildung 5.7) oder in der kleinen Standardtagesansicht anzuzeigen.

3. Wenn der Monatskalender angezeigt wird, können Sie über die Pfeilschaltflächen WEITER und VORHERIGER einen anderen Monat anzeigen; doppelklicken Sie auf ein Datum, um es im Tageskalender anzuzeigen, und auf die rote untere Kalenderecke, um erneut das aktuelle Datum anzuzeigen.

 Wenn Sie die kleinere Kalenderversion lieber in der Monats- als in der Tagesversion hätten, doppelklicken Sie auf den Tageskalender, um nur die Monatsversion anzuzeigen.

 Wenn in der kleineren Ansicht der Monatskalender angezeigt wird, können Sie ein bestimmtes Datum im Tageskalender anzeigen, indem Sie in der Monatsansicht auf dieses Datum doppelklicken.

Abbildung 5.6: Die Minianwendung KALENDER

Abbildung 5.7: Die größere Kalenderversion

Bilder puzzeln

Abbildung 5.8: Die Minianwendung BILDPUZZLE

1. Ziehen Sie die Minianwendung BILDPUZZLE auf den Desktop. (Lesen Sie hierzu weiter vorn in diesem Kapitel den Abschnitt »Minianwendungen auf dem Desktop anzeigen«.)

2. Arbeiten Sie mit den Schaltflächen am oberen Fensterrand (siehe Abbildung 5.8):

   - PAUSENZEITGEBER stoppt automatisch die Spielzeit.

   - BILD ANZEIGEN zeigt das fertige Bild an; sobald Sie die Maustaste loslassen, wird erneut das Bild mit dem aktuellen Spielstand angezeigt.

   - LÖSEN beendet das Spiel und zeigt das fertige Bild an.

3. Um das Spiel zu spielen, klicken Sie auf irgendein Teil neben dem leeren Feld. Das Teil wird in die leere Stelle verschoben. Verschieben Sie die Teile so lange, bis sie so angeordnet sind, dass sie ein Bild ergeben.

Abbildung 5.9: Das Dialogfeld BILDPUZZLE

4. Klicken Sie auf die Schaltfläche OPTIONEN rechts von der Anwendung, um das Dialogfeld BILDPUZZLE anzuzeigen (siehe Abbildung 5.9).

5. Über die Schaltflächen VORHERIGES und NÄCHSTES können Sie die verfügbaren Bildpuzzles anzeigen lassen.

6. Wenn Sie das gewünschte Bild gefunden haben, klicken Sie auf OK, um das Dialogfeld zu schließen.

Währungen umrechnen

1. Ziehen Sie die Minianwendung WÄHRUNGSRECHNER auf den Desktop. (Lesen Sie hierzu weiter vorn in diesem Kapitel den Abschnitt »Minianwendungen auf dem Desktop anzeigen«.)

2. Stellen Sie eine Verbindung zum Internet her, um die neuesten Wechselkurse anzuzeigen (siehe Abbildung 5.10).

   • Geben Sie den Betrag in Euro ein, um die entsprechende Summe in US-Dollar anzuzeigen.

   • Klicken Sie auf einen der beiden Währungsnamen, um eine Liste mit verfügbaren Währungen anzuzeigen (siehe Abbildung 5.11).

 Wenn Sie möchten, können Sie mehrere Währungsrechner gleichzeitig anzeigen, um verschiedene Währungen miteinander zu vergleichen.

Abbildung 5.10: Die Minianwendung WÄHRUNGSRECHNER

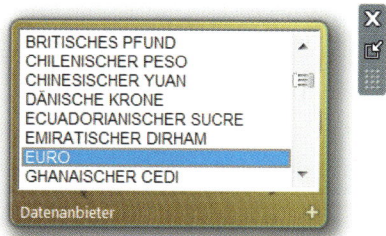

Abbildung 5.11: Festlegen, welche Währung umgerechnet werden soll

Nachrichtenticker verwenden

1. Ziehen Sie die Minianwendung FEEDSCHLAGZEILEN auf den Desktop. (Lesen Sie hierzu weiter vorn in diesem Kapitel den Abschnitt »Minianwendungen auf dem Desktop anzeigen«.)

2. Klicken Sie auf die Minianwendung, um mit dem Standard-RSS-Feed verbunden zu werden.

3. Klicken Sie auf die Meldung, um ein weiteres Fenster mit Details zu öffnen, und dort auf den Link ONLINE LESEN, um die entsprechende Website zu öffnen und dort die Meldung im Volltext zu lesen (siehe Abbildung 5.12).

4. Klicken Sie auf die Schaltfläche OPTIONEN. Im Dialogfeld FEED-SCHLAGZEILEN (siehe Abbildung 5.13) können Sie einen Standardfeed festlegen.

5. Klicken Sie auf OK, um das Dialogfeld zu schließen.

 Verwenden Sie die Pfeilschaltflächen VORHERIGER und NÄCHSTER am unteren Fensterrand der Minianwendung, um durch die Nachrichten zu blättern.

Abbildung 5.12: Die Minianwendung FEEDSCHLAGZEILEN

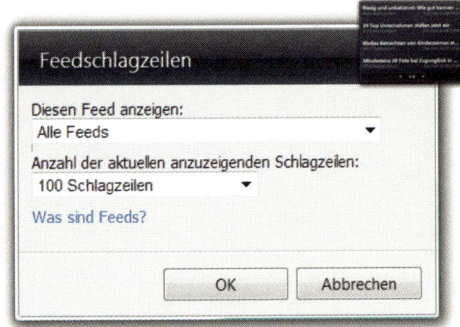

Abbildung 5.13: Das Dialogfeld FEEDSCHLAGZEILEN

Sich über das Wetter informieren

1. Ziehen Sie die Minianwendung WETTER auf den Desktop (siehe Abbildung 5.14). (Lesen Sie hierzu weiter vorn in diesem Kapitel den Abschnitt »Minianwendungen auf dem Desktop anzeigen«.)

2. Öffnen Sie das Dialogfeld WETTER (mit einem Klick auf die Schaltfläche OPTIONEN), geben Sie im Feld ORT SUCHEN einen Ortsnamen ein und klicken Sie dann auf die Schaltfläche SUCHEN (die mit der Lupe) (siehe Abbildung 5.15).

3. Wählen Sie den gewünschten Ort in der angezeigten Liste aus. Sie können in diesem Dialogfeld auch festlegen, ob die Temperatur in Fahrenheit oder Celsius angezeigt wird, wobei die Celsius-Anzeige standardmäßig eingestellt ist.

4. Klicken Sie auf OK, um das Dialogfeld zu schließen.

 Wenn Sie diese Minianwendung zum ersten Mal aufrufen, wird standardmäßig das Hauptstadtwetter angezeigt.

Abbildung 5.14: Die Minianwendung WETTER zeigt standardmäßig das Wetter in Berlin.

Abbildung 5.15: Das Dialogfeld WETTER

CPU-Nutzung im Auge behalten

1. Ziehen Sie die Minianwendung CPU-NUTZUNG auf den Desktop (siehe Abbildung 5.16). (Lesen Sie hierzu weiter vorn in diesem Kapitel den Abschnitt »Minianwendungen auf dem Desktop anzeigen«.)

2. Auf den Anzeigen können Sie Folgendes ablesen:

   • Die CPU-Anzeige (links) gibt Auskunft darüber, wie eifrig die CPU arbeitet, um die verschiedenen Programme und Prozesse, die auf dem Computer ausgeführt werden, zu verarbeiten.

   • Die Arbeitsspeicher-Anzeige (rechts) gibt Auskunft darüber, wie viel Prozent des Arbeitsspeichers gerade verwendet wird.

Abbildung 5.16: Die Minianwendung CPU-NUTZUNG

 Wenn Sie mehr über die Verwendung des Arbeitsspeichers wissen wollen, öffnen Sie über das Startmenü die SYSTEMSTEUERUNG und klicken dort auf SYSTEM UND SICHERHEIT. Klicken Sie auf die Links unter SYSTEM, um die Prozessorgeschwindigkeit und den verfügbaren Arbeitsspeicher anzuzeigen.

 Mehr gibt es über diese Anwendung nicht zu sagen. Sie können auf die Schaltfläche GRÖSSER/KLEINER klicken, um zwischen einer größeren und einer kleineren Version zu wechseln, aber Sie können keine Einstellungen vornehmen. Die Anzeigen sollen Ihnen nur helfen, die Computerleistung im Auge zu behalten. Wenn der Arbeitsspeicher allmählich die 100-Prozent-Grenze erreicht, sollten Sie Platz schaffen. Wenn für die CPU hohe Prozentzahlen angezeigt werden, laufen wahrscheinlich sehr viele Programme gleichzeitig, die die Leistung des Computers reduzieren. Schließen Sie also besser ein paar Anwendungen!

Teil II

Ab ins Internet

The 5th Wave   By Rich Tennant

»Mutti, guck mal! Ich habe den Browser so eingestellt,
dass ich damit so durchs Internet navigieren kann, wie es mir gefällt.«

Der Internetzugang

Das Internet ist heutzutage beim Computer ebenso wenig wegzudenken wie das Handy in der täglichen Kommunikation (insbesondere bei Teenagern). Über das Internet bleiben Menschen in Kontakt, übertragen Dateien, tauschen Bilder und Musik aus, kaufen Waren und Dienstleistungen und suchen nach allem vom Ameisenbär bis hin zum Zebra.

Sie können sich ganz leicht mit dem Internet verbinden. Die meisten Internetdienstanbieter stellen Software bereit, mit denen die Verbindung automatisch hergestellt wird. Doch es gibt verschiedene Möglichkeiten, eine Verbindung herzustellen und auch unterschiedliche Technologien. Unter Umständen müssen Sie auch einige Einstellungen ausprobieren, damit alles so läuft, wie es sein soll.

In diesem Kapitel geht es darum, Internetverbindungen herzustellen und zu verwalten:

▶ **Internetverbindung einrichten:** Der Assistent für Internetverbindungen begleitet Sie bei diesem Vorgang. Sie können eine Standardverbindung für Ihren Zugang zum Internet festlegen.

▶ **Einstellungen ändern:** Ob Sie eine TCP/IP- oder eine ständig aktive Verbindung (über Kabel- oder DSL-Modem) verwenden, hier erfahren Sie, wie Sie alles richtig konfigurieren und auch wie Sie Ihre Internetverbindung mit einer anderen Person teilen.

▶ **Verbindung trennen:** Wenn Sie das Internet nicht mehr brauchen, möchten Sie die Verbindung vielleicht trennen. Hier erfahren Sie, wie das geht.

In diesem Kapitel

▶ Neue Internetverbindung einrichten

▶ Internetverbindung in einem Netzwerk gemeinsam nutzen

▶ Drahtlosverbindung konfigurieren

▶ Internetverbindung reparieren

▶ Einstellungen für Heim-, Arbeitsplatz- und öffentliches Netzwerk

▶ Internetverbindung entfernen

Neue Internetverbindung einrichten

1. Wählen Sie START|SYSTEMSTEUERUNG|NETZWERK UND INTERNET.

2. Klicken Sie im Dialogfeld NETZWERK UND INTERNET auf NETZWERK-
UND FREIGABECENTER.

3. Im Fenster NETZWERK- UND FREIGABECENTER (siehe Abbildung 6.1)
klicken Sie auf NEUE VERBINDUNG ODER NEUES NETZWERK EINRICHTEN.

4. Unter WÄHLEN SIE EINE VERBINDUNGSOPTION AUS akzeptieren Sie die
Standardoption VERBINDUNG MIT DEM INTERNET HERSTELLEN, indem
Sie auf WEITER klicken.

5. Haben Sie bereits eine Verbindung eingerichtet, wird die
Meldung ES BESTEHT BEREITS EINE VERBINDUNG MIT DEM INTERNET
angezeigt. Klicken Sie auf TROTZDEM EINE NEUE VERBINDUNG EIN-
RICHTEN, um fortzufahren. Im nächsten Dialogfeld klicken Sie
auf WEITER, um die Standardoption NEIN, EINE NEUE VERBINDUNG
ERSTELLEN zu wählen.

6. Wählen Sie im nächsten Dialogfeld die Art der Verbindung
aus. (In diesem Beispiel wird eine Breitbandverbindung verwendet.)

7. Geben Sie im nächsten Dialogfeld (siehe Abbildung 6.2) die
vom Internetdienstanbieter erhaltenen Daten ein, also Ihren
Benutzernamen und Ihr Kennwort, und gegebenenfalls einen
Verbindungsnamen. Klicken Sie dann auf VERBINDEN. Windows
prüft automatisch die Verbindung und zeigt sie anschließend
im Netzwerk- und Freigabecenter an.

 Falls Sie von Ihrem Internetdienstanbieter einen Datenträger erhalten haben, legen
Sie ihn einfach in das betreffende Laufwerk ein und im Handumdrehen wird ein
Dialogfeld mit dem Netzwerk- und Freigabecenter angezeigt.

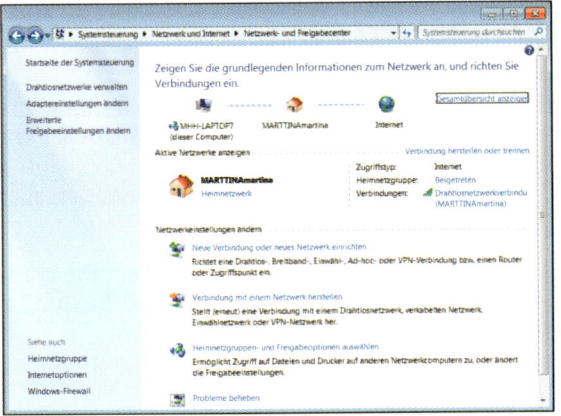

Abbildung 6.1: Das Netzwerk- und Freigabecenter

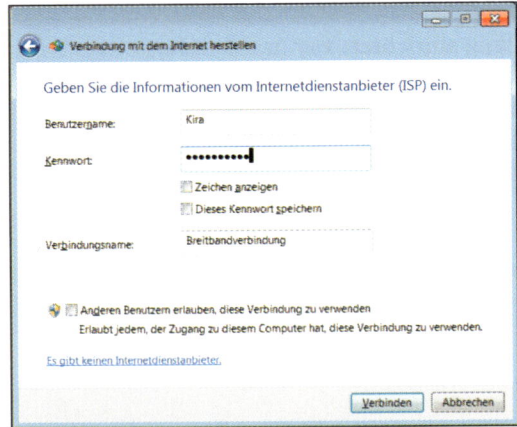

Abbildung 6.2: Der Assistent zum Herstellen einer Internetverbindung

Internetverbindung in einem Netzwerk gemeinsam nutzen

1. Sie können Hardware verwenden – beispielsweise einen Router –, um eine Verbindung gemeinsam zu nutzen (lesen Sie hierzu das Handbuch zu dem Router), oder Sie können die Funktion GEMEINSAME NUTZUNG DER INTERNETVERBINDUNG verwenden. Wählen Sie START|SYSTEMSTEUERUNG|NETZWERK UND INTERNET.

2. Klicken Sie dann auf NETZWERK- UND FREIGABECENTER.

3. Im Fenster NETZWERK- UND FREIGABECENTER (siehe Abbildung 6.1) klicken Sie links auf DRAHTLOSNETZWERKE VERWALTEN.

4. Klicken Sie im nächsten Fenster (siehe Abbildung 6.3) auf eine Verbindung und dann auf ADAPTEREIGENSCHAFTEN.

5. Im Dialogfeld EIGENSCHAFTEN VON DRAHTLOSNETZWERKVERBINDUNG klicken Sie auf die Registerkarte FREIGABE (siehe Abbildung 6.4).

6. Aktivieren Sie hier das Kontrollkästchen ANDEREN BENUTZERN IM NETZWERK GESTATTEN, DIESE VERBINDUNG DES COMPUTERS ALS INTERNETVERBINDUNG ZU VERWENDEN.

7. Wenn Sie möchten, dass andere Benutzer im Netzwerk die gemeinsam genutzte Internetverbindung steuern oder deaktivieren dürfen, aktivieren Sie das betreffende Kontrollkästchen.

8. Klicken Sie auf OK, um die Einstellungen zu speichern.

 Um die gemeinsame Verbindung nutzen zu können, müssen die Benutzer in Ihrem Netzwerk die Einstellungen für einen Internetkommunikationsstandard – TCP/IP (Transmission Control Protocol/Internet Protocol) – bei ihren lokalen Verbindungseinstellungen so konfigurieren, dass die IP-Adresse automatisch bezogen wird.

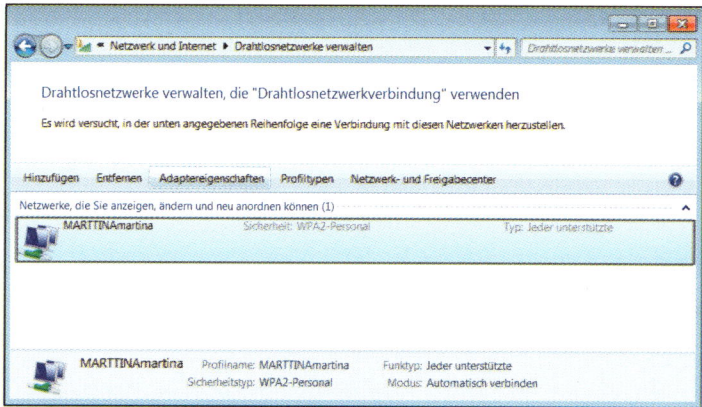

Abbildung 6.3: Das Fenster DRAHTLOSNETZWERKE VERWALTEN

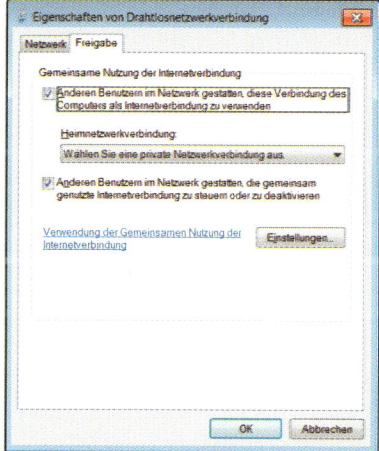

Abbildung 6.4: Optionen im Dialogfeld EIGENSCHAFTEN VON DRAHTLOSNETZWERKVERBINDUNG

Drahtlosverbindung konfigurieren

1. Egal ob Sie ein Netzwerk im Büro oder bei sich zu Hause eingerichtet haben oder ob Sie sich unterwegs mit einem Drahtlosnetzwerk verbinden wollen, Sie können für diese Verbindung Einstellungen vornehmen. Wählen Sie START|SYSTEMSTEUERUNG|NETZWERK UND INTERNET.

2. Klicken Sie dann auf NETZWERK- UND FREIGABECENTER.

3. Im Fenster NETZWERK- UND FREIGABECENTER (siehe Abbildung 6.1) klicken Sie links auf DRAHTLOSNETZWERKE VERWALTEN.

4. Klicken Sie im nächsten Fenster mit der rechten Maustaste auf eine Verbindung und wählen Sie im Kontextmenü EIGEN-SCHAFTEN (siehe Abbildung 6.5).

5. Im Dialogfeld EIGENSCHAFTEN FÜR DRAHTLOSNETZWERK [NETZWERK-NAME] klicken Sie auf die Registerkarte VERBINDUNG (siehe Abbildung 6.6).

6. Auf der Registerkarte VERBINDUNG steht Folgendes zur Auswahl:

   • AUTOMATISCH VERBINDEN, WENN DIESES NETZWERK IN REICHWEITE IST: Diese Option sorgt dafür, dass Windows eine Verbindung aufbaut, sobald es dieses Netzwerk findet.

   • MIT EINEM VERFÜGBAREN BEVORZUGTEN NETZWERK VERBINDEN: Bei dieser Option wechselt Windows zwischen bevorzugten Netzwerken, sobald diese in Reichweite sind. Eine bevorzugte Verbindung ist jedes Netzwerk, mit dem Sie bereits einmal verbunden waren. Manchmal führt dies dazu, dass Windows ungewollt zwischen bevorzugten Netzwerken wechselt, sodass Sie eventuell diese Einstellung ausschalten wollen.

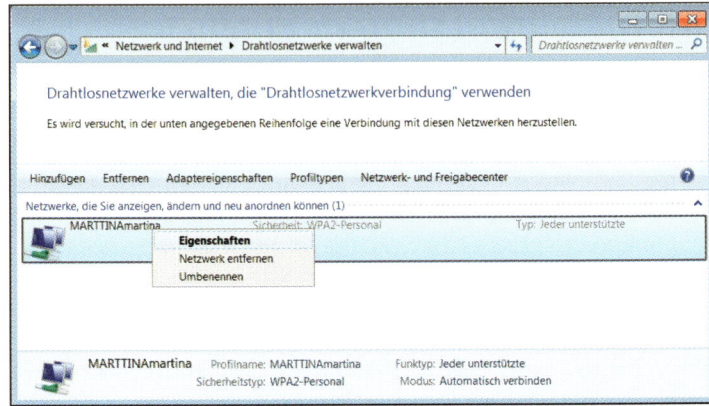

Abbildung 6.5: Das Fenster DRAHTLOSNETZWERKE VERWALTEN

- Verbinden, selbst wenn das Netzwerk seinen Namen nicht sendet (SSID): *SSID (Service Set Identifier)* ist der öffentliche Name eines Netzwerks, obwohl SSIDs nicht immer eindeutig sind. Aus Sicherheitsgründen möchten Sie unter Umständen nicht mit einem Netzwerk verbunden werden, das keinen SSID bereitstellt.

7. Klicken Sie auf OK, um das Dialogfeld Eigenschaften für Drahtlosnetzwerk [Netzwerkname] zu schließen, und dann rechts oben im Fenster Drahtlosnetzwerke verwalten auf die Schaltfläche Schliessen (die mit dem X), um auch dieses Fenster zu schließen.

 Auch wenn Sie manuell Adressen in das Dialogfeld Eigenschaften von Internetprotokoll eingeben können, empfehle ich, diese automatisch zu beziehen. So brauchen Sie die Adressen nicht von Hand zu ändern, wenn sich die von Ihnen verwendete Konfiguration ändert. Es erspart Ihnen auch, bestimmte Einstellungen manuell konfigurieren zu müssen. Mit solchen technischen Dingen wollen Sie sich ohnehin nicht beschäftigen, oder? Ich auch nicht. Deshalb plädiere ich dafür, IP-Adressen automatisch zuweisen zu lassen.

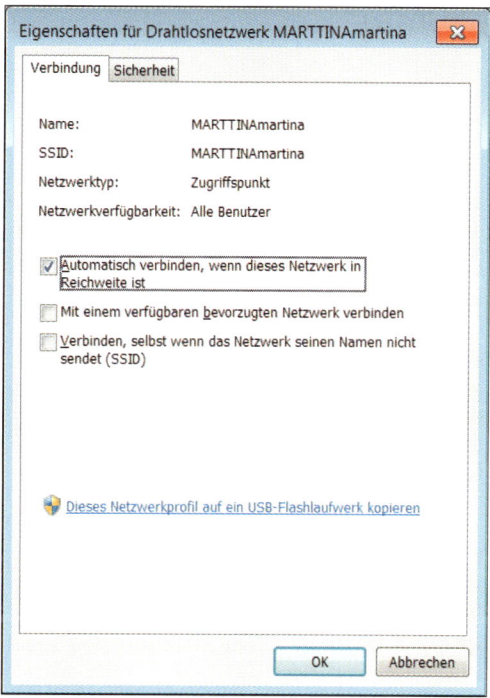

Abbildung 6.6: Das Dialogfeld Eigenschaften von Drahtlosnetzwerk [Netzwerkname] mit der Registerkarte Verbindung

Internetverbindung reparieren

1. Wählen Sie START|SYSTEMSTEUERUNG|NETZWERK UND INTERNET.

2. Klicken Sie dann auf NETZWERK- UND FREIGABECENTER.

3. Im angezeigten Fenster klicken Sie auf PROBLEME BEHEBEN.

4. Im Fenster NETZWERK UND INTERNET (siehe Abbildung 6.7) klicken Sie auf INTERNETVERBINDUNGEN und dann im daraufhin angezeigten Fenster auf WEITER, um fortzufahren.

5. Es folgt eine Reihe von Fragen, ähnlich wie die in Abbildung 6.8 gezeigten. Beantworten Sie die Fragen, um dem Verbindungsproblem auf die Spur zu kommen. Wenn Windows vorschlägt, eine bestimmte Aktion auszuführen, beispielsweise das Prüfen einer Kabelverbindung, dann tun Sie das.

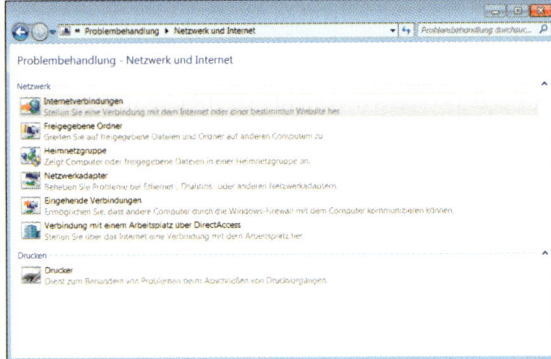

Abbildung 6.7: Das Fenster **NETZWERK UND INTERNET**

 Manchmal führt die Diagnose bei Verbindungsproblemen nicht zu dem gewünschten Ergebnis. In diesem Fall ist es besser, die Verbindung zu löschen und sie erneut zu erstellen. Hierzu klicken Sie im Fenster NETZWERK- UND FREIGABECENTER auf NEUE VERBINDUNG ODER NEUES NETZWERK ERSTELLEN und geben die richtigen Einstellungen ein.

 Vielleicht haben Sie vor Kurzem eine Einstellung vorgenommen oder geändert, die zu Problemen bei der Netzwerkverbindung geführt hat. Falls dies der Fall ist, könnten Sie auch eine Systemwiederherstellung durchführen. Eine Systemwiederherstellung bringt Sie zurück an den Punkt, bevor Sie Einstellungen geändert haben, aber sie löscht weder Programme noch Dokumente. Lesen Sie hierzu Kapitel 18, in dem es um die Systemwiederherstellung geht.

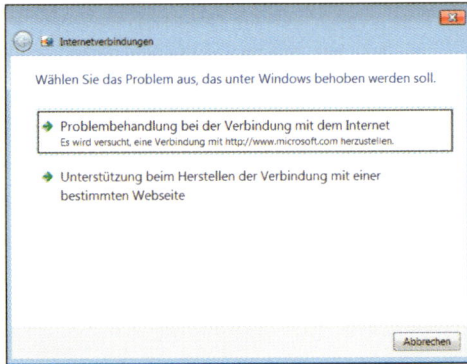

Abbildung 6.8: Der Assistent zum Beheben von Netzwerkproblemen

Einstellungen für Heim-, Arbeits-platz- und öffentliches Netzwerk

1. Viele haben sowohl ein Heim- als auch ein Arbeitsplatznetz-werk und Windows kann anhand der zugewiesenen Verbin-dungsart die entsprechenden Einstellungen anwenden. Wenn Sie sich mit öffentlichen Netzwerken verbinden, möchten Sie vielleicht aus Sicherheitsgründen diese auch als solche definieren. Wählen Sie START|SYSTEMSTEUERUNG|NETZWERK UND INTERNET.

2. Klicken Sie dann auf NETZWERK- UND FREIGABECENTER.

3. Im Fenster NETZWERK- UND FREIGABECENTER (siehe Abbildung 6.9) klicken Sie bei einer aktiven Verbindung auf den Netzwerktyp unter dem Netzwerknamen (beispielsweise HEIMNETZWERK).

4. Im Fenster NETZWERKADRESSE FESTLEGEN (siehe Abbildung 6.10) klicken Sie auf die entsprechende Einstellung:

   • HEIMNETZWERK ermöglicht, andere Computer zu sehen und von ihnen gesehen zu werden sowie Geräte und die Verbin-dung gemeinsam zu nutzen. Bei dieser Option können Sie wählen, was Sie teilen möchten (beispielsweise Bilder).

   • ARBEITSPLATZNETZWERK ist eine Einstellung, bei der Sie weni-ger Elemente automatisch mit anderen teilen.

   • ÖFFENTLICHES NETZWERK ist die sicherste Einstellung; hiermit können Sie jedoch keine Gruppe einrichten oder auf andere Computer zugreifen.

 Ihr Computer verwendet die Standardverbindung, wenn Sie online gehen oder den Browser starten. Sie können jedoch jede Verbindung auch manuell herstellen, indem Sie das Fenster NETZWERK UND INTERNET öffnen, auf VERBINDUNG MIT EINEM NETZWERK HERSTELLEN klicken, mit der rechten Maustaste auf die gewünschte Verbindung klicken und dann VERBINDEN wählen.

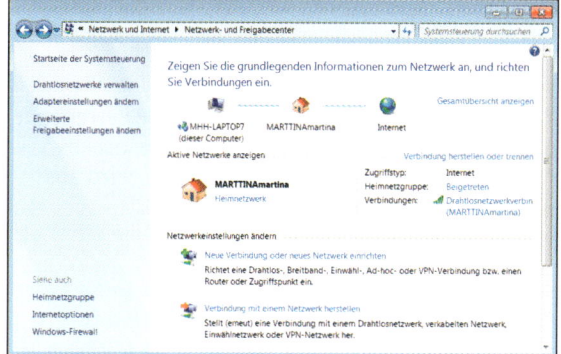

Abbildung 6.9: Das Netzwerk- und Freigabecenter

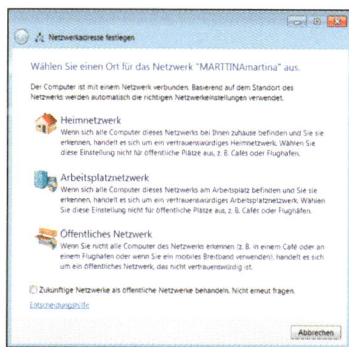

Abbildung 6.10: Das Fenster NETZWERKADRESSE FESTLEGEN

Internetverbindung entfernen

1. Wählen Sie Start|Systemsteuerung|Netzwerk und Internet.

2. Klicken Sie dann auf Netzwerk- und Freigabecenter.

3. Im Fenster Netzwerk- und Freigabecenter klicken Sie auf Drahtlosnetzwerke verwalten, um das gleichnamige Fenster zu öffnen.

4. Klicken Sie dort mit der rechten Maustaste auf die betreffende Verbindung und wählen Sie im Kontextmenü Netzwerk entfernen (siehe Abbildung 6.11). Der Verbindungsname wird aus der Liste mit den Netzwerkverbindungen entfernt.

 Selbst wenn Sie eine Verbindung nicht mehr brauchen, können Sie sie ohne Weiteres in der Verbindungsliste belassen. Wenn jedoch eine andere Person Ihren Computer verwendet, wird sie nicht sicher sagen können, welche Verbindung zu aktivieren ist. Außerdem wird die Verbindungsliste im Laufe der Zeit unübersichtlich, wenn Sie nicht ab und zu aufräumen.

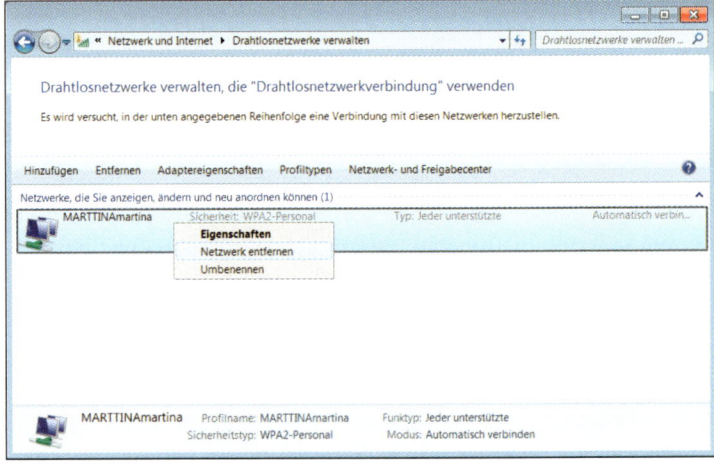

Abbildung 6.11: Das Fenster Drahtlosnetzwerke verwalten

Mit Internet Explorer das World Wide Web erforschen

Ein *Browser* ist ein Programm, mit dem Sie sich im Internet bewegen können. Der Webbrowser Internet Explorer ist in Windows integriert. Sie können aber auch andere Browser kostenlos erhalten, etwa Mozilla Firefox.

In diesem Kapitel geht es um alles Wissenswerte rund um Internet Explorer. Mit Internet Explorer können Sie unter anderem:

▶ **Im Internet surfen:** Mit den Navigationsfunktionen von Internet Explorer können Sie zwischen einzelnen Internetseiten wechseln, zu bereits besuchten Seiten zurückkehren (über FAVORITEN und VERLAUF) und neue interessante Seiten suchen.

▶ **Dateien herunterladen oder drucken:** Wenn Sie online gefunden haben, was Sie gesucht haben, etwa kostenlose Software, möchten Sie diese vielleicht auf Ihrem Rechner speichern. Sie brauchen einen Ausdruck der Seite, die Sie gefunden haben? Dann verwenden Sie die Druckfunktion von Internet Explorer.

▶ **Sich schützen:** Das Internet ist ein bisschen gefährlich – manche Menschen versuchen, Ihre privaten Daten auszuspionieren und zu missbrauchen. Internet Explorer bietet Sicherheitseinstellungen und spezielle Features, um den Einsatz von Cookies (kleine Dateien, die von Websitebetreibern auf Ihrer Festplatte deponiert werden, um Ihre Onlineaktivitäten zu verfolgen) zu steuern. Mit dem Inhaltsratgeber können Sie einschränken, welche Internetseiten Ihr Computer aufrufen kann, und die neuen Funktionen von Internet Explorer 8, wie InPrivate-Filterung und InPrivate-Browsen oder der SmartScreen-Filter, bieten weitere Sicherheit.

7

In diesem Kapitel

▶ Im Internet surfen

▶ Im Internet suchen

▶ Inhalte auf einer Webseite suchen

▶ Startseite festlegen

▶ Webseite den Favoriten hinzufügen

▶ Favoriten verwalten

▶ Vorgeschlagene Websites verwenden

▶ Mit Registerkarten arbeiten

▶ Browserverlauf anzeigen

▶ Die Symbolleiste anpassen

▶ Dateien herunterladen

▶ InPrivate-Browsen und -Filterung aktivieren

▶ und vieles mehr

Im Internet surfen

1. Öffnen Sie Internet Explorer, indem Sie auf das betreffende Symbol in der Windows-Taskleiste klicken.

2. Geben Sie eine Internetadresse in die Adressleiste ein (siehe Abbildung 7.1) und drücken Sie dann ⏎.

3. Auf der angezeigten Website klicken Sie auf einen LINK (das ist die Abkürzung von HYPERLINK; ein Link bringt Sie zu einer anderen Onlineseite oder einem anderen Onlinedokument), zeigen eine andere Seite der Website über die Navigationselemente an oder geben eine andere Adresse in die Adressleiste ein, um dorthin zu wechseln. Ein Link kann ein Symbol oder Text sein. Einen Textlink erkennen Sie in der Regel an der blauen Schrift. Nachdem Sie auf einen Link geklickt haben, ändert er seine Farbe in Lila, um anzuzeigen, dass er geöffnet wurde.

4. Klicken Sie auf die Schaltfläche ZURÜCK, um wieder zur ersten Seite zu wechseln und auf die Schaltfläche VORWÄRTS, um zur zweiten Seite zu wechseln, die Sie besucht haben.

5. Klicken Sie ganz rechts in der Adressleiste auf den nach unten zeigenden Pfeil, um eine Liste mit Websites anzuzeigen, die Sie zuletzt besucht haben (siehe Abbildung 7.2). Klicken Sie auf eine Website in dieser Liste, um dorthin zu wechseln.

 Die Schaltflächen STOPP und AKTUALISIEREN am rechten Ende der Adressleiste dienen der Navigation. Klicken Sie auf die Schaltfläche AKTUALISIEREN, um die aktuelle Seite erneut zu laden. Dies ist insbesondere dann sinnvoll, wenn sich die Inhalte oft ändern, beispielsweise bei Aktienkursen oder wenn eine Seite nicht korrekt geladen wird; danach wird der Inhalt hoffentlich richtig angezeigt. Klicken Sie auf die

Schaltfläche STOPP, um das Laden einer Seite abzubrechen. Beispielsweise wenn Sie sich bei der Adresseingabe vertan haben oder die Seite zu lange zum Laden braucht.

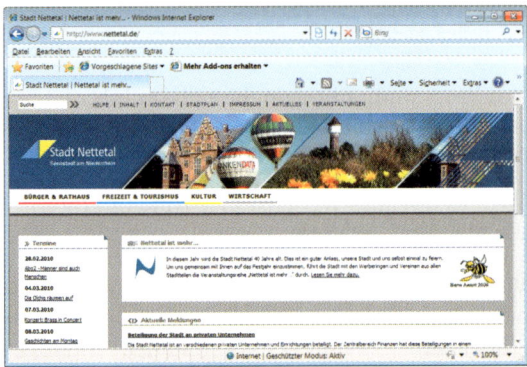

Abbildung 7.1: Eine Webseite

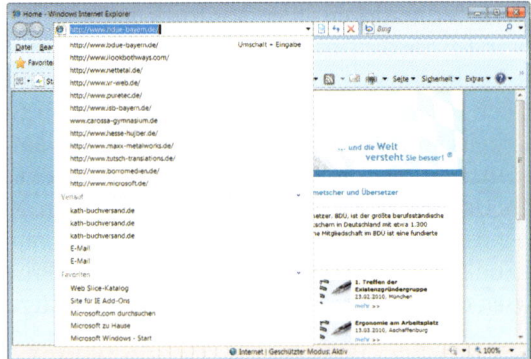

Abbildung 7.2: Zuletzt besuchte Websites

Im Internet suchen

1. Öffnen Sie Internet Explorer und klicken Sie rechts neben der Adressleiste in das Suchfeld.

2. Geben Sie dort einen Suchbegriff ein und klicken Sie auf SUCHEN (die Lupe).

3. In den angezeigten Suchergebnissen (siehe Abbildung 7.3) klicken Sie auf einen Link, um zu der betreffenden Webseite zu wechseln. Wenn Sie den gewünschten Link nicht sehen, verwenden Sie die Bildlaufleiste am rechten Rand, um weitere Ergebnisse anzuzeigen.

4. Klicken Sie oben rechts auf der Seite auf EINSTELLUNGEN, um die Sucheinstellungen zu ändern.

5. Auf der angezeigten Seite EINSTELLUNGEN (siehe Abbildung 7.4) wählen Sie eine der folgenden Optionen aus und klicken dann auf EINSTELLUNGEN SPEICHERN.

- SAFESEARCH: Mit diesen Optionen können Sie die Suchergebnisse in drei Stufen filtern: STRENG, MITTEL und AUS.

- ANZEIGEN: Hier stellen Sie die Sprache ein, in der die Suchergebnisse angezeigt werden sollen.

- ERGEBNISSE: Wählen Sie ob die Ergebnisse im aktuellen Browserfenster oder in einem neuen Fenster angezeigt werden sollen.

- SUCHSPRACHE: Wählen Sie eine Sprache, um nur nach Seiten in dieser Sprache zu suchen.

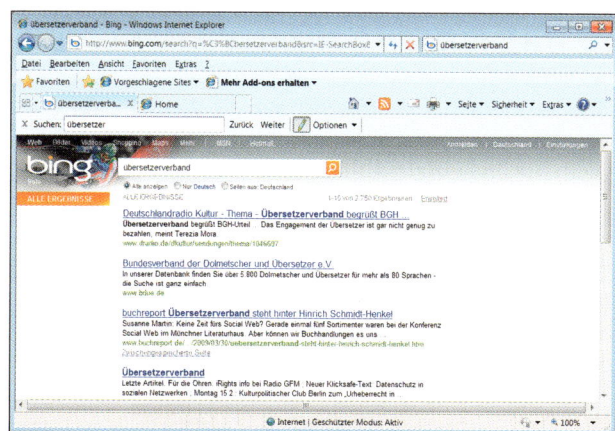

Abbildung 7.3: Ergebnisse einer Suche mit Bing Search

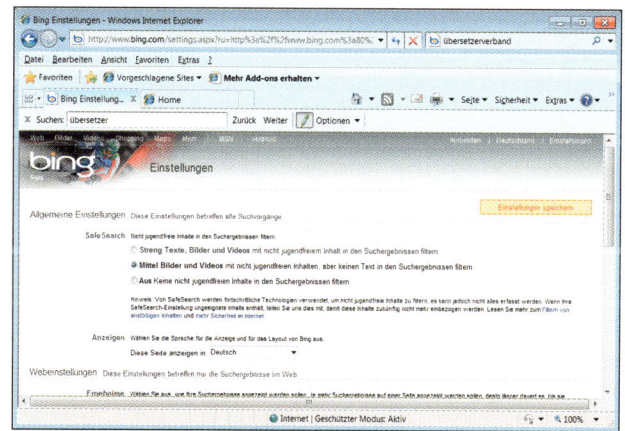

Abbildung 7.4: Die Seite EINSTELLUNGEN

Inhalte auf einer Webseite suchen

1. Wenn Internet Explorer geöffnet ist und die Webseite, die Sie durchsuchen wollen, angezeigt wird, klicken Sie auf den Pfeil neben dem Suchfeld und wählen Auf dieser Seite suchen.

2. Daraufhin wird auf der aktiven Registerkarte eine neue Symbolleiste eingeblendet (siehe Abbildung 7.5). Geben Sie hier in das Suchfeld das Wort ein, nachdem Sie suchen. Während Ihrer Eingabe werden alle Fundstellen auf der Seite markiert. Klicken Sie auf die Schaltfläche Optionen, um die Ergebnisse einzugrenzen:

   - Nur ganzes Wort suchen: Wählen Sie diese Option, wenn Sie exakt das angegebene Wort, keine Variation, suchen.

   - Gross-/Kleinschreibung beachten: Wählen Sie diese Option, wenn die Schreibweise übereinstimmen muss.

3. Klicken Sie auf Weiter, um zur nächsten markierten Fundstelle zu wechseln (siehe Abbildung 7.6). Wenn Sie noch einmal zurück zur vorherigen Fundstelle möchten, klicken Sie auf Zurück.

4. Wenn Sie die Suche beendet haben, klicken Sie ganz links in dieser Suchensymbolleiste auf die Schaltfläche Schliessen (die mit dem X).

 Viele Websites verfügen über eine Funktion, mit der Sie nicht nur die angezeigte Webseite, sondern alle Webseiten der Website durchsuchen können, oder mit der Sie in einem Onlineshop in Abteilungen oder Kategorien suchen können. Halten Sie nach einem Suchfeld Ausschau und achten Sie darauf, dass nur die Website und nicht das gesamte Internet durchsucht wird.

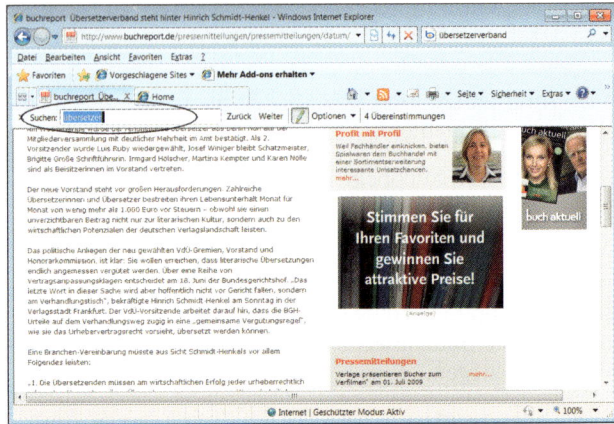

Abbildung 7.5: Einen Suchbegriff in der Suchensymbolleiste eingeben

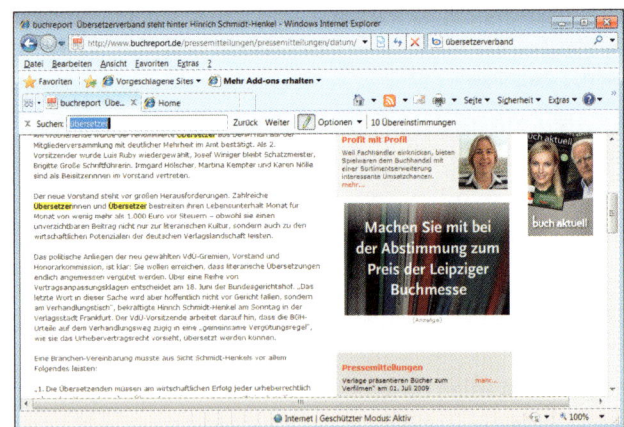

Abbildung 7.6: Übereinstimmungen mit dem Suchbegriff werden auf der Webseite markiert

Startseite festlegen

1. Öffnen Sie Internet Explorer und wählen Sie Extras|Internet-optionen.

2. Im Dialogfeld Internetoptionen geben Sie auf der Registerkarte Allgemein eine Webadresse ein, die Ihre Startseite werden soll (siehe Abbildung 7.7), und klicken auf OK. Sie können mehrere Startseiten angeben, die auf verschiedenen Registerkarten angezeigt werden, wenn Sie Internet Explorer öffnen (siehe Abbildung 7.8).

   Alternativ können Sie auch auf eine der Schaltflächen im Dialogfeld Internetoptionen klicken (siehe Abbildung 7.7):

   - Aktuelle Seite: Hiermit definieren Sie die aktuell im Browserfenster angezeigte Seite als Startseite.

   - Standardseite: Die MSN-Webseite wird angezeigt.

   - Leere Seite: Es wird keine Webseite, sondern nur eine leere Fläche angezeigt.

3. Klicken Sie in der Internet Explorer-Symbolleiste auf die Schaltfläche Startseite (die mit dem Haus), um zur Startseite zu wechseln.

 Um Startseiten zu entfernen, wählen Sie im Menü zur Schaltfläche Startseite den Befehl Entfernen und dann die entsprechende Startseite.

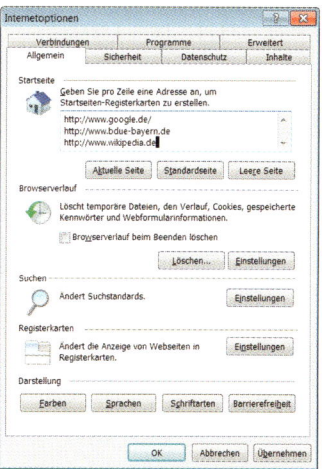

Abbildung 7.7: Das Dialogfeld Internetoptionen

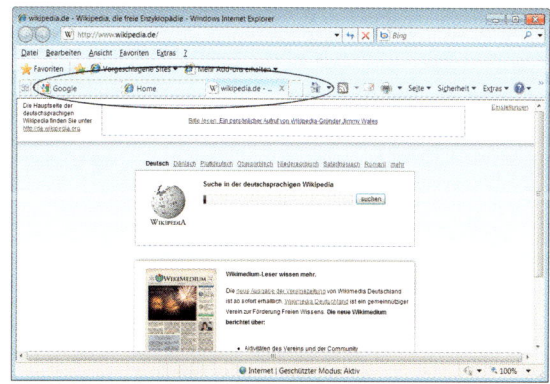

Abbildung 7.8: Drei Startseiten-Registerkarten

Webseite den Favoriten hinzufügen

1. Öffnen Sie Internet Explorer, geben Sie die Adresse (URL) einer Website ein, die Sie Ihrer Favoritenliste hinzufügen wollen, und drücken Sie dann ⏎.

2. Klicken Sie auf die Schaltfläche FAVORITEN, um das Favoritencenter anzuzeigen, und dann auf die Schaltfläche ZU FAVORITEN HINZUFÜGEN.

3. Im Dialogfeld FAVORITEN HINZUFÜGEN (siehe Abbildung 7.9) ersetzen Sie den Namen im Textfeld durch einen, den man sich leichter merken kann. Sie können auch einen anderen Ordner auswählen oder einen Ordner erstellen, in dem Sie den Favoriten ablegen.

4. Klicken Sie auf HINZUFÜGEN.

5. Klicken Sie auf die Schaltfläche FAVORITEN, um das Favoritencenter anzuzeigen, und dann auf der Registerkarte FAVORITEN in der angezeigten Liste auf den Namen der Website (siehe Abbildung 7.10), zu der Sie wechseln wollen.

 Es ist sinnvoll, die Favoritenliste regelmäßig aufzuräumen – wer braucht schließlich die ganzen Websites, die bei der Planung des letzten Urlaubs gespeichert wurden. Klicken Sie im Favoritencenter mit der rechten Maustaste auf einen nicht mehr benötigten Eintrag und wählen Sie dann LÖSCHEN. Mit UMBENENNEN können Sie die Einträge in der Liste entsprechend bearbeiten.

 Sie können das Favoritencenter als festen Bereich in Internet Explorer anzeigen, indem Sie auf die Schaltfläche FAVORITENCENTER ANHEFTEN klicken (das ist der nach links zeigende grüne Pfeil oben rechts im Favoritencenter).

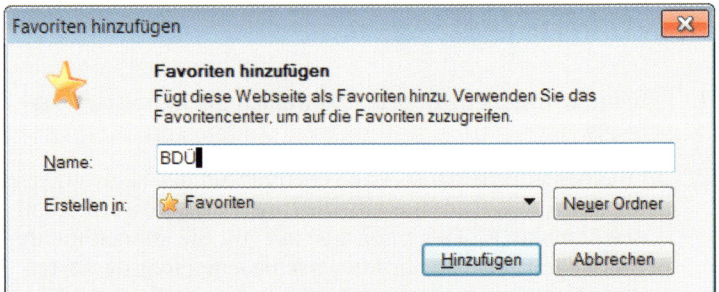

Abbildung 7.9: Das Dialogfeld FAVORITEN HINZUFÜGEN

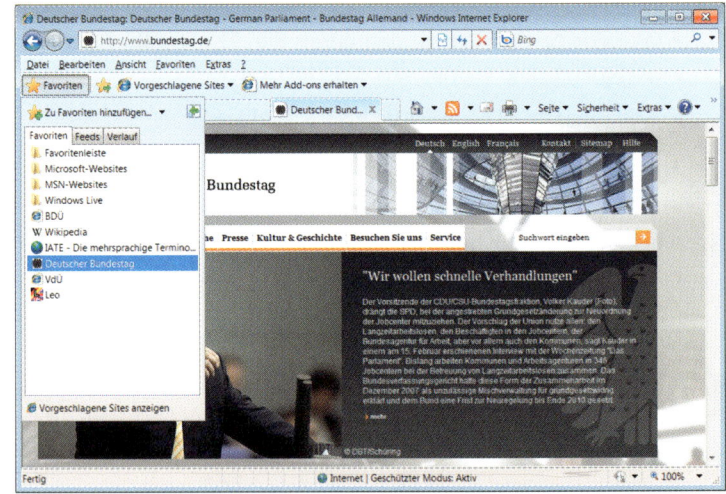

Abbildung 7.10: Die Namen der Favoriten-Websites werden im Favoritencenter aufgelistet

Favoriten verwalten

1. Wenn Internet Explorer geöffnet ist, klicken Sie auf die Schaltfläche Favoriten, um das Favoritencenter zu öffnen. Klicken Sie auf den nach unten zeigenden Pfeil neben der Schaltfläche Favoriten hinzufügen und dann auf Favoriten verwalten.

2. Im Dialogfeld Favoriten verwalten (siehe Abbildung 7.11) klicken Sie auf die Schaltfläche Neuer Ordner oder Sie wählen eine Website oder einen Ordner aus und klicken dann auf die Schaltfläche Verschieben, Umbenennen oder Löschen, um die Favoritenliste neu zu ordnen.

3. Wenn Sie fertig sind, klicken Sie auf Schliessen.

 Mithilfe dieser Schritte können Sie mehrere Websites oder Ordner verwalten, Sie können die Einträge aber auch nacheinander in der Favoritenliste im Favoritencenter verwalten. (Sie öffnen das Favoritencenter mit einem Klick auf die Schaltfläche Favoriten.) Klicken Sie mit der rechten Maustaste auf eine Favoritenseite im Favoritencenter und wählen Sie einen der folgenden Befehle: Neuen Ordner erstellen, Umbenennen oder Löschen.

Abbildung 7.11: Das Dialogfeld Favoriten verwalten

 Wenn Sie bereits neue Ordner erstellt haben, müssen Sie Favoriteneinträge manuell in diese Ordner verschieben oder den betreffenden Ordner auswählen, wenn Sie Favoriten hinzufügen. Zum Verschieben öffnen Sie einfach das Favoritencenter und ziehen die dort abgelegten Internetlinks mit gedrückter Maustaste auf die jeweiligen Ordner.

Vorgeschlagene Websites verwenden

1. Wenn Internet Explorer Websites vorschlagen soll, deren Inhalte zu der aktuell angezeigten Website passen könnten, klicken Sie in der Internet Explorer-Symbolleiste auf die Schaltfläche EXTRAS und wählen VORGESCHLAGENE SITES (siehe Abbildung 7.12). Wenn Sie diese Funktion zum ersten Mal verwenden, wird sie in einer Meldung kurz erklärt. Klicken Sie auf *Ja*, wenn Sie auf Websites hingewiesen werden möchten, die Sie interessieren könnten.

2. Klicken Sie in der Favoritenleiste auf die Schaltfläche VORGESCHLAGENE SITES. (Falls diese Leiste nicht angezeigt wird, klicken Sie mit der rechten Maustaste im oberen Fensterbereich auf eine freie Stelle und wählen dann FAVORITENLEISTE.) Eine Liste mit vorgeschlagenen Websites wird in einem Dropdownmenü angezeigt (siehe Abbildung 7.13).

3. Klicken Sie auf einen Eintrag, um die betreffende Website anzuzeigen.

 Diese Funktion verwendet die Informationen aus dem Verlauf, um Vorschläge zu unterbreiten. Daher wird es zu Beginn etwas dauern, bis brauchbare Vorschläge angezeigt werden.

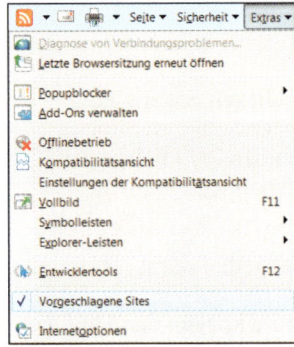

Abbildung 7.12: Die Funktion VORGESCHLAGENE SITES aktivieren

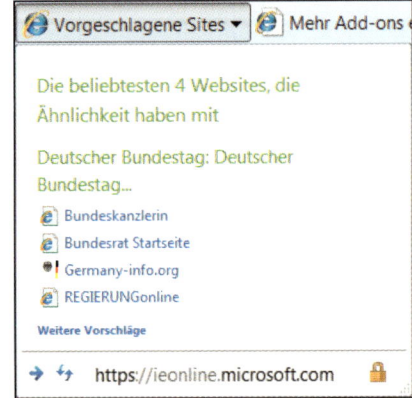

Abbildung 7.13: Die Liste mit den vorgeschlagenen Sites

Mit Registerkarten arbeiten

1. Öffnen Sie Internet Explorer und klicken Sie auf Neue Registerkarte (die kleinste Registerkarte ganz rechts in der Registerkartenleiste).

2. Wenn die neue Registerkarte angezeigt wird, die allgemeine Informationen zu Registerkarten anzeigt (siehe Abbildung 7.14), geben Sie eine Webadresse in die Adressleiste ein. Danach öffnet sich diese Webseite in dieser Registerkarte. Sie können auf die anderen Registerkarten klicken, um zwischen den Webseiten zu wechseln.

3. Klicken Sie auf die Schaltfläche Schnellregisterkarten (ganz links, die mit den vier Quadraten), um alle geöffneten Webseiten als Miniatur anzuzeigen (siehe Abbildung 7.15), oder klicken Sie auf die Schaltfläche Registerkartenlisten (der Pfeil rechts von der Schaltfläche Schnellregisterkarten), um sie als Liste anzuzeigen.

4. Schließen Sie die aktive Registerkarte, indem Sie rechts neben ihrer Bezeichnung auf die Schaltfläche Schließen (das X) klicken.

 Eine Registerkarte ist eine Art Fenster, in dem Sie Websites anzeigen können. Da mehrere Registerkarten gleichzeitig geöffnet sein können, können Sie schnell zwischen Websites wechseln, ohne mit den Schaltflächen Zurück und Vorwärts arbeiten oder neue Adressen eingeben zu müssen.

 Sie können auch ⎵Strg⎵ + ⎵T⎵ drücken, um eine neue Registerkarte in Internet Explorer zu öffnen. Wenn Sie nur eine Registerkarte anzeigen und alle anderen schließen wollen, klicken Sie mit der rechten Maustaste auf die Registerkarte, die geöffnet bleiben soll, und wählen dann Andere Registerkarten schliessen.

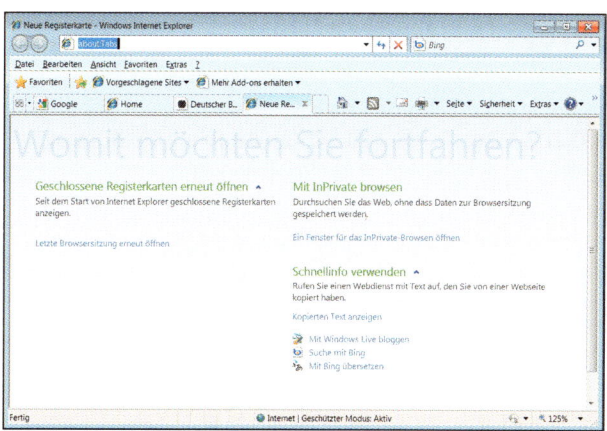

Abbildung 7.14: Eine neue Registerkarte

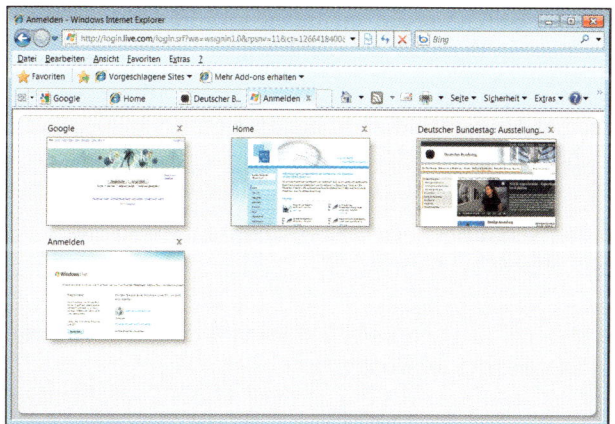

Abbildung 7.15: Die Funktion Schnellregisterkarten zeigt Miniaturansichten aller geöffneten Webseiten

Browserverlauf anzeigen

1. Klicken Sie auf die Schaltfläche FAVORITEN und dann auf die Registerkarte VERLAUF, um den Verlauf zu sehen (Abbildung 7.16).

2. Klicken Sie auf den nach unten zeigenden Pfeil in der Dropdownliste des Verlaufsbereichs (siehe Abbildung 7.17) und wählen Sie eine Sortiermethode:

   • NACH DATUM ANZEIGEN: Websites werden nach dem Datum des Besuchs sortiert.

   • NACH SITE ANZEIGEN: Websites werden alphabetisch nach Namen sortiert.

   • NACH DER ANZAHL DER ZUGRIFFE ANZEIGEN: Die am häufigsten besuchten Seiten werden am Anfang und die am wenigsten besuchten am Ende der Liste angezeigt.

   • IN DER ZUGRIFFSREIHENFOLGE VON HEUTE ANZEIGEN: Websites werden in der Reihenfolge, in der Sie sie am aktuellen Tag besucht haben, sortiert.

3. Im Verlaufsbereich klicken Sie auf eine Website, um sie zu öffnen. Der Verlaufsbereich wird geschlossen, sofern Sie ihn nicht angeheftet haben.

Sie können auch auf den Pfeil rechts von der Adressleiste klicken, um eine Liste der von Ihnen besuchten Websites anzuzeigen.

Wählen Sie in der Dropdownliste im Verlaufsbereich den Eintrag VERLAUF DURCH-SUCHEN, um über ein Textfeld nach besuchten Websites zu suchen.

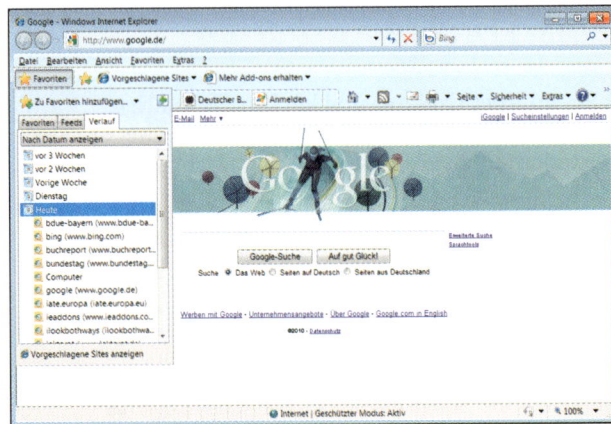

Abbildung 7.16: Der Verlaufsbereich

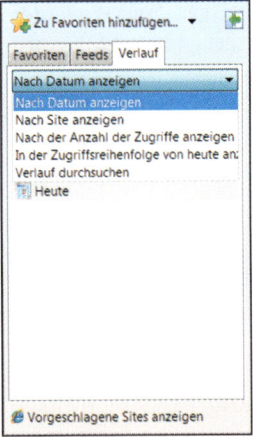

Abbildung 7.17: Die verschiedenen Sortiermethoden für den Verlauf

Die Symbolleiste anpassen

1. Öffnen Sie Internet Explorer.

2. Wählen Sie Extras|Symbolleisten|Anpassen. Das Dialogfeld Symbolleiste anpassen wird angezeigt (Abbildung 7.18)

3. Klicken Sie links in der Liste auf einen Eintrag und dann auf die Schaltfläche Hinzufügen, um diese Funktion der Symbolleiste hinzuzufügen.

4. Klicken Sie rechts in der Liste auf einen Eintrag und dann auf die Schaltfläche Entfernen, um diese Funktion aus der Symbolleiste zu entfernen.

5. Wenn Sie fertig sind, klicken Sie auf Schliessen, um die neuen Einstellungen für die Symbolleiste zu speichern. Die neuen Schaltflächen werden angezeigt. Klicken Sie auf die Schaltfläche mit dem Doppelpfeil, um weitere Schaltflächen anzuzeigen, die aus Platzgründen nicht am Bildschirm angezeigt werden können (siehe Abbildung 7.19).

 Sie können im Dialogfeld Symbolleiste anpassen über die Schaltflächen Nach oben und Nach unten die Reihenfolge, in der die Schaltflächen in der Symbolleiste angezeigt werden, ändern. Um alles wieder in den ursprünglichen Zustand zu versetzen, klicken Sie in diesem Dialogfeld auf die Schaltfläche Zurücksetzen.

 Wenn Sie Leerräume zwischen den Schaltflächen einfügen wollen, klicken Sie im Dialogfeld Symbolleiste anpassen links in der Liste auf Trennzeichen und fügen es vor oder nach der betreffenden Schaltfläche ein.

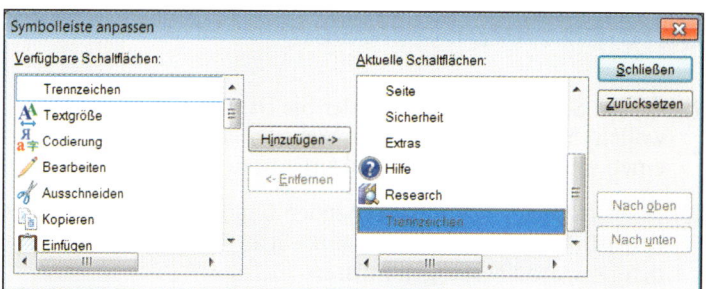

Abbildung 7.18: Das Dialogfeld Symbolleiste anpassen

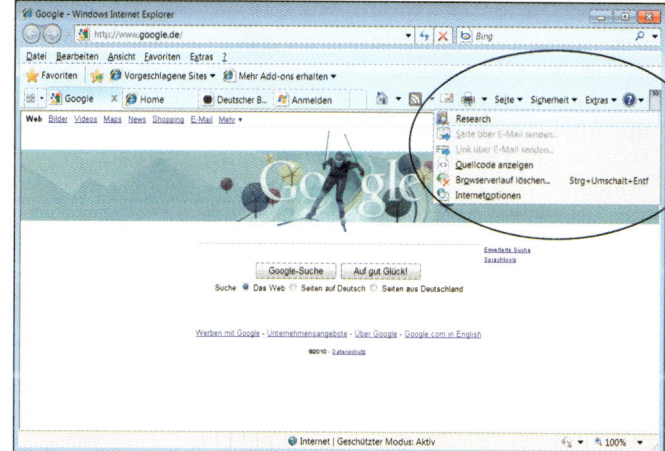

Abbildung 7.19: Über die Schaltfläche ganz rechts in der Symbolleiste weitere Schaltflächen anzeigen

Dateien herunterladen

1. Öffnen Sie eine Website, von der Sie Dateien herunterladen wollen. In der Regel enthalten Websites eine Schaltfläche oder einen Link, um den Downloadvorgang zu starten.

2. Klicken Sie auf den entsprechenden Link, um fortzufahren. Unter Umständen wird ein Dialogfeld angezeigt, in dem Sie den Download bestätigen müssen.

3. Im Dialogfeld DATEIDOWNLOAD (siehe Abbildung 7.20) führen Sie eine der folgenden Aktionen durch:

   • Klicken Sie auf ÖFFNEN, um die Datei in einen temporären Ordner herunterzuladen. Wenn jedoch ein Programm direkt aus dem Internet geöffnet wird, könnten damit Viren und Ähnliches auf Ihren Rechner gelangen. Sie sollten die Dateien daher unbedingt mit einem Antivirenprogramm prüfen.

   • Klicken Sie auf SPEICHERN, um die Datei auf der Festplatte abzulegen. Im Dialogfeld SPEICHERN UNTER wählen Sie den Ordner auf der Festplatte oder einem Wechselmedium (zum Beispiel auf einem USB-Stick) aus, in dem Sie die Datei speichern wollen. Wenn Sie Software herunterladen, müssen Sie anschließend auf die entsprechende Datei doppelklicken, um die Installation auszuführen.

 Wenn Sie Sorge haben, dass eine bestimmte Datei zu unsicher für einen Download ist (weil sie beispielsweise aus einer unbekannten Quelle stammt und weil eine ausführbare Datei einen Virus enthalten könnte), klicken Sie im Dialogfeld DATEI-DOWNLOAD auf ABBRECHEN.

 Wenn eine bestimmte Datei sehr lange für den Download braucht, müssen Sie das Ganze im Auge behalten. Wenn Ihr Computer in den Stand-by-Modus schaltet, könnte der Download unterbrochen werden. Wenn Ihr Computer automatisch Windows-Updates herunterlädt, könnte anschließend automatisch ein Neustart durchgeführt werden, was ebenfalls den Download ab- oder unterbricht. Prüfen Sie regelmäßig, ob alles noch reibungslos läuft.

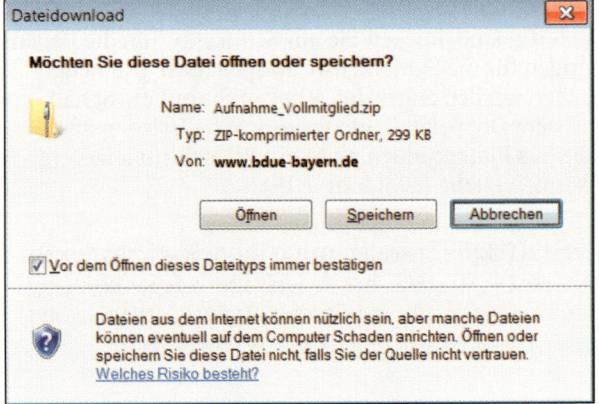

Abbildung 7.20: Das Dialogfeld DATEIDOWNLOAD

InPrivate-Browsen und -Filterung aktivieren

1. Mit InPrivate-Browsen können Sie verhindern, dass Internet Explorer Informationen über die von Ihnen besuchten Internetseiten, wie Cookies und den Browserverlauf, speichert. Mit der InPrivate-Filterung können Sie Websites blockieren oder explizit zulassen, die automatisch Informationen über Ihr Internetverhalten sammeln. Um die InPrivate-Funktionen zu aktivieren, öffnen Sie Internet Explorer.

2. Klicken Sie in der Symbolleiste auf die Schaltfläche SICHERHEIT und wählen Sie INPRIVATE-BROWSEN, um diese Funktion zu aktivieren. Ein Fenster wie in Abbildung 7.21 wird angezeigt.

3. Klicken Sie in der Symbolleiste auf die Schaltfläche SICHERHEIT und wählen Sie EINSTELLUNGEN DER INPRIVATE-FILTERUNG. Wählen Sie in dem Dialogfeld (Abbildung 7.22) eine Option aus:

   - AUTOMATISCH BLOCKEN: Diese Option blockiert alle Websites, die Inhalte von anderen von Ihnen besuchten Websites verwenden.

   - ZU BLOCKENDEN ODER ZUZULASSENDEN INHALT AUSWÄHLEN: Diese Option aktiviert die Schaltflächen ZULASSEN und BLOCKEN, mit denen Sie festlegen, was mit den Websites passieren soll.

4. Klicken Sie auf OK, um die Einstellungen zu speichern. Wenn Sie eine Weile im Internet gesurft haben und dann das Dialogfeld EINSTELLUNGEN DER INPRIVATE-FILTERUNG öffnen, sehen Sie eine Liste mit blockierten und zugelassenen Websites.

 Wenn Sie die Funktion INPRIVATE-BROWSEN nicht nutzen wollen, aber regelmäßig den Browserverlauf manuell löschen möchten, öffnen Sie Internet Explorer und drücken `Strg` + `⇧` + `Entf`.

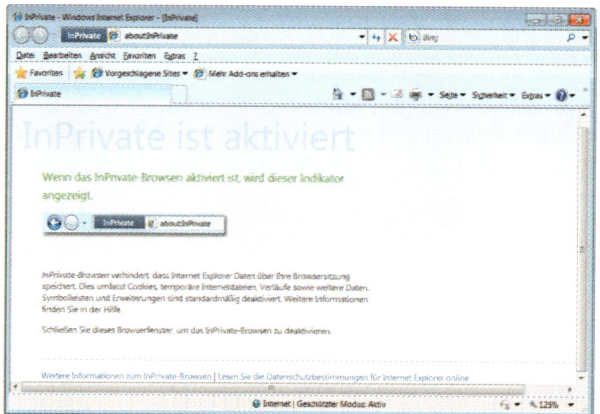

Abbildung 7.21: Die Meldung, die Sie darüber informiert, dass das InPrivate-Browsen aktiviert ist

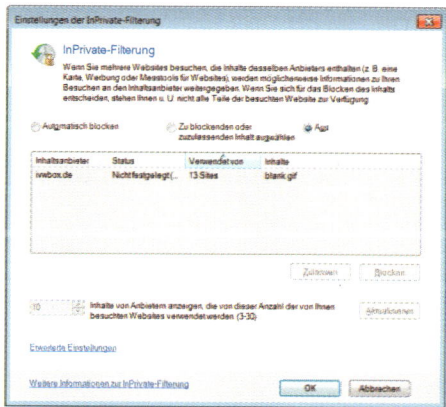

Abbildung 7.22: Das Dialogfeld EINSTELLUNGEN DER INPRIVATE-FILTERUNG

SmartScreen-Filter verwenden

1. Mit dem SmartScreen-Filter können Sie prüfen, ob Websites an Microsoft gemeldet wurden, weil sie als Phishing-Sites fungieren oder Malware (Schadprogramme) auf Ihren Computer herunterladen. Um den SmartScreen-Filter zu aktivieren, klicken Sie in der Internet Explorer-Symbolleiste auf die Schaltfläche SICHERHEIT und wählen dann SMARTSCREEN-FILTER|SMARTSCREEN-FILTER EINSCHALTEN.

2. Um den SmartScreen-Filter zu testen, müssen Sie auf eine Website gehen, die Sie prüfen wollen. Klicken Sie auf die Schaltfläche SICHERHEIT und dann auf SMARTSCREEN-FILTER|DIESE WEBSITE ÜBERPRÜFEN.

3. Das Dialogfeld SMARTSCREEN-FILTER wird angezeigt (siehe Abbildung 7.23) und meldet, ob Bedrohungen gefunden wurden. Klicken Sie auf OK, um das Dialogfeld zu schließen.

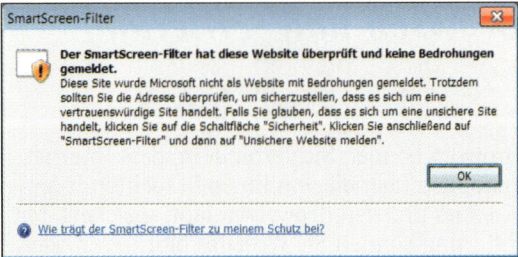

Abbildung 7.23: Eine Website mit dem SmartScreen-Filter prüfen

 Wenn der SmartScreen-Filter aktiviert ist, wird automatisch jede Website geprüft und eine Meldung angezeigt, wenn Sie eine Seite aufrufen, die als verdächtig gemeldet wurde. Diese Informationen werden jedoch nicht täglich aktualisiert. Wenn Sie also Bedenken wegen einer bestimmten Website haben, sollten Sie die hier angegebenen Schritte durchführen, um die neuesten Informationen zu der Website zu erhalten.

Datenschutzeinstellungen ändern

1. Öffnen Sie Internet Explorer, wählen Sie EXTRAS|INTERNET-OPTIONEN und klicken Sie im Dialogfeld INTERNETOPTIONEN auf die Registerkarte DATENSCHUTZ (siehe Abbildung 7.24).

2. Klicken Sie auf den Schieberegler und ziehen Sie ihn nach oben oder unten, um verschiedene Sicherheitsstufen festzulegen.

3. Lesen Sie die Kriterien und wählen Sie eine Einstellung aus.

4. Klicken Sie auf die Schaltfläche SITES, um die Websites festzulegen, von denen Cookies immer oder nie zugelassen werden. Im Dialogfeld DATENSCHUTZAKTIONEN PRO SITE (siehe Abbildung 7.25) geben Sie eine Websiteadresse in das betreffende Feld ein und klicken dann entweder auf BLOCKEN oder auf ZULASSEN.

5. Klicken Sie zwei Mal auf OK, um die Einstellungen zu speichern.

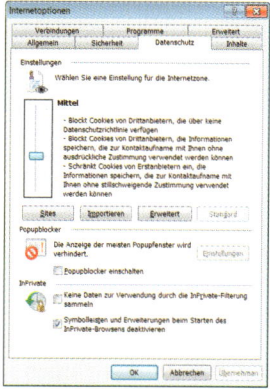

Abbildung 7.24: Das Dialogfeld INTERNETOPTIONEN mit der Registerkarte DATENSCHUTZ

 Die Standardeinstellung – MITTEL – ist wahrscheinlich für die meisten Benutzer ausreichend. Um die Standardeinstellung wiederherzustellen, klicken Sie im Dialogfeld INTERNETOPTIONEN auf der Registerkarte DATENSCHUTZ auf die Schaltfläche STANDARD oder verwenden Sie den Schieberegler, um die Einstellung wieder auf MITTEL zu setzen.

 Sie können auf der Registerkarte DATENSCHUTZ auch Einstellungen für den Popupblocker vornehmen und festlegen, welche Popupfenster zugelassen oder blockiert werden sollen. Klicken Sie einfach auf die Schaltfläche EINSTELLUNGEN, geben Sie die Adresse der betreffenden Website ein und klicken Sie dann auf HINZUFÜGEN, um Popupfenster zuzulassen.

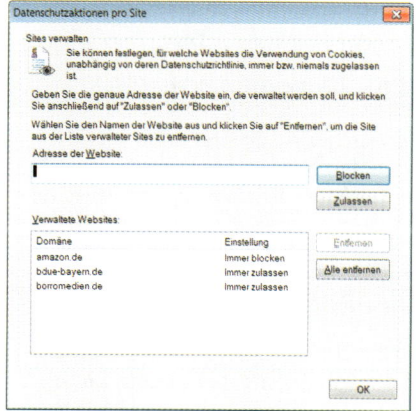

Abbildung 7.25: Das Dialogfeld DATENSCHUTZAKTIONEN PRO SITE

Inhaltsratgeber aktivieren

1. Öffnen Sie Internet Explorer und wählen Sie EXTRAS|INTERNET-OPTIONEN.

2. Im Dialogfeld INTERNETOPTIONEN klicken Sie auf die Registerkarte INHALTE.

3. Klicken Sie unter INHALTSRATGEBER auf die Schaltfläche AKTIVIEREN. (**Hinweis:** Wenn die Schaltflächen DEAKTIVIEREN und EINSTELLUNGEN angezeigt werden, ist der Inhaltsratgeber bereits aktiviert. Klicken Sie dann auf die Schaltfläche EINSTELLUNGEN, um die Optionen anzuzeigen und Änderungen vorzunehmen.)

4. Im Dialogfeld INHALTSRATGEBER klicken Sie auf der Registerkarte FILTER (siehe Abbildung 7.26) auf eine der Kategorien (beispielsweise DARSTELLUNG VON DROGENKONSUM) und dann auf den Schieberegler, um eine der drei Filtereinstellungen zu verwenden: KEIN, BEGRENZT oder UNEINGESCHRÄNKT.

5. Wiederholen Sie Schritt 4 für die einzelnen Kategorien.

6. Klicken Sie auf die Registerkarte ZUGELASSENE SITES (siehe Abbildung 7.27) und geben Sie den Namen der Website ein, für die Sie den Zugriff regeln möchten. Klicken Sie auf IMMER oder NIEMALS.

    • IMMER erlaubt dem Benutzer, die Website anzuzeigen, auch wenn sie unter definierten Filtereinstellungen fällt.

    • NIEMALS bedeutet, dass kein Benutzer diese Website besuchen kann, auch wenn der Inhaltsratgeber grünes Licht gibt.

7. Wenn Sie alle Einstellungen vorgenommen haben, klicken Sie zwei Mal auf OK, um sie zu speichern.

 Wenn Sie selbst Websites anzeigen möchten, die andere Benutzer nicht sehen sollen, aktivieren Sie im Dialogfeld INHALTSRATGEBER auf der Registerkarte ALLGEMEIN das Kontrollkästchen SUPERVISOR KANN DURCH KENNWORTEINGABE BENUTZERN ERMÖGLICHEN, INHALTE TROTZ BESCHRÄNKUNG ANZUZEIGEN und klicken auf KENNWORT ERSTELLEN. Im Dialogfeld SUPERVISORKENNWORT ERSTELLEN geben Sie ein Kennwort ein, bestätigen es, geben einen Kennworthinweis ein und klicken auf OK. Als Systemadministrator können Sie nur auf jede nicht zugelassene Website mit diesem Kennwort zugreifen.

 Um bereits bestehende Filtersysteme zu verwenden, klicken Sie auf der Registerkarte ALLGEMEIN auf die Schaltfläche FILTERSYSTEME.

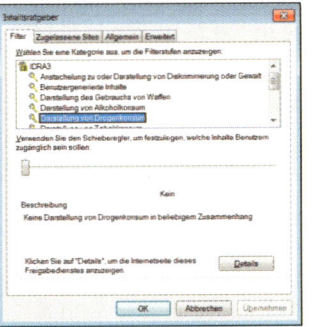

Abbildung 7.26: Das Dialogfeld INHALTSRATGEBER mit der Registerkarte FILTER

Abbildung 7.27: Die Registerkarte ZUGELASSENE SITES im Inhaltsratgeber

RSS-Feeds anzeigen

1. *RSS (Really Simple Syndication)* ist ein Feature, mit dem Sie Nachrichten und andere häufig aktualisierte Informationen abonnieren können. Klicken Sie auf die Schaltfläche Favoriten und dann auf die Registerkarte Feeds, um eine Liste zuletzt angezeigter Feeds zu öffnen (siehe Abbildung 7.28).

2. Klicken Sie auf einen Feed, um ihn anzuzeigen (siehe Abbildung 7.29).

3. Sie können auch in der Symbolleiste auf die Schaltfläche Feeds auf dieser Seite anzeigen klicken, um alle aktiven Feeds anzuzeigen, die auf der aktuell angezeigten Seite aufgeführt werden.

 Die Schaltfläche Feeds auf dieser Seite anzeigen ist abgeblendet, wenn es auf der aktuellen Seite keine RSS-Feeds gibt, und wird orange, wenn Feeds vorhanden sind.

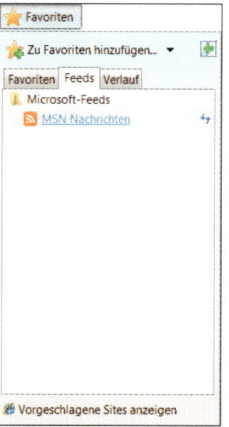

Abbildung 7.28: Der Feedsbereich

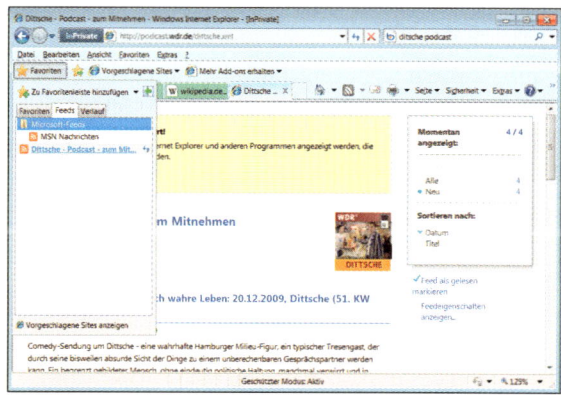

Abbildung 7.29: Eine Website mit einem RSS-Feed

Webseiten drucken

1. Wenn eine Webseite einen Link oder eine Schaltfläche enthält, um eine Druckversion der Seite zu drucken oder anzuzeigen, klicken Sie darauf und folgen dann den Anweisungen.

2. Wenn die Seite keinen solches Element enthält, klicken Sie in der Symbolleiste von Internet Explorer auf die Schaltfläche DRUCKEN.

3. Im Dialogfeld DRUCKEN legen Sie fest, wie viele Exemplare des Dokuments gedruckt werden sollen, und wählen dann eine der Optionen unter SEITENBEREICH (siehe Abbildung 7.30).

Wenn Sie im Dialogfeld DRUCKEN die Option AKTUELLE SEITE wählen oder Seitenzahlen in das Textfeld SEITEN eingeben, hat das bei einer Webseite nicht viel Wirkung. Es wird einfach das gesamte Dokument gedruckt, weil Webseiten nicht wie Textdokumente in Seiten eingeteilt sind.

4. Klicken Sie auf den nach oben zeigenden Pfeil im Feld ANZAHL EXEMPLARE, um mehrere Exemplare zu drucken. Wenn die Exemplare sortiert werden sollen, aktivieren Sie das entsprechende Kontrollkästchen.

5. Wenn Sie alle Einstellungen vorgenommen haben, klicken Sie auf DRUCKEN.

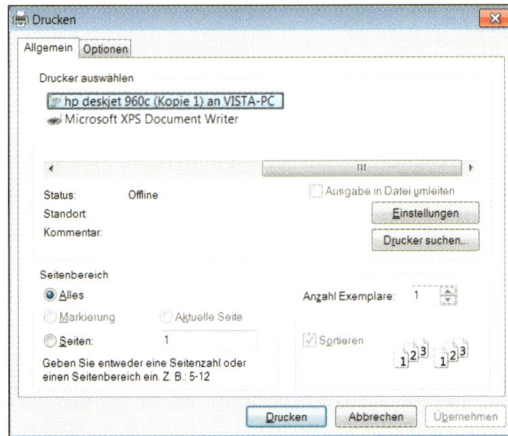

Abbildung 7.30: Das Dialogfeld DRUCKEN

E-Mails mit Windows Live Hotmail

Auch wenn das Verschicken von SMS via Handy heute ganz selbstverständlich geworden ist, so bleibt die E-Mail dennoch die Basis der Onlinekommunikation. Sie haben sicherlich schon einmal eine E-Mail versendet, aber vielleicht kennen Sie Microsofts E-Mail-Programm Windows Live Mail (oder auch Hotmail) noch nicht so genau. Sie können das Programm auf Ihren Computer herunterladen (über *www. download.live.com*), um es dann über das Startmenü aufzurufen. Sie können sich aber auch einfach auf der Windows Live-Website anmelden, um die Programmfunktionen zu nutzen (dieses Verfahren verwende ich bei der Beschreibung der Aufgaben in diesem Kapitel).

Um Ihnen das E-Mail-Leben leicht zu machen, befasst sich dieses Kapitel mit folgenden Aufgaben:

▶ **Empfangen, Senden und Weiterleiten von Nachrichten:** Hier geht es um das Empfangen und Senden von E-Mails. Mit den Formatierungswerkzeugen von Windows Live Hotmail, gestalten Sie Ihre Nachrichten attraktiver und besser lesbar.

▶ **Informationen zum Adressbuch hinzufügen:** Sie können schnell und einfach Ihre Kontakte sowie Ihre Nachrichten verwalten, die Sie in entsprechenden Ordnern speichern.

▶ **Layout für alle Windows Live Mail-Features konfigurieren:** Arbeiten Sie mit der Ordnerleiste und den Layoutfunktionen, um eine äußerst effektive Arbeitsumgebung zu schaffen.

▶ **E-Mail-Konto verwalten:** Richten Sie ein E-Mail-Konto ein und erstellen und ändern Sie Regeln für Ihr Konto.

Windows Live Hotmail öffnen und Nachrichten empfangen

1. Öffnen Sie die Windows Live-Homepage, indem Sie in Ihren Browser *www.windowslive.com* eingeben.

2. Die Windows Live-Einstiegsseite wird angezeigt (siehe Abbildung 8.1). Um ein Konto einzurichten, klicken Sie auf die Schaltfläche REGISTRIEREN und melden sich an.

3. Wenn Sie bereits ein Konto haben, klicken Sie auf die Schaltfläche BEI WINDOWS LIVE ANMELDEN und melden sich dann mit Ihrer Windows Live ID und Ihrem Kennwort an. Klicken Sie dazu auf die Schaltfläche ANMELDEN. Windows Live empfängt und sendet automatisch alle Nachrichten.

4. Klicken Sie im oberen Bereich der Seite auf den Link E-MAIL, um den Posteingang anzuzeigen (siehe Abbildung 8.2). Neue Nachrichten erkennen Sie an dem Symbol in Form eines geschlossenen Umschlags; hat die Nachricht einen Anhang, wird zusätzlich eine Büroklammer angezeigt.

 Um die Nachrichten im Posteingang zu verwalten, klicken Sie auf die Schaltfläche SORTIEREN NACH und wählen eines der Kriterien, beispielsweise ABSENDER.

 Wenn Sie keine Mails bekommen, hat Ihr E-Mail-Provider vielleicht technische Probleme. Warten Sie einfach etwas. Wenn dann immer noch nichts kommt (und Sie wissen, dass Sie Mails hätten erhalten sollen), kontaktieren Sie Ihren E-Mail-Provider.

 Wenn links vor einer E-Mail im Posteingang ein Ausrufezeichen steht, hat jemand diese Nachricht als dringend eingestuft.

Abbildung 8.1: Der Windows Live-Begrüßungsbildschirm

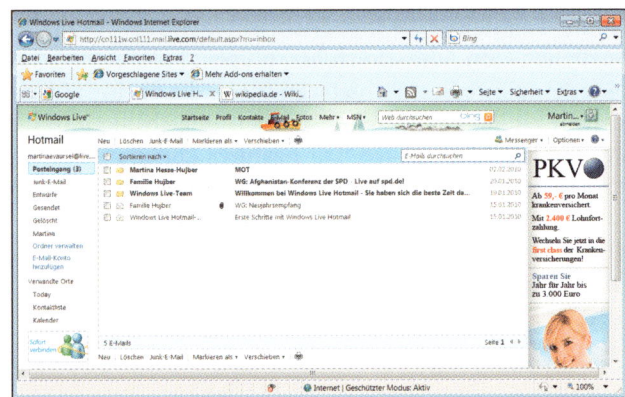

Abbildung 8.2: Der Posteingang von Windows Live Hotmail

E-Mails erstellen und senden

1. Öffnen Sie die Windows Live-Homepage, indem Sie in Ihren Browser *www.windowslive.com* eingeben.

2. Melden Sie sich an und klicken Sie im Windows Live Hotmail-Bildschirm auf den Link E-MAIL, um den Posteingang zu öffnen.

3. Klicken Sie auf die Schaltfläche NEU, um ein neues, leeres E-Mail-Formular zu öffnen (siehe Abbildung 8.3).

4. Geben Sie die E-Mail-Adresse des Empfängers in das Feld *An* ein. Wenn Sie eine Kopie der Nachricht senden wollen, klicken Sie auf den Link CC & BCC ANZEIGEN und geben die Adresse(n) in die Felder CC und BCC ein.

5. Klicken Sie auf das Feld BETREFF und geben Sie einen knappen, aber aussagekräftigen Betreff ein.

6. Klicken Sie auf das Nachrichtenfenster und geben Sie Ihre Nachricht ein (siehe Abbildung 8.4).

 Wenn Sie eine Nachricht eingeben, sollten Sie am Zeilenende nicht ⏎ drücken. Hotmail verfügt über eine automatische Zeilenumbruchfunktion. Fassen Sie sich kurz. Wenn Sie viel zu sagen haben, schreiben Sie einen Brief und verschicken Sie ihn mit der Post. Die meisten Leute finden es ermüdend, lange Mails am Bildschirm zu lesen.

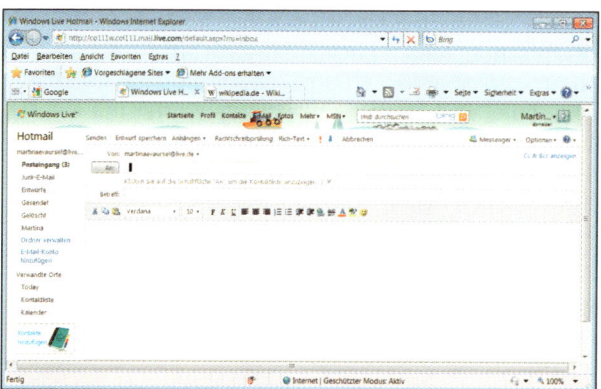

Abbildung 8.3: Ein neues, leeres E-Mail-Formular

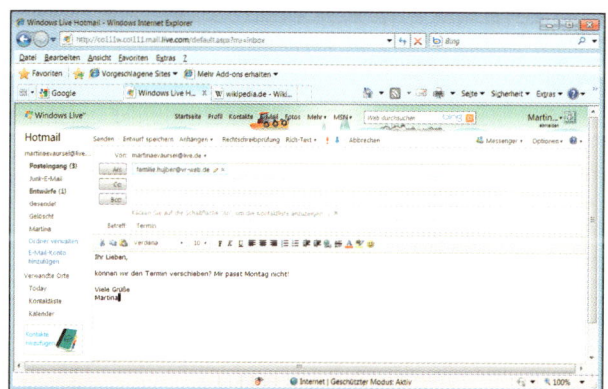

Abbildung 8.4: Eine zum Senden bereite Nachricht

7. Wenn Sie die Nachricht eingegeben haben, überprüfen Sie sie auf Rechtschreibfehler; klicken Sie dazu auf die Schaltfläche RECHTSCHREIBPRÜFUNG. Hotmail überprüft daraufhin die Rechtschreibung und versieht unbekannte Wörter mit einer rot gepunkteten Linie (siehe Abbildung 8.5). Korrigieren Sie die Fehler. Wenn Sie der Nachricht weiteren Text hinzufügen wollen und den neuen Text auch auf Rechtschreibfehler überprüfen wollen, klicken Sie erneut auf die Schaltfläche RECHTSCHREIBPRÜFUNG.

8. Klicken Sie auf SENDEN. Eine Meldung wie in Abbildung 8.6 wird angezeigt, in der bestätigt wird, dass die Nachricht auf dem Weg ist.

Wenn die Nachricht wirklich eilig ist, können Sie auch auf die Schaltfläche WICHTIGKEIT HOCH (die mit dem Ausrufezeichen) klicken, um im Nachrichtenkopf ein leuchtend rotes Ausrufezeichen einzufügen. Klicken Sie auf die Schaltfläche WICHTIGKEIT NIEDRIG (die mit dem blauen nach unten zeigenden Pfeil), um die Wichtigkeit herabzusetzen.

Wenn Sie eine E-Mail erstellen, können Sie diese an einen gespeicherten Kontakt adressieren, indem Sie die Kontaktliste verwenden. Klicken Sie auf die Schaltfläche AN, um die Kontakte zu öffnen. Hier können Sie den betreffenden Kontakt auswählen. Sie können auch nur den Anfang eines gespeicherten Kontakts in eines der Adressfelder (AN oder CC) eingeben, dann wird der Eintrag vervollständigt, während Sie tippen. Wenn der richtige Name angezeigt wird, drücken Sie ⏎ , um ihn zu übernehmen.

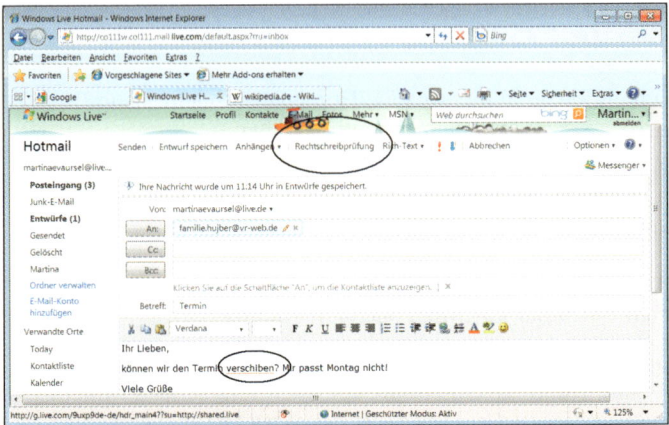

Abbildung 8.5: Die Rechtschreibprüfung im Einsatz

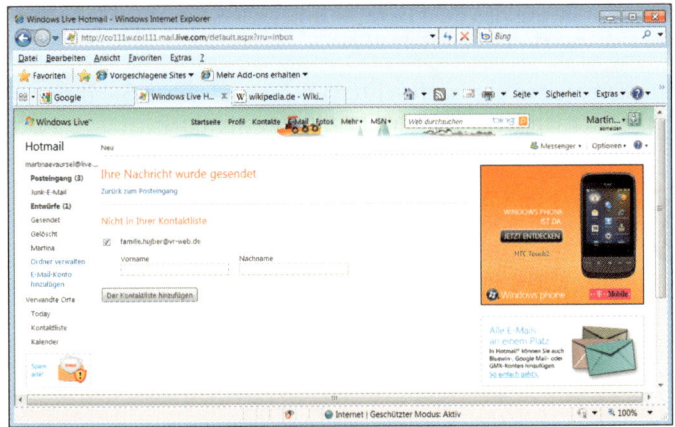

Abbildung 8.6: Bestätigung, dass die Nachricht gesendet wurde

Anhänge senden

1. Gehen Sie auf *www.windowslive.com*, melden Sie sich an und klicken Sie auf E-MAIL. Klicken Sie auf NEU, um eine neue Nachricht zu erstellen, und geben Sie einen Empfänger und einen Betreff ein.

2. Klicken Sie auf die Schaltfläche ANHÄNGEN und dann auf DATEI.

3. Das Dialogfeld DATEI ZUM HOCHLADEN AUSWÄHLEN wird angezeigt (siehe Abbildung 8.7). Wählen Sie die gewünschte Datei aus und klicken Sie dann auf ÖFFNEN.

4. Der Name der angehängten Datei wird angezeigt (siehe Abbildung 8.8). Klicken Sie erneut auf die Schaltfläche ANHÄNGEN und wiederholen Sie Schritt 3, um weitere Dateien anzuhängen.

5. Klicken Sie auf die Schaltfläche SENDEN, um die Nachricht mit Anhang zu senden.

 Sie können an eine E-Mail so viele Dateien anhängen, wie Sie möchten, indem Sie die Schritte in dieser Aufgabe wiederholen. Ihre einzige Einschränkung ist die Größe. Die verschiedenen Provider haben unterschiedliche Begrenzungen für die Größe von E-Mail-Anhängen. Wenn Sie mehrere Dokumente angehängt haben und Ihre E-Mail nicht gesendet werden kann, teilen Sie die Anhänge einfach auf mehrere E-Mails auf.

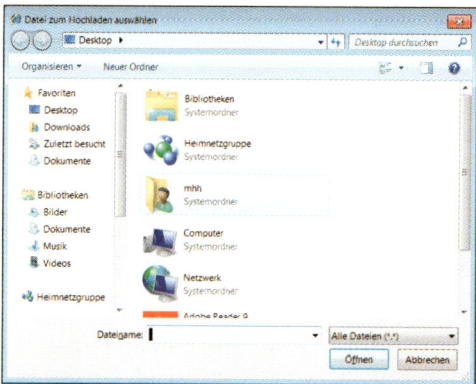

Abbildung 8.7: Das Dialogfeld DATEI ZUM HOCHLADEN AUSWÄHLEN

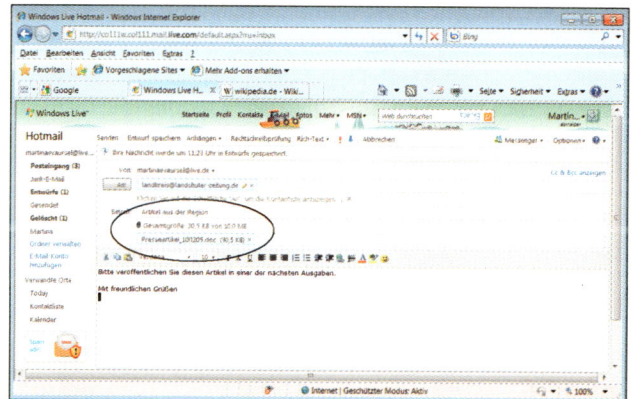

Abbildung 8.8: Die angehängte Datei wird in einem eigenen Feld angezeigt

Nachrichten lesen

1. Klicken Sie im Posteingang auf eine E-Mail-Nachricht, um sie zu öffnen. Ungelesene Nachrichten sind durch ein Symbol in Form eines ungeöffneten Umschlags links vor dem Betreff gekennzeichnet.

2. Wenn die Nachricht lang ist, verwenden Sie die Bildlaufleisten im Nachrichtenfenster, um durch die Nachricht zu blättern und sie zu lesen.

3. Wenn die Nachricht einen Anhang hat, wird dies im Posteingang durch ein Büroklammersymbol angezeigt. Bei der geöffneten Nachricht wird der Anhang in einem separaten Feld angezeigt. Klicken Sie auf den Anhang, um ihn zu öffnen.

4. Im Dialogfeld DATEIDOWNLOAD (siehe Abbildung 8.10) klicken Sie auf die Schaltfläche ÖFFNEN, um die Datei mit dem vorgeschlagenen Programm zu öffnen. Die Anlage wird im damit verknüpften Programm (beispielsweise Paint im Fall von Grafikdateien) oder in dem Programm, in dem es erstellt wurde (beispielsweise Word), geöffnet.

 Wenn Sie den Anhang lieber auf der Festplatte oder einem Wechselspeicher ablegen möchten, klicken Sie im Dialogfeld DATEIDOWNLOAD auf die Schaltfläche SPEICHERN, legen den Speicherort für die Datei fest und klicken dann auf SPEICHERN.

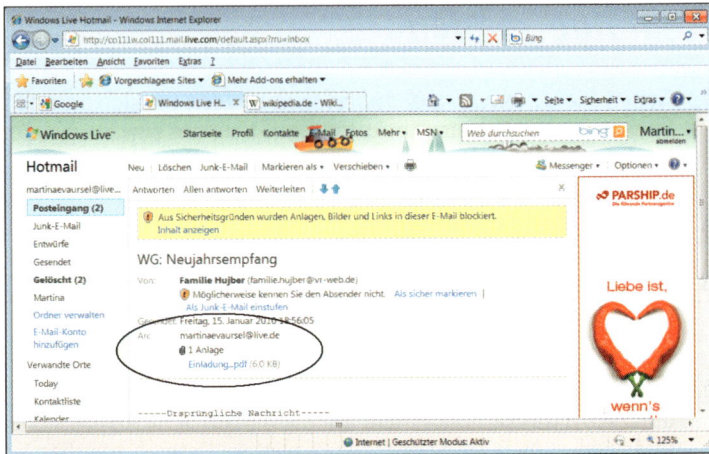

Abbildung 8.9: Eine erhaltene E-Mail-Nachricht mit Anhang

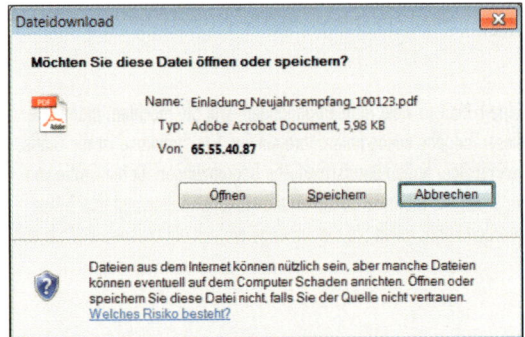

Abbildung 8.10: Das Dialogfeld DATEIDOWNLOAD

Nachrichten beantworten

1. Öffnen Sie die Nachricht, auf die Sie antworten wollen, und wählen Sie eine der folgenden Antwortoptionen (siehe Abbildung 8.11):

   • ANTWORTEN: Die Antwort wird nur an den Absender gesendet.

   • ALLEN ANTWORTEN: Die Antwort wird an den Absender und jeden, der die Originalnachricht erhalten hat, gesendet.

2. Im angezeigten E-Mail-Formular (siehe Abbildung 8.12) geben Sie weitere Empfänger in die Felder AN und/oder CC oder BCC ein und schreiben Ihre Nachricht in das Nachrichtenfenster.

3. Klicken Sie auf die Schaltfläche SENDEN, um die Antwort zu senden.

 Wenn Sie den ursprünglichen Text nicht als Teil der Nachricht einschließen möchten, löschen Sie ihn vor dem Senden der Nachricht.

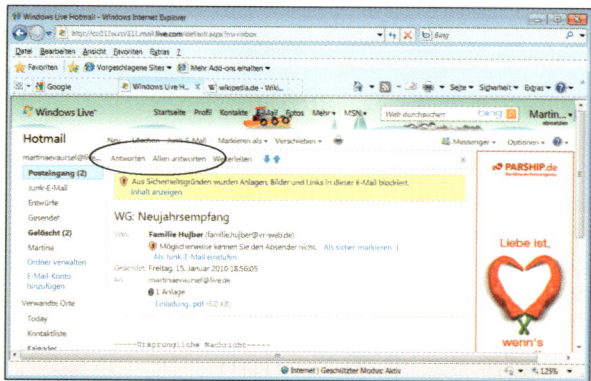

Abbildung 8.11: Die Optionen ANTWORTEN und ALLEN ANTWORTEN

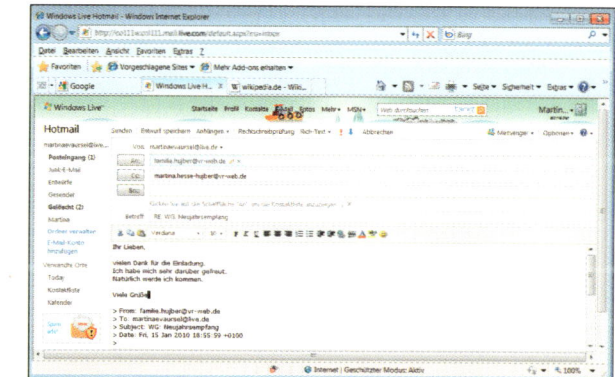

Abbildung 8.12: Eine Antwort auf eine Nachricht schreiben

E-Mails weiterleiten

1. Öffnen Sie die E-Mail, die Sie weiterleiten wollen.

2. Klicken Sie auf die Schaltfläche WEITERLEITEN.

3. In der daraufhin angezeigten Nachricht wird in der Betreffzeile Fw: vor dem ursprünglichen Betreff eingefügt. Geben Sie in die Felder AN und/oder CC oder BCC den/die Empfänger ein und schreiben Sie eine Nachricht in das Nachrichtenfenster (siehe Abbildung 8.13).

4. Klicken Sie auf SENDEN, um die Nachricht weiterzuleiten.

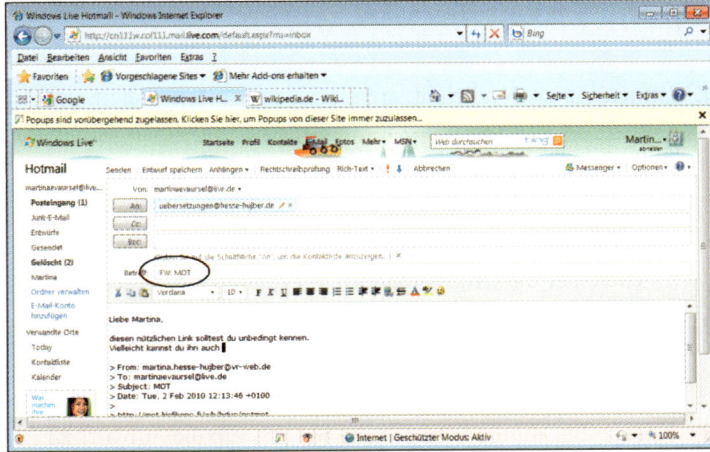

Abbildung 8.13: Eine Nachricht weiterleiten

Signatur erstellen und hinzufügen

1. Wählen Sie OPTIONEN|WEITERE OPTIONEN, um die Seite HOTMAIL-OPTIONEN zu öffnen. Klicken Sie unter E-MAILS ANPASSEN auf PERSÖNLICHE E-MAIL-SIGNATUR (siehe Abbildung 8.14).

2. Geben Sie in das Formular PERSÖNLICHE E-MAIL-SIGNATUR (siehe Abbildung 8.15) Ihren Signaturtext ein. Arbeiten Sie mit den Werkzeugen der Symbolleiste, um die Formatierungen zu ändern; ändern Sie beispielsweise die Schriftart und -größe oder verwenden Sie die Schriftattribute FETT oder KURSIV.

3. Klicken Sie auf SPEICHERN, um die Signatur zu speichern.

 Wenn Sie eine eigene Website haben und diese als Link in die Signatur einbinden möchten, klicken Sie in der Symbolleiste auf die Schaltfläche HYPERLINK EINFÜGEN (die mit dem kleinen blauen Globus und der Kette) und geben in das Textfeld die betreffende Adresse ein.

 Wenn Sie an jede ausgehende E-Mail (auch an Ihre Antworten) Ihre Signatur anhängen, erhält jeder Empfänger die hierin enthaltenen Informationen. Bevor Sie Ihre Adress- und Telefondaten jedoch an alle und jeden verteilen, sollten Sie bedenken, dass diese Daten auch missbraucht werden könnten.

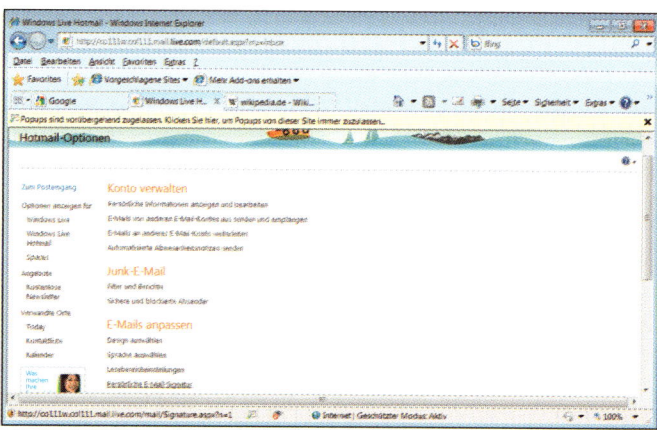

Abbildung 8.14: Hotmail-Optionen

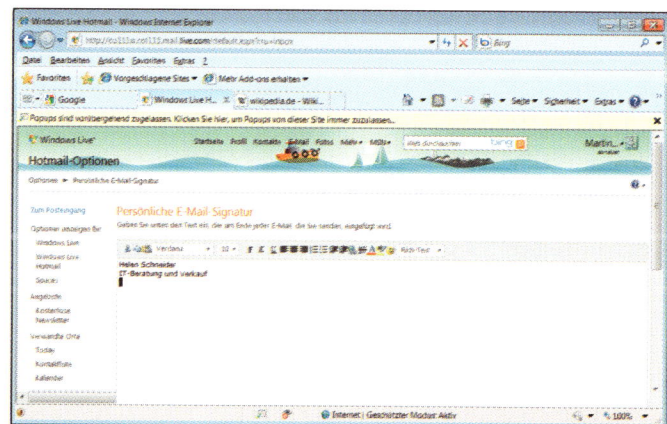

Abbildung 8.15: Das Formular zum Erstellen der persönlichen E-Mail-Signatur

E-Mail-Nachrichten formatieren

1. Erstellen Sie eine neue E-Mail-Nachricht oder öffnen Sie eine erhaltene Nachricht und klicken Sie auf ANTWORTEN, ALLEN ANTWORTEN oder WEITERLEITEN.

2. Geben Sie Text ein und wählen Sie dann den Text aus, der formatiert werden soll (siehe Abbildung 8.16).

3. Verwenden Sie die folgenden Optionen, um die Schrift und die Gestaltung zu ändern (die Symbolleiste mit diesen Werkzeugen finden Sie in Abbildung 8.17):

    *   Dropdownliste SCHRIFTARTNAME: Wählen Sie eine Option in der Dropdownliste aus, um sie auf den markierten Text anzuwenden.

    *   Dropdownliste SCHRIFTGRAD: Ändern Sie hierüber die Schriftgröße.

    *   Schaltflächen FETT, KURSIV und UNTERSTRICHEN: Wenden Sie die Formate auf den markierten Text an.

    *   Schaltflächen LINKS AUSRICHTEN, ZENTRIERT AUSRICHTEN, RECHTS AUSRICHTEN: Passen Sie die Ausrichtung an.

    *   Schaltflächen SORTIERTE LISTE EINFÜGEN und UNSORTIERTE LISTE EINFÜGEN: Formatieren Sie eine nummerierte Liste oder stellen Sie jedem Element der Liste ein Aufzählungssymbol voran.

    *   Schaltfläche EINZUG AUFHEBEN und EINZUG: Verschieben Sie einen vorhandenen Texteinzug nach links beziehungsweise rücken Sie den Text nach rechts ein.

*   Schaltfläche HYPERLINK EINFÜGEN: Verwenden Sie diese Schaltfläche, um einen Hyperlink auf eine andere Website oder ein Dokument zu erstellen.

*   Schaltfläche HORIZONTALE LINIE EINFÜGEN: Fügen Sie eine Linie ein, um die Signatur vom Textkörper zu trennen.

*   Schaltfläche VORDERGRUNDFARBE: Klicken Sie auf eine Farbe in der Farbpalette, um sie dem markierten Text zuzuweisen.

*   Schaltfläche HINTERGRUNDFARBE: Färben Sie den Hintergrund der Nachricht ein.

*   Schaltfläche EMOTICON EINFÜGEN: Fügen Sie hierüber Smileys in den Nachrichtentext ein.

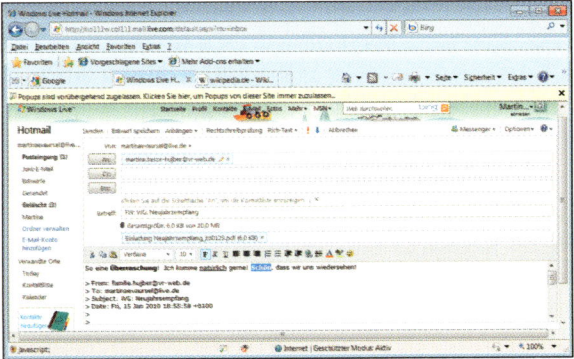

Abbildung 8.16: Text zum Formatieren auswählen

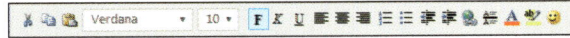

Abbildung 8.17: Die Formatsymbolleiste

Windows Live-Design anpassen

1. Sie können das Aussehen der Windows Live-Seiten ändern, indem Sie ein Design zuweisen. Wählen Sie OPTIONEN|WEITERE DESIGNS.

2. Auf der Seite DESIGNS (siehe Abbildung 8.18) klicken Sie in der Liste auf das gewünschte Design.

3. Klicken Sie auf SPEICHERN und dann auf den Link E-MAIL, um zum Posteingang zu wechseln, der nun im neuen Look angezeigt wird (siehe Abbildung 8.19).

Wenn Sie es gerne etwas bewegter haben, wählen Sie doch ein dynamisches Design. Diese netten Animationen ändern ihr Aussehen je nach Tageszeit oder Wetter.

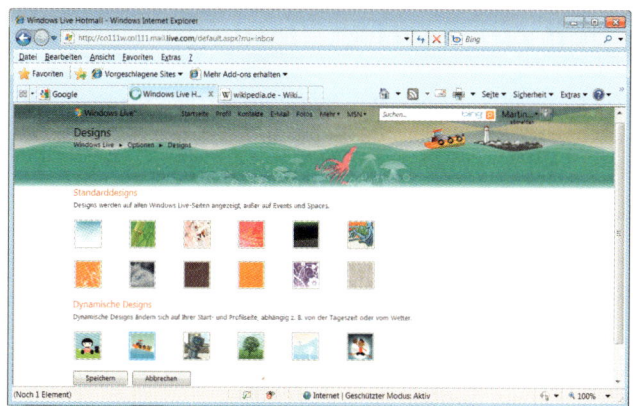

Abbildung 8.18: Die Seite DESIGNS

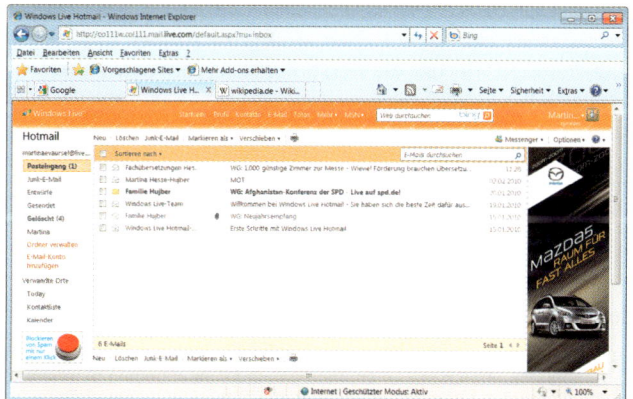

Abbildung 8.19: Die Windows Live-Seite im neuen Look

Personen zur Kontaktliste hinzufügen

1. Auf der Hotmail-Seite von Windows Live klicken Sie links auf den Link KONTAKTLISTE, um die Seite KONTAKTE mit der entsprechenden Liste zu öffnen (siehe Abbildung 8.20).

2. Klicken Sie auf die Schaltfläche NEU.

3. Geben Sie in dem Formular die Kontaktdaten ein (Abbildung 8.21):

   • KONTAKTDETAILS: Geben Sie Vor- und Nachnamen und eventuell einen Spitznamen ein. (Mehr müssen Sie nicht eingeben, um einen Kontakt zu erstellen.)

   • PERSÖNLICHE INFORMATIONEN: Geben Sie die private E-Mail-Adresse der Person und ihre private und Mobiltelefonnummer sowie ihre Privatadresse ein.

   • GESCHÄFTSINFORMATIONEN: Geben Sie Informationen über das Unternehmen, für das die Person arbeitet, ein sowie ihre geschäftliche E-Mail-Adresse, Telefon- und Faxnummer und Adresse.

   • WEITERE INFORMATIONEN: Geben Sie weitere E-Mail-Adressen, Telefonnummern und/oder den Geburtstag der Person ein.

4. Klicken Sie auf SPEICHERN, um die neuen Kontaktinformationen zu speichern, und klicken Sie dann auf E-MAIL, um zum Posteingang zu wechseln.

 Sie können die Kontaktliste durchsuchen, indem Sie auf der Windows Live Hotmail-Seite auf KONTAKTE klicken und im Feld KONTAKTLISTE DURCHSUCHEN einen Namen eingeben. Sie können auch auf die Buchstaben am oberen Rand der Kontaktliste klicken, um nach Nachnamen mit dem betreffenden Buchstaben zu suchen.

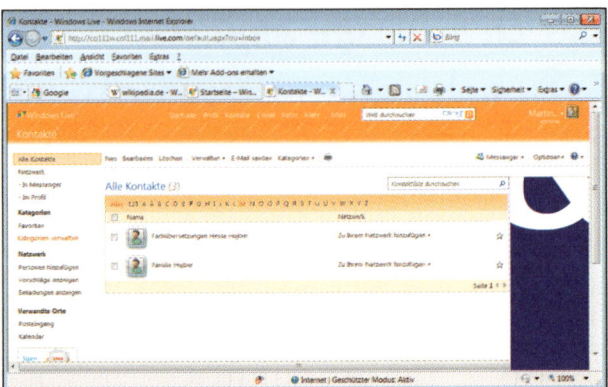

Abbildung 8.20: Die Seite KONTAKTE mit den Kontakten, die mit »F« beginnen

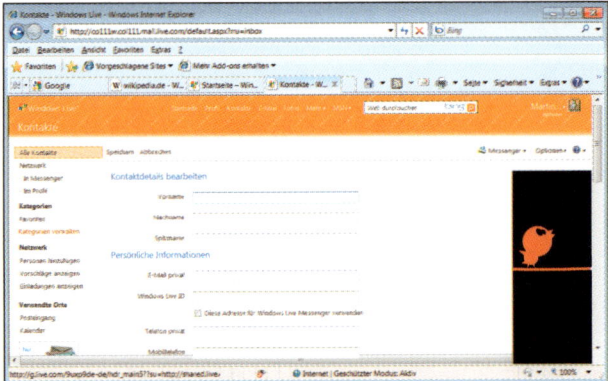

Abbildung 8.21: Das Formular zum Eingeben eines neues Kontakts

Layout des Lesebereichs anpassen

1. Wählen Sie OPTIONEN|WEITERE OPTIONEN, um die Seite HOTMAIL-OPTIONEN zu öffnen.

2. Klicken Sie unter E-MAILS ANPASSEN auf LESEBEREICHEINSTELLUNGEN. Wählen Sie unter LESEBEREICHEINSTELLUNGEN die gewünschten Optionen (siehe Abbildung 8.22), um festzulegen, wo der Lesebereich und wann Nachrichten im Lesebereich angezeigt werden sollen.

3. Klicken Sie auf SPEICHERN, um Ihre Einstellungen für den Lesebereich zu speichern.

Neuen Nachrichtenordner erstellen

1. Klicken Sie im linken Bereich der Windows Live Hotmail-Seite auf den Link ORDNER VERWALTEN, um eine Seite wie in Abbildung 8.23 zu öffnen.

2. Klicken Sie auf NEU.

3. Auf der Seite NEUER ORDNER geben Sie einen Ordnernamen ein und klicken dann auf SPEICHERN.

4. Klicken Sie auf POSTEINGANG, um wieder dorthin zu wechseln.

Wenn Sie einen Ordner entfernen oder umbenennen wollen, können Sie die betreffenden Werkzeuge auf der Seite ORDNER VERWALTEN verwenden.

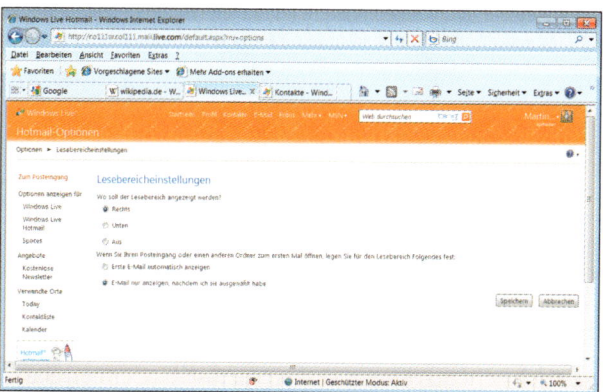

Abbildung 8.22: Die Optionen LESEBEREICHEINSTELLUNGEN

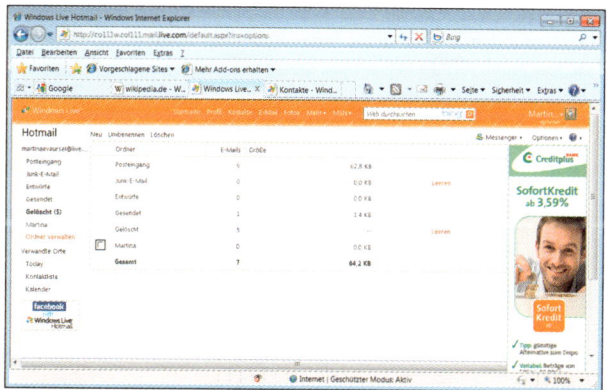

Abbildung 8.23: Die Seite ORDNER VERWALTEN

Nachrichten in Ordnern ablegen

1. Um eine Nachricht aus dem Posteingang in einen anderen Ordner zu verschieben, aktivieren Sie das Kontrollkästchen vor der Nachricht und wählen dann VERSCHIEBEN|[ORDNERNAME] (siehe Abbildung 8.24).

2. Um eine Nachricht zwischen Ordnern zu verschieben, wenn ein Ordner angezeigt wird (beispielsweise POSTEINGANG), markieren Sie die Nachricht und ziehen sie dann auf den anderen Ordner in der Ordnerliste.

3. Um eine Nachricht aus einem Ordner zu löschen, öffnen Sie den entsprechenden Ordner, aktivieren das Kontrollkästchen vor der betreffenden Nachricht und klicken dann auf LÖSCHEN.

 Wenn Sie eine Nachricht als Junk-E-Mail klassifizieren wollen, damit Hotmail jede Nachricht von diesem Absender in den Ordner JUNK-E-MAIL verschiebt, aktivieren Sie das Kontrollkästchen vor der betreffenden Nachricht und klicken dann auf JUNK-E-MAIL.

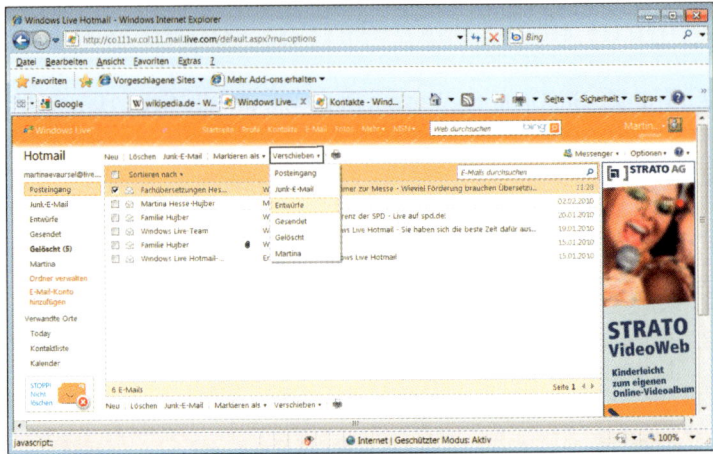

Abbildung 8.24: Klicken Sie auf das Kontrollkästchen, um die betreffende Nachricht auszuwählen.

Mobiles Arbeiten

Wir leben in einer Gesellschaft, die ständig in Bewegung ist. Vorbei sind die Zeiten, in denen wir während eines Fluges von Frankfurt nach London ein Nickerchen machen konnten. Heutzutage wird in der Luft und auf der Straße ebenso viel gearbeitet wie im Büro.

Windows 7 trägt dem natürlich Rechnung: Es bietet verschiedene Funktionen, mit denen Sie Ihren Windows-Computer über ein Drahtlosnetzwerk verbinden und so Ihre Arbeit erledigen können.

Windows 7 sichert Ihre Mobilität mit

▶ Energieoptionen – *Energiesparplänen* – für Notebooks, damit Sie nicht im entscheidenden Moment mit einem leeren Akku dastehen.
▶ der Möglichkeit, sich mit einem Drahtlosnetzwerk zu verbinden, etwa auf Flughäfen, in Restaurants oder Hotels.
▶ Funktionen, mit denen sich Präsentationen unterwegs erstellen und vorführen lassen.

Energiesparplan für das Notebook erstellen

1. Wählen Sie Start|Systemsteuerung|System und Sicherheit und dann Energieoptionen.

2. Im Fenster Energieoptionen (siehe Abbildung 9.1) wählen Sie einen Energiesparplan aus.

3. Um Einstellungen zu ändern, klicken Sie neben dem Energiesparplan auf den Link Energiesparplaneinstellungen ändern. Im nächsten Fenster (siehe Abbildung 9.2) legen Sie in den Dropdownlisten fest, nach welcher Zeitspanne der Inaktivität der Bildschirm abgedunkelt oder ausgeschaltet wird.

4. Klicken Sie auf die Schaltfläche Änderungen speichern und dann auf die Schaltfläche Schliessen.

 Im Fenster, in dem Sie die Einstellungen für den Energiesparplan ändern können, klicken Sie auf die Verknüpfung Erweiterte Energieeinstellungen ändern, um beispielsweise die Kennworteingabe bei der Reaktivierung zu ändern oder festzulegen, wann die Festplatte ausgeschaltet und wann automatisch in den Ruhezustand geschaltet werden soll.

 Es gibt noch weitere Energiesparpläne. Im Fenster, in dem Sie die Energiesparpläne auswählen (siehe Abbildung 9.1) klicken Sie auf Pfeil rechts neben Weitere Energiesparpläne einblenden. Der von Windows empfohlene Plan nennt sich Ausbalanciert. Er ist ideal, wenn Sie zu Hause mit dem Notebook am Netz oder für kurze Zeit im Akkubetrieb arbeiten. Bei längerem Betrieb ohne Netzanschluss eignet sich der Energiesparplan Energiesparmodus besser, weil er die Nutzungsdauer des Akkus verlängert.

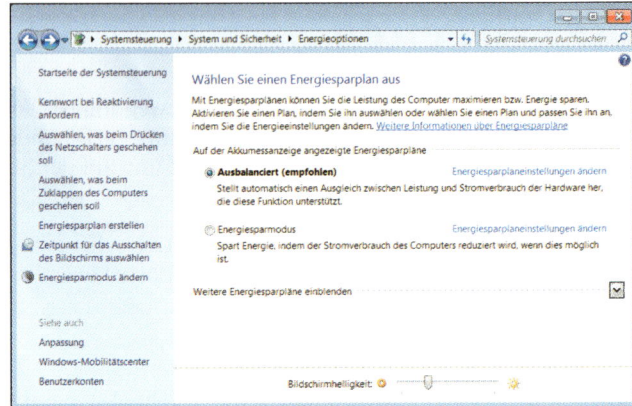

Abbildung 9.1: Das Fenster Energieoptionen

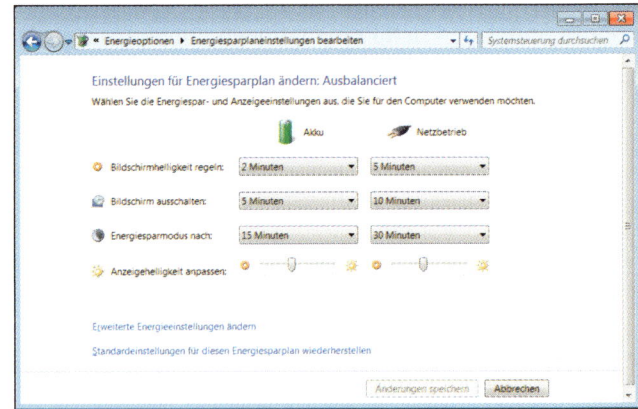

Abbildung 9.2: Energiesparplaneinstellungen ändern

Benutzerdefinierten Energiesparplan erstellen

1. Wählen Sie START|SYSTEMSTEUERUNG|SYSTEM UND SICHERHEIT und dann ENERGIEOPTIONEN.

2. Im Fenster ENERGIEOPTIONEN klicken Sie links auf die Verknüpfung ENERGIESPARPLAN ERSTELLEN.

3. Im Fenster ENERGIESPARPLAN ERSTELLEN (siehe Abbildung 9.3) wählen Sie den Plan aus, der den gewünschten Einstellungen am ähnlichsten ist, geben einen Namen für Ihren Plan in das Feld ENERGIESPARPLANNAME ein und klicken dann auf WEITER.

4. Im Fenster ENERGIESPARPLANEINSTELLUNGEN BEARBEITEN (siehe Abbildung 9.4) legen Sie in den Dropdownlisten BILDSCHIRM-HELLIGKEIT REGELN und BILDSCHIRM AUSSCHALTEN die gewünschten Einstellungen fest. Sie können auch den Schieberegler verwenden, um die Anzeigehelligkeit anzupassen und so Energie zu sparen.

5. Klicken Sie auf die Schaltfläche ERSTELLEN, um den Plan der Liste der Energiesparpläne hinzufügen.

 Wenn Sie einen benutzerdefinierten Plan erstellt haben, sollten Sie andere Benutzer des Computers entsprechend informieren. Sonst wundern sie sich eventuell, dass sich der Bildschirm bereits nach zwei Minuten ausschaltet. Wenn Sie nicht für Verwirrungen sorgen wollen, klicken Sie im Fenster ENERGIESPAREINSTELLUNGEN BEARBEITEN auf den Link STANDARDEINSTELLUNGEN FÜR DIESEN ENERGIESPARPLAN WIEDERHERSTELLEN. Nun ist wieder alles wie zuvor.

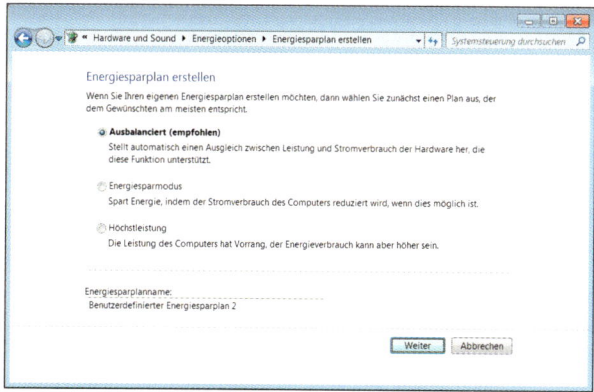

Abbildung 9.3: Das Fenster ENERGIESPARPLAN ERSTELLEN

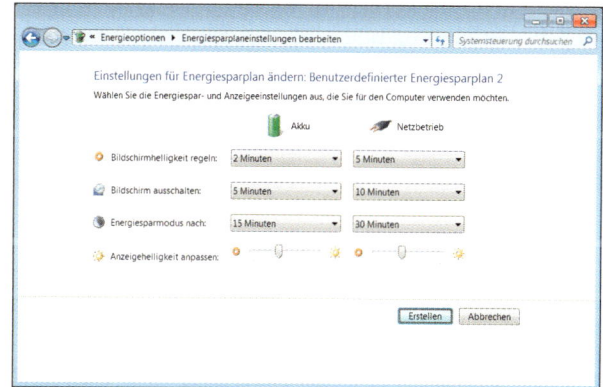

Abbildung 9.4: Das Fenster ENERGIESPARPLANEINSTELLUNGEN BEARBEITEN

Mit einem Drahtlosnetzwerk verbinden

1. Wenn Ihr Computer mit einer Netzwerkkarte ausgestattet ist, können Sie ihn drahtlos mit einem privaten oder öffentlichen Netz verbinden, um online zu gehen. Wählen Sie START|SYSTEMSTEUERUNG|NETZWERK UND INTERNET.

2. Klicken Sie unter NETZWERK- UND FREIGABECENTER auf den Link VERBINDUNG MIT EINEM NETZWERK HERSTELLEN, um die verfügbaren Netzwerkverbindungen anzuzeigen (siehe Abbildung 9.5).

3. Klicken Sie auf ein Netzwerk, um es auszuwählen, und dann auf VERBINDEN. Bei einem privaten und abgesicherten Netzwerk müssen Sie den Sicherheitsschlüssel eingeben. Bei einem öffentlichen Netzwerk, etwa auf einem Flughafen, prüft Windows 7 die Verbindung und verbindet Sie.

Die Bildschirmhelligkeit ändern

1. Wenn Sie die Bildschirmhelligkeit reduzieren, können Sie unterwegs Strom sparen. Wählen Sie START|SYSTEMSTEUERUNG und klicken Sie unter HARDWARE UND SOUND auf HÄUFIG VERWENDETE MOBILITÄTSEINSTELLUNGEN ÄNDERN.

2. Im Fenster WINDOWS-MOBILITÄTSCENTER (siehe Abbildung 9.6) ziehen Sie unter HELLIGKEIT den Schieberegler, um die Einstellung zu ändern.

3. Klicken Sie oben rechts im Fenster auf die Schaltfläche SCHLIESSEN, um das Mobilitätscenter zu schließen.

 Das Mobilitätscenter ist neu in Windows 7 und bietet alle Einstellungen für den Akkubetrieb oder die Drahtlosverbindung. Sie sollten wissen, welche Optionen Ihnen hier zur Verfügung stehen.

 Einige Einstellungen aus Abbildung 9.6 gibt es vielleicht bei Ihrem Computer nicht. Wenn er beispielsweise keine Drahtlosverbindungen herstellen kann, wird die entsprechende Option nicht angezeigt.

Abbildung 9.5: Die verfügbaren Netzwerkverbindungen

Abbildung 9.6: Das Windows-Mobilitätscenter

Batteriestatus überprüfen

1. Im Infobereich der Windows-Taskleiste (siehe Abbildung 9.7) führen Sie den Mauszeiger über das Batteriesymbol. Die verbleibende Akkuleistung (in Stunden und Prozent) wird angezeigt.

2. Weitere Details erhalten Sie, wenn Sie auf das Batteriesymbol klicken. Ein Fenster wie in Abbildung 9.8 wird daraufhin angezeigt. Der Inhalt dieses Fensters kann je nach den Einstellungen des Computerherstellers variieren.

3. In diesem Fenster können Sie

   • einen anderen Energiesparplan auswählen,

   • die Bildschirmhelligkeit anpassen, um Energie zu sparen,

   • auf weitere Energieoptionen zugreifen.

4. Klicken Sie auf eine freie Stelle außerhalb des Fensters, um es zu schließen.

Abbildung 9.7: Das Batteriesymbol in der Taskleiste

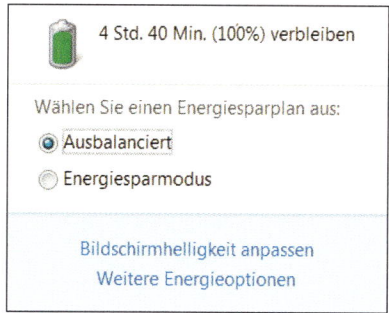

Abbildung 9.8: Das Fenster mit dem Akkustatus

 Sie können den Batteriestatus auch über das Windows-Mobilitätscenter abfragen. Öffnen Sie hierzu die Systemsteuerung und klicken Sie unter HARDWARE UND SOUND auf die Verknüpfung HÄUFIG VERWENDETE MOBILITÄTSEINSTELLUNGEN ÄNDERN.

 Wenn Sie eine hohe Akkuleistung brauchen, sollten Sie ein Netbook kaufen. Diese kompakten Computer sind nicht nur sehr leicht (1 bis 1,5 Kilo), sondern verfügen auch über eine Akkuleistung von über neun Stunden.

Mit einem Projektor verbinden

1. Verbinden Sie einen Projektor mit Ihrem Computer (indem Sie ein VGA- oder DVI-Kabel in den Videoanschluss stecken). Wählen Sie START|SYSTEMSTEUERUNG und klicken Sie dann unter HARDWARE UND SOUND auf VERBINDUNG MIT EINEM PROJEKTOR HERSTELLEN.

2. Im daraufhin angezeigten Fenster (siehe Abbildung 9.9) klicken Sie auf eine der folgenden Einstellungen:

   - NUR COMPUTER: Bei dieser Option wird Ihre aktuelle Anzeige verwendet (beim Notebook ist dies der Notebook-eigene Bildschirm).

   - DOPPELT: Der Desktop wird sowohl auf dem aktuellen Bildschirm als auch auf einem weiteren angeschlossenen Projektor angezeigt.

   - ERWEITERT: Das Bild wird auf zwei Anzeigen aufgeteilt.

   - NUR PROJEKTOR: Der aktuelle Bildschirm wird ausgeschaltet und der Desktop nur noch auf dem Projektor angezeigt.

3. Sobald Sie eine Einstellung ausgewählt haben, schließt das Fenster und die Einstellung wird übernommen.

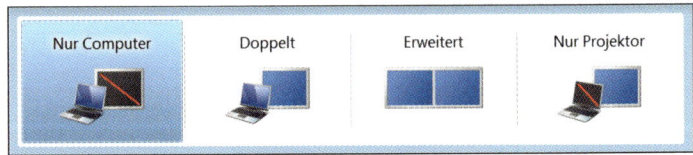

Abbildung 9.9: Die verfügbaren Projektoreinstellungen

 Eine praktische Tastenkombination für den Anschluss eines Projektors ist `Strg` + `⊞` + `P`. Daraufhin wird das Fenster mit den Projektoreinstellungen angezeigt, in dem Sie eine Anzeigeoption auswählen.

Präsentationseinstellungen einschalten

1. Wenn Sie Präsentationseinstellungen einschalten, deaktivieren Sie damit den Bildschirmschoner, damit der Bildschirm nicht mitten in der Präsentation schwarz wird oder einen Bildschirmschoner anzeigt. Wählen Sie START|SYSTEMSTEUERUNG und klicken Sie unter HARDWARE UND SOUND auf HÄUFIG VERWENDETE MOBILITÄTSEINSTELLUNGEN ÄNDERN.

2. Im Fenster WINDOWS-MOBILITÄTSCENTER (siehe Abbildung 9.10) klicken Sie im Bereich PRÄSENTATIONSEINSTELLUNGEN auf EINSCHALTEN.

3. Sobald Ihre Präsentation beendet ist, wiederholen Sie den Vorgang aus Schritt 2, nur dass Sie diesmal auf die Schaltfläche AUSSCHALTEN klicken.

 Wenn Sie einen Tablet-PC verwenden, können Sie im Windows-Mobilitätscenter die Anzeige von Hochformat in Querformat und umgekehrt ändern. Wenn Sie Ihr Gerät für eine Präsentation an einen Projektor angeschlossen haben, ändert sich die Anzeige ebenfalls.

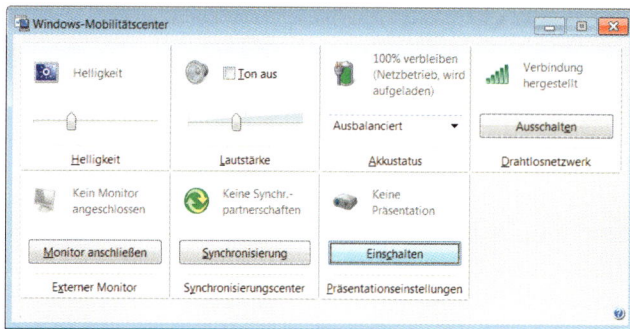

Abbildung 9.10: Das Windows-Mobilitätscenter

Teil III

Hardware und Netzwerke konfigurieren

The 5th Wave   By Rich Tennant

»Das ist DIE Idee! Wir installieren ein Drahtlosnetzwerk im Haus.«

Neue Hardware einrichten

Peripheriegeräte, Grafikkarten, Modems, USB-Sticks – was genau ist das alles?

Dies alles wird als Computerhardware bezeichnet. Der Rechner und der Bildschirm sind Hardware. Auch die Karten, die in den Rechner gesteckt werden und Speicherplatz zur Verfügung stellen, um Software auszuführen, sowie die Geräte, mit denen Sie Sounds und Videos abspielen – alles Hardware. Drucker zählen zur Hardware sowie alles andere, was an den Computer angeschlossen wird.

Früher war die Installation neuer Hardware ein Ereignis, dem man mit Grauen entgegengeblickt hat. Nichts war kompatibel, alles wurde anders installiert, und Windows selbst stellte nur wenige gängige Treiber (das ist Software, damit die einzelnen Hardwareteile laufen) zur Verfügung. Dies änderte sich alles mit der Plug & Play-Technologie, die den Installationsprozess automatisierte, sowie der Standardisierung von Anschlüssen über USB-Schnittstellen. Windows verfügt heute über eine große Palette an Hardwaretreibern und alles, was noch nicht vorhanden ist, wird in der Regel schnell von der Website des Herstellers heruntergeladen.

In diesem Kapitel geht es um Folgendes:

▶ **Gängige Peripheriegeräte installieren und konfigurieren:**
Zu den Peripheriegeräten zählen Monitore, Drucker und Modems.

▶ **Karten installieren und konfigurieren, die in die Steckplätze passen:** Hier geht es um Sound- und Videokarten.

▶ **Festplatte partitionieren:** Durch das Partitionieren der Festplatte wird der Arbeitsspeicher optimiert.

10

In diesem Kapitel

▶ Drucker installieren

▶ Standarddrucker einrichten

▶ USB-Gerät konfigurieren

▶ Neuen Monitor installieren

▶ Grafikkarte aufrüsten

▶ Soundkarte konfigurieren

▶ Mit der Datenträgerverwaltung eine Partition erweitern

Drucker installieren

1. Lesen Sie die Anweisungen, die Sie mit dem Drucker erhalten haben. Bei einigen Druckern ist es erforderlich, dass Sie die Software installieren, bevor Sie das Gerät an den Computer anschließen; andere können sofort verbunden werden.

2. Schalten Sie den Rechner ein und führen Sie die Aktion aus, die auf Sie zutrifft:

- Wenn der Drucker ein Plug & Play-Gerät ist, schließen Sie ihn an und Windows installiert alles automatisch.

- Legen Sie den Datenträger, der zusammen mit dem Gerät geliefert wurde, ein und befolgen Sie die Anweisungen auf dem Bildschirm.

- Wählen Sie START|GERÄTE UND DRUCKER und machen Sie mit dem nächsten Schritt in dieser Liste weiter.

3. Wenn Sie in Schritt 2 die dritte Option gewählt haben, klicken Sie im Fenster GERÄTE UND DRUCKER auf die Schaltfläche DRUCKER HINZUFÜGEN.

4. Im Druckerassistenten (siehe Abbildung 10.1) klicken Sie auf die Option EINEN LOKALEN DRUCKER HINZUFÜGEN.

5. Im nächsten Assistentenfenster (siehe Abbildung 10.2) wählen Sie in der Dropdownliste VORHANDENEN ANSCHLUSS VERWENDEN einen Anschluss aus oder verwenden einfach den von Windows empfohlenen Anschluss. Klicken Sie dann auf WEITER.

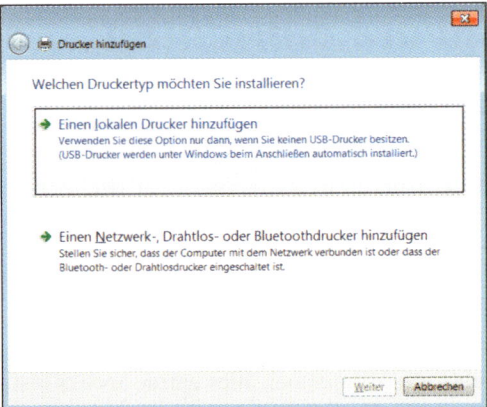

Abbildung 10.1: Lokalen Drucker hinzufügen

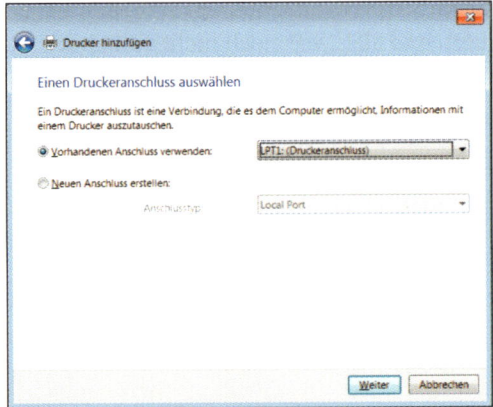

Abbildung 10.2: Druckeranschluss auswählen

6. Im nächsten Fenster (siehe Abbildung 10.3) installieren Sie den Druckertreiber. Wählen Sie hierzu zunächst links einen Hersteller und dann rechts den Drucker aus. Sie haben danach zwei Optionen:

- Falls Sie einen Datenträger vom Hersteller erhalten haben, legen Sie ihn in das entsprechende Laufwerk ein und klicken auf die Schaltfläche DATENTRÄGER. Klicken Sie anschließend auf WEITER.

- Falls Sie keinen Datenträger erhalten haben, klicken Sie auf die Schaltfläche WINDOWS UPDATE, um eine Liste mit Druckertreibern anzuzeigen, die Sie von der Microsoft-Website herunterladen können. Klicken Sie anschließend auf WEITER.

7. Im daraufhin angezeigten Fenster (siehe Abbildung 10.4) geben Sie einen Druckernamen ein und klicken dann auf WEITER.

8. Klicken Sie im letzten Assistentenfenster auf FERTIG STELLEN, um den Druckerassistenten zu schließen.

 Wenn sich Ihr Computer in einem Netzwerk befindet, zeigt der Druckerassistent ein weiteres Fenster an, sobald Sie einen Namen vergeben haben. Wählen Sie die Option DRUCKER NICHT FREIGEBEN, wenn andere Benutzer im Netzwerk den Drucker nicht verwenden sollen, oder wählen Sie die Option DRUCKER FREIGEBEN und geben Sie einen Freigabenamen ein, um den Drucker mit anderen im Netzwerk zu teilen. Andere Benutzer können den Drucker dann sehen und auswählen.

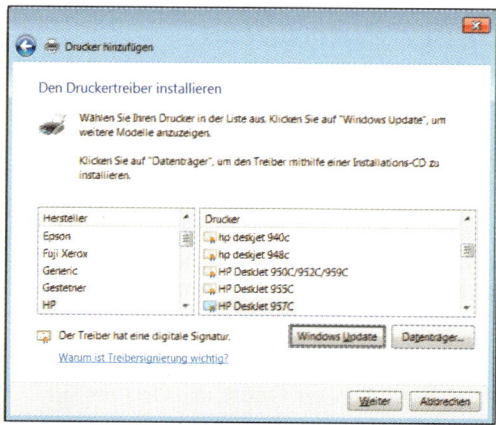

Abbildung 10.3: Druckertreiber installieren

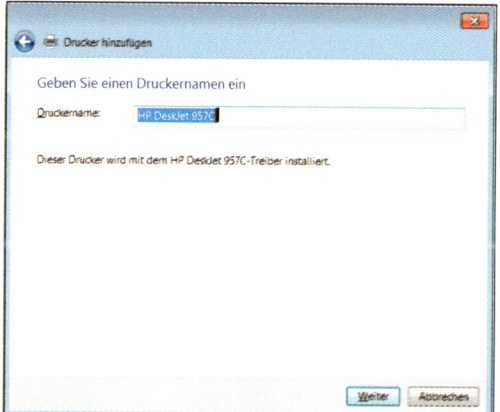

Abbildung 10.4: Dem Drucker einen Namen geben

Standarddrucker einrichten

1. Wählen Sie START|GERÄTE UND DRUCKER.

2. Im Fenster GERÄTE UND DRUCKER (siehe Abbildung 10.5) wird der aktuelle Standarddrucker mit einem Häkchen gekennzeichnet.

3. Klicken Sie mit der rechten Maustaste auf einen Drucker, der nicht als Standarddrucker eingerichtet ist, und wählen Sie im Kontextmenü den Befehl ALS STANDARDDRUCKER FESTLEGEN (siehe Abbildung 10.6).

4. Klicken Sie rechts oben im Fenster GERÄTE UND DRUCKER auf die Schaltfläche SCHLIESSEN (die mit dem X), um die neuen Einstellungen zu speichern.

 Um die Druckeigenschaften zu ändern (beispielsweise ob im Entwurfs- oder Qualitätsmodus gedruckt werden soll oder ob es ein Schwarz-Weiß- oder Farbdruck sein soll), klicken Sie im Fenster GERÄTE UND DRUCKER mit der rechten Maustaste auf den betreffenden Drucker und wählen dann DRUCKEINSTELLUNGEN. Das daraufhin angezeigte Dialogfeld ist in den meisten Windows-basierten Programmen, wie Microsoft Word oder Excel, verfügbar, wenn man im Dialogfeld DRUCKEN auf die Schaltfläche EIGENSCHAFTEN klickt.

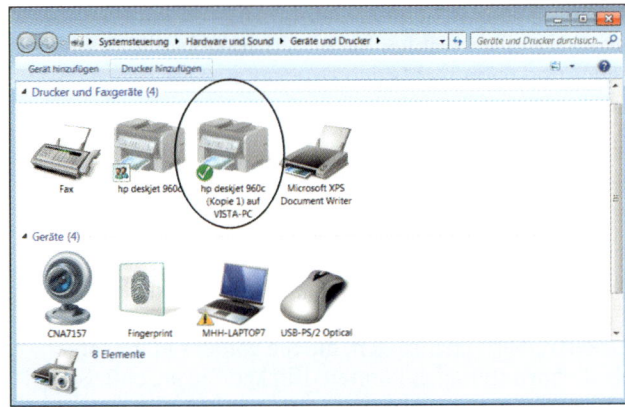

Abbildung 10.5: Das Fenster GERÄTE UND DRUCKER

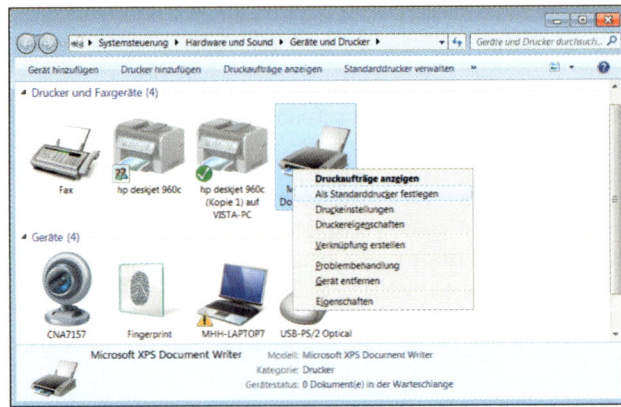

Abbildung 10.6: Das Kontextmenü, über das ein Standarddrucker festgelegt werden kann

USB-Gerät konfigurieren

1. Wählen Sie START|SYSTEMSTEUERUNG|HARDWARE UND SOUND und klicken Sie dann unter GERÄTE UND DRUCKER auf GERÄTE-MANAGER.

2. Im Fenster GERÄTE-MANAGER (siehe Abbildung 10.7) klicken Sie auf das Dreieck links vor dem Eintrag USB-CONTROLLER. Klicken Sie anschließend mit der rechten Maustaste auf einen Eintrag und wählen Sie EIGENSCHAFTEN.

3. Im darauf angezeigten Dialogfeld EIGENSCHAFTEN VON [GERÄTE-NAME] klicken Sie auf die Registerkarte TREIBER (siehe Abbildung 10.8). Hier können Sie das Gerät aktivieren oder deaktivieren, indem Sie auf die Schaltfläche DEAKTIVIEREN/AKTIVIEREN klicken (je nachdem, ob das Gerät gerade aktiviert oder deaktiviert ist).

4. Klicken Sie auf eine der anderen Schaltflächen, um Einzelheiten über den Treiber anzuzeigen, die Treibersoftware zu aktualisieren oder den Treiber zu deinstallieren.

5. Klicken Sie auf OK, um die Einstellungen für das USB-Gerät zu speichern.

 Wenn ein USB-Gerät nicht ordnungsgemäß funktioniert, klicken Sie im Eigenschaftendialogfeld dieses Geräts auf die Registerkarte RESSOURCEN. Diese enthält eine Liste mit möglichen Gerätekonflikten, die Probleme verursachen könnten. Nutzen Sie auch das Hilfe- und Supportcenter für Windows (START | HILFE UND SUPPORT), um nach Problemlösungen zu suchen.

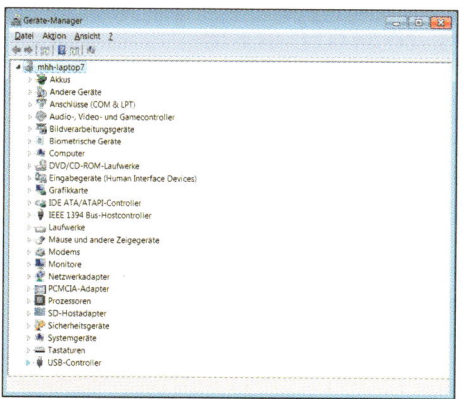

Abbildung 10.7: Der Geräte-Manager

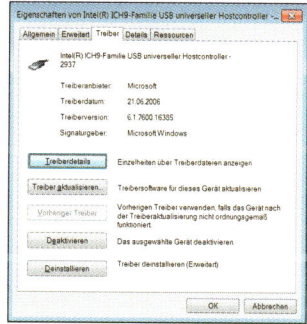

Abbildung 10.8: Die Registerkarte TREIBER

Neuen Monitor installieren

1. Legen Sie den Datenträger, der zum Lieferumfang Ihres Monitors gehört, in das entsprechende Laufwerk ein und wählen Sie START|SYSTEMSTEUERUNG|HARDWARE UND SOUND. Klicken Sie dann unter GERÄTE UND DRUCKER auf GERÄTE-MANAGER.

2. Im Fenster GERÄTE-MANAGER klicken Sie auf das Dreieck links vor dem Eintrag MONITORE, um die installierten Monitore anzuzeigen (siehe Abbildung 10.9). Klicken Sie mit der rechten Maustaste auf den neuen Monitor und wählen Sie im Kontextmenü NACH GEÄNDERTER HARDWARE SUCHEN.

3. Wenn der Monitortreiber auf dem neuesten Stand ist, wird keinerlei Aktion durchgeführt. Ist eine Treiberaktualisierung erforderlich, wird der Assistent für Hardwareaktualisierungen geöffnet. Befolgen Sie die Anweisungen auf dem Bildschirm, um den Monitortreiber zu installieren.

4. Wenn der Assistent fertig ist und alles einwandfrei funktioniert, schließen Sie das Fenster GERÄTE-MANAGER.

Wenn Sie Probleme mit dem Monitor haben, öffnen Sie das Fenster GERÄTE-MANAGER, klicken mit der rechten Maustaste auf den Monitor und wählen dann EIGENSCHAFTEN. Im Dialogfeld mit den Monitoreigenschaften muss auf der vierten Schaltfläche von oben DEAKTIVIEREN stehen (das bedeutet, dass der Monitor aktiviert ist). Wenn es immer noch Probleme gibt, suchen Sie unter WINDOWS-HILFE UND SUPPORT nach einer Lösung.

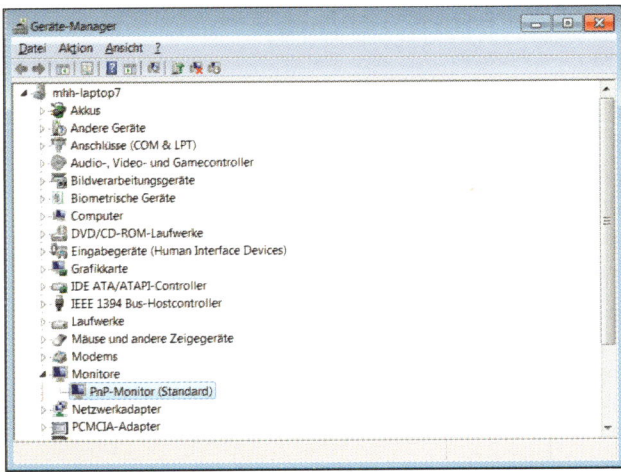

Abbildung 10.9: Monitore im Geräte-Manager

Windows verfügt bereits über Gerätetreiber von vielen Herstellern. Wenn Sie ein Gerät mit dem Assistenten für die Hardwareaktualisierung installieren, müssen Sie unter Umständen nur die Gerätetreiber der Hersteller durchsuchen, anstatt diese herunterzuladen oder von einem Datenträger zu installieren.

In der Systemsteuerung können Sie unter DARSTELLUNG UND ANPASSUNG Änderungen an der Bildschirmanzeige vornehmen. Lesen Sie hierzu auch Kapitel 12, in dem dieses Thema ausführlich behandelt wird.

Grafikkarte aufrüsten

1. Schalten Sie den Computer aus. (**Hinweis:** Das ist wichtig, weil Sie Ihren Rechner öffnen müssen und Sie einen elektrischen Schlag bekommen könnten, wenn Sie ihn eingeschaltet lassen. Ach ja, und vergessen Sie diesen Abschnitt, wenn Sie ein Notebook haben.)

2. Lesen Sie in Ihrem Computerhandbuch nach, wie Sie den Rechner öffnen, wie der Rechner konfiguriert ist, wo Grafikkarten eingesteckt werden können und welche Grafikkarten verwendet werden können.

3. Stecken Sie die Grafikkarte in den entsprechenden Steckplatz, schließen Sie den Computer und setzen Sie alle Schrauben wieder ein, die Sie zuvor herausgedreht haben.

4. Schalten Sie den Computer ein; Windows sucht nach der neuen Karte und installiert die entsprechenden Treiber.

5. Wählen Sie START|SYSTEMSTEUERUNG|HARDWARE UND SOUND und klicken Sie unter GERÄTE UND DRUCKER auf GERÄTE-MANAGER, um sich die Eigenschaften der Grafikkarte anzusehen.

6. Klicken Sie auf das Dreieck neben dem Eintrag GRAFIKKARTE (siehe Abbildung 10.10), klicken Sie auf die neue Grafikkarte und wählen Sie EIGENSCHAFTEN. Die Systemeinstellungen für diese Karte werden angezeigt (siehe Abbildung 10.11). Unter GERÄTESTATUS erfahren Sie, ob sie einwandfrei funktioniert.

 Warnung: Stecken Sie keine metallischen Teile (wie Schraubenzieher) in die Konsole, weil Sie damit elektrische Unstimmigkeiten verursachen könnten. Stellen Sie Ihren Computer auf eine nicht leitende Oberfläche (etwa auf eine Gummimatte), bevor Sie ihn öffnen.

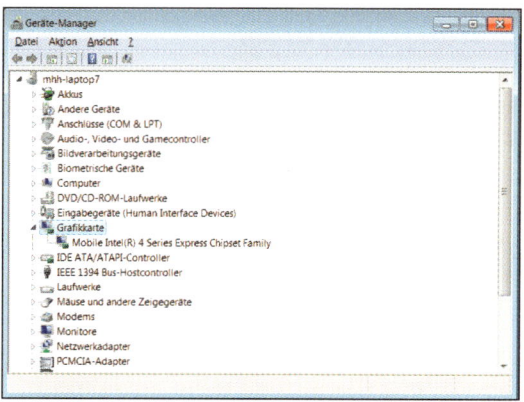

Abbildung 10.10: Das Fenster GERÄTE-MANAGER

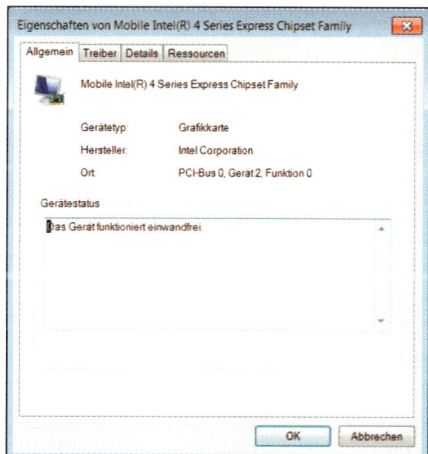

Abbildung 10.11: Den Status der neuen Grafikkarte prüfen

Soundkarte konfigurieren

1. Wählen Sie START|SYSTEMSTEUERUNG|HARDWARE UND SOUND und klicken Sie dann unter GERÄTE UND DRUCKER auf GERÄTE-MANAGER.

2. Im Fenster GERÄTE-MANAGER klicken Sie auf das Dreieck links vor dem Eintrag AUDIO-, VIDEO- UND GAMECONTROLLER (siehe Abbildung 10.12).

3. Klicken Sie mit der rechten Maustaste auf die entsprechende Soundkarte und wählen Sie EIGENSCHAFTEN.

4. Im Dialogfeld mit den Eigenschaften des Audiogeräts klicken Sie auf die Registerkarte TREIBER (siehe Abbildung 10.13) und wenn auf der vierten Schaltfläche von oben AKTIVIEREN steht, klicken Sie darauf, um das Gerät zu aktivieren.

5. Wenn Sie den Treiber ändern wollen, klicken Sie auf die Schaltfläche TREIBER AKTUALISIEREN.

6. Zum Schluss klicken Sie auf OK.

 Lesen Sie vorher das Handbuch. Manche Soundkarten sind auf der Hauptplatine integriert, während es bei anderen erforderlich ist, dass Sie zuerst die alte Karte deaktivieren, bevor Sie eine neue installieren.

 Wenn Sie Probleme mit dem Sound haben, versuchen Sie es einmal hiermit: Die Lautsprecher müssen an den Computer angeschlossen und eingeschaltet sein; außerdem darf der Lautstärkeregler nicht auf stumm geschaltet sein. Man übersieht diese wichtigen Dinge schon mal.

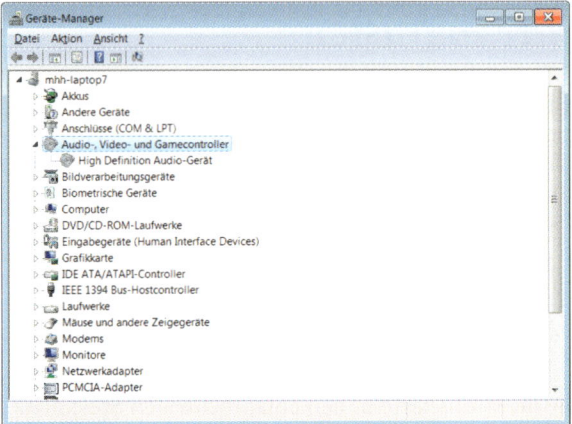

Abbildung 10.12: Das Fenster GERÄTE-MANAGER

Abbildung 10.13: Das Eigenschaftendialogfeld des Audiogeräts mit der Registerkarte TREIBER

Mit der Datenträgerverwaltung eine Partition erweitern

1. Wählen Sie Start|Systemsteuerung|System und Sicherheit und klicken Sie ganz unten auf Verwaltung.

2. Im Fenster Verwaltung doppelklicken Sie auf Computerverwaltung.

3. Im Fenster Computerverwaltung (siehe Abbildung 10.14) klicken Sie links in der Liste auf Datenträgerverwaltung. Klicken Sie im mittleren Bereich mit der rechten Maustaste auf ein Basis-Volume (das ist in der Regel die Festplatte), das nicht zugeordnet ist, und wählen Sie dann im Kontextmenü den Befehl Volume erweitern (siehe Abbildung 10.15).

4. Folgen Sie den Anweisungen auf dem Bildschirm, um die neue Partition zu erstellen.

 Bei einer erweiterten Partition erhält das Laufwerk mehr Platz, der von einer angrenzenden Partition geborgt wird, wodurch der Computer den Arbeitsspeicher effektiver nutzen kann. Sie müssen als Systemadministrator angemeldet sein, um die hier beschriebenen Schritte ausführen zu dürfen.

 Sie können ein Volume auch verkleinern, um Platz zu schaffen und eine neue Partition am Ende eines Volumes zu erstellen. Sie finden den Befehl Volume verkleinern in dem Kontextmenü, das angezeigt wird, wenn Sie im Fenster Computerverwaltung mit der rechten Maustaste auf einen Datenträger klicken.

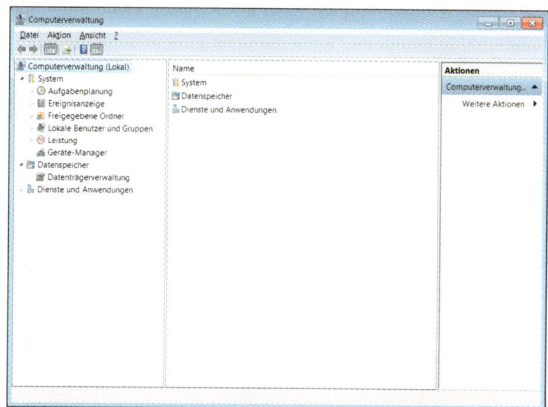

Abbildung 10.14: Das Fenster Computerverwaltung

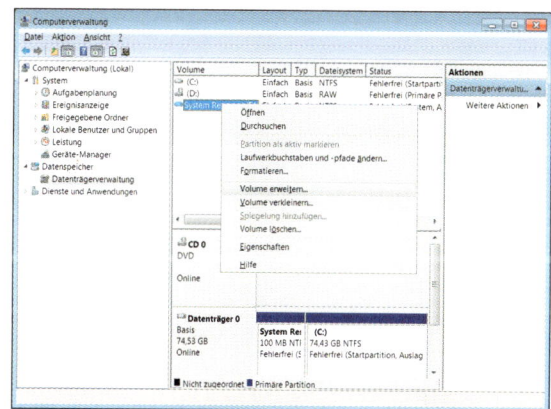

Abbildung 10.15: Das Kontextmenü zu einem Datenträger

Netzwerk einrichten

*E*in Netzwerk zwischen zwei oder mehr Computern einzurichten, erleichtert Ihnen vieles, denn anschließend können Sie über diese Verbindung Dateien, Ordner, Drucker und den Internetzugang mit anderen Benutzern gemeinsam nutzen. Üblicherweise erfolgt eine Netzwerkverbindung über eine Ethernet-Verbindung, die Kabel und Gerätschaften wie einen Hub oder einen Switch voraussetzt. Ob Ihr Computer Ethernet-fähig ist, erfahren Sie auf der Rückseite des PCs, bei Notebooks kann's auch die linke oder die rechte Seite sein. Dort sollte ein Anschluss sein, der wie ein großer Telefonstecker aussieht; das ist der Ethernet-Anschluss. Nachdem Sie die notwendigen Kabel und Geräte verbunden haben, wird Windows 7 die Verbindung erkennen – die meisten neueren Computer verfügen bereits über die erforderlichen Netzwerktreiber. Mit einem einfach zu handhabenden Netzwerkassistenten und ein paar Eingaben Ihrerseits ist ein Netzwerk schnell eingerichtet. Sie können eine Verbindung auch über einen drahtlosen Zugriffspunkt, einen sogenannten WAP – Wireless Access Point (den Sie entsprechend der Anleitung, die zu Ihrem drahtlosen Router gehört, konfigurieren), und einen Adapter einrichten, den Sie entweder in der Konsole in Form eines PCI-Adapters installieren, um Hardware an den Computer anzuschließen, oder direkt über einen USB-Anschluss oder einen PC-Card-Adapter anstecken.

Folgende Aufgaben müssen Sie erledigen, wenn Sie ein Netzwerk einrichten wollen:

▶ Netzwerkadapter installieren, wenn der Computer keinen integrierten besitzt und ein Netzwerk mithilfe des Assistenten für die Netzwerkinstallation einrichten

▶ Zugriffspunkt (WAP – Wireless Access Point) einrichten und ein Drahtlosnetzwerk mithilfe des Assistenten für die Drahtlosnetzwerkinstallation konfigurieren

▶ Verschiedene Einstellungen für eine Netzwerkverbindung vornehmen, auch den Namen des Computers im Netzwerk ändern, damit der Name, den Sie dem Computer eventuell zu Anfang nach dem Kauf gegeben haben, nicht im Netzwerk angezeigt wird

▶ Arbeitsgruppen im Netzwerk erstellen und anzeigen

▶ Bluetooth-Verbindung herstellen

11

In diesem Kapitel

▶ PCI-Netzwerkadapter installieren

▶ Ethernet-Netzwerk aufbauen

▶ Drahtloses Ad-hoc-Netzwerk einrichten

▶ Netzwerknamen eines Computers ändern

▶ Einer Arbeitsgruppe beitreten

▶ Optionen für die gemeinsame Nutzung auswählen

PCI-Netzwerkadapter installieren

1. Nachdem Sie einen PCI-Adapter erworben haben, schalten Sie Ihren Computer aus und stecken alle Netzkabel und sonstigen Kabel aus.

2. Öffnen Sie die Konsole (siehe Abbildung 11.1). Ziehen Sie hierzu das Benutzerhandbuch zurate, damit Sie wissen, welche Schrauben zu entfernen sind und wie das Gehäuse abgenommen wird.

3. Berühren Sie ein metallisches Objekt (nicht den Rechner), damit Sie nicht statisch aufgeladen sind, wenn Sie ins Computerinnere fassen.

4. Suchen Sie einen freien Platz für den PCI-Adapter und entfernen Sie gegebenenfalls die Schutzabdeckung. Prüfen Sie anhand Ihres Handbuchs noch einmal die genaue Position in Ihrem Rechner.

5. Nehmen Sie den Adapter aus der Verpackung. Halten Sie ihn an den Rändern fest und stecken Sie ihn in den Steckplatz.

6. Achten Sie darauf, keine Drähte zu lösen oder lose Schrauben in der Konsole zu vergessen; montieren Sie dann die Abdeckung wieder und schrauben Sie sie fest.

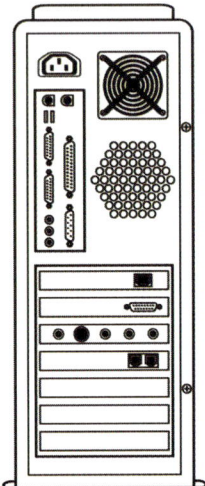

Abbildung 11.1: Rückseite der Konsole

 Lassen Sie die Teile, die Sie in den Computer einbauen wollen, so lange in der Verpackung, bis Sie sie brauchen. Wenn sie auf dem Schreibtisch oder sonst wo herumliegen, könnten sie sich statisch aufladen, was für den Computer fatale Folgen hätte.

7. Stecken Sie den Netzstecker ein und schalten Sie den Computer an. Ihr Rechner erkennt den neuen Adapter beim Start und zeigt oberhalb der Taskleiste ein Popupfenster an (siehe Abbildung 11.2).

8. Windows wird die Hardware wahrscheinlich automatisch konfigurieren. Falls Windows keinen Treiber für den Adapter finden kann, müssen Sie einen bereitstellen.

9. Wenn der Vorgang abgeschlossen ist, wird erneut ein Popupfenster angezeigt, dass der Gerätetreiber installiert und einsatzbereit ist.

Wenn Windows keinen Treiber finden kann, verwenden Sie den Datenträger, den Sie mit dem Adapter erhalten haben, oder laden Sie den Treiber kostenlos von der Website des Herstellers herunter. Verwenden Sie die Schaltfläche DURCHSUCHEN, um zu dem Speicherort zu wechseln, an dem der heruntergeladene Treiber gespeichert ist, und fahren Sie dann mit dem Assistenten fort.

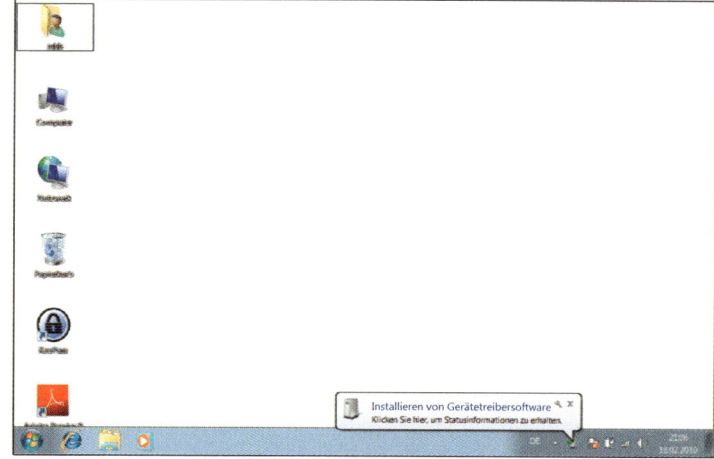

Abbildung 11.2: Das Popupfenster bei der Installation der Gerätetreibersoftware

Ethernet-Netzwerk aufbauen

1. Kaufen Sie ein Cat-5 oder ein Cat-5e-Ethernet-Kabel für jeden Computer, der an das Netzwerk angeschlossen werden soll (siehe Abbildung 11.3).

2. Kaufen Sie einen Hub oder Switch, der genügend Anschlüsse für alle Computer hat, die Sie anschließen wollen (siehe Abbildung 11.4), und vielleicht noch ein paar zusätzliche für künftige Erweiterungen.

3. Schalten Sie alle Computer sowie den Hub oder Switch aus. Stecken Sie das eine Ende des Ethernet-Kabels in den Hub oder Switch und das andere in den Netzwerkadapter am PC. Lesen Sie hierzu die erste Aufgabe in diesem Kapitel.

4. Wiederholen Sie Schritt 3 für jeden Computer, der an das Netzwerk angeschlossen wird.

5. Schalten Sie den Hub oder Switch ein und dann die Computer. Lesen Sie in der nächsten Aufgabe, wie Sie das Netzwerk mithilfe des betreffenden Assistenten einrichten.

 Ein Switch sorgt für ein schnelleres Netzwerk, allerdings kostet er etwas mehr als ein Hub. In den meisten Fällen ist es jedoch besser, ein paar Euro mehr zu investieren und dafür bessere Leistung zu erhalten. Wenn Sie es fortschrittlicher mögen – etwa in einem Firmennetzwerk –, könnten Sie einen Router einsetzen, der die verschiedenen Benutzer im Netzwerk und deren Aktionen im Netzwerk protokolliert.

 Cat 5 ist ein Kabel, das für die Datenübertragung verwendet wird. Wenn Sie zu Hause über eine schnelle Datenleitung verfügen, sind eventuell auch Cat-5-Kabel in der Wand verlegt. Cat-5-Kabel gibt es im Computerfachhandel mit den dazugehörigen Steckern für Computer und Hub.

Abbildung 11.3: Das Ethernet-Kabel

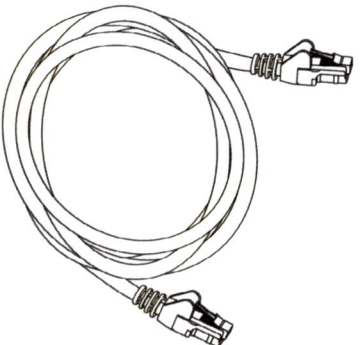

Abbildung 11.4: Ein Switch mit Anschlüssen

Drahtloses Ad-hoc-Netzwerk einrichten

1. Schalten Sie alle PCs ein, die an das Netzwerk angeschlossen sind.

2. Melden Sie sich bei dem PC an, dessen Internetverbindung von anderen Computern genutzt werden soll.

3. Wählen Sie am PC mit dem Internetanschluss START|SYSTEM-STEUERUNG|NETZWERK UND INTERNET und klicken Sie dann auf NETZWERK- UND FREIGABECENTER.

4. Im Fenster NETZWERK- UND FREIGABECENTER (siehe Abbildung 11.5) klicken Sie auf NEUE VERBINDUNG ODER NEUES NETZWERK EINRICHTEN.

5. Im daraufhin angezeigten Fenster (siehe Abbildung 11.6) wählen Sie die letzte Verbindungsoption EIN DRAHTLOSES AD-HOC-NETZWERK (COMPUTER-ZU-COMPUTER) EINRICHTEN und klicken dann auf WEITER. Das nächste Fenster enthält einige Informationen. Klicken Sie auch hier auf WEITER.

 Wenn Sie sich einen drahtlosen Zugriffspunkt (WAP – Wireless Access Point) zulegen, befolgen Sie die mitgelieferte Anleitung. In der Regel muss der Zugriffspunkt an eine Stromquelle, die Ethernet-Kabel an Ihren Hauptcomputer und möglicherweise an ein DSL- oder ein anderes Hochgeschwindigkeitsmodem angeschlossen und dann eingeschaltet werden.

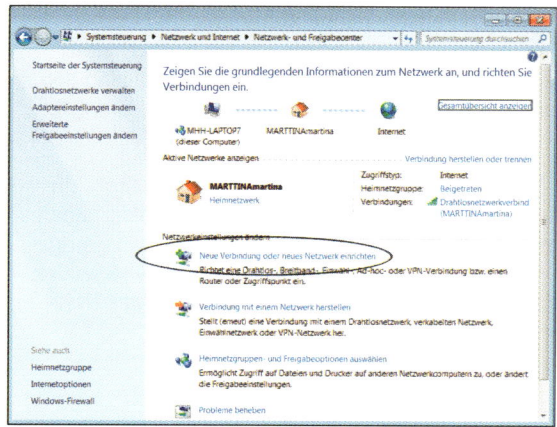

Abbildung 11.5: Das Netzwerk- und Freigabecenter

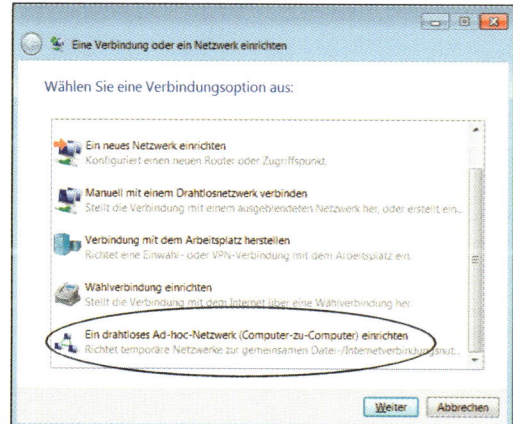

Abbildung 11.6: Ein Ad-hoc-Netzwerk einrichten

6. Im darauffolgenden Fenster (siehe Abbildung 11.7) geben Sie einen Netzwerknamen ein, wählen einen Sicherheitstyp und geben einen Sicherheitsschlüssel ein. Wenn Sie bei den Sicherheitsoptionen unsicher sind, klicken Sie auf ENTSCHEI-DUNGSHILFE.

7. Ein Ad-hoc-Netzwerk wird automatisch gelöscht, wenn alle Benutzer die Verbindung mit dem Netzwerk getrennt haben oder die Verbindung von der Person, die das Netzwerk eingerichtet hat, getrennt wird. Das Ad-hoc-Netzwerk wird jedoch nicht gelöscht, wenn Sie das Kontrollkästchen DIESES NETZ-WERK SPEICHERN aktivieren.

8. Klicken Sie auf WEITER.

9. Windows richtet das Netzwerk ein. Eine Meldung wird angezeigt, dass Ihr Netzwerk nun einsatzbereit ist. Klicken Sie auf die Schaltfläche SCHLIESSEN, um das Fenster zu schließen.

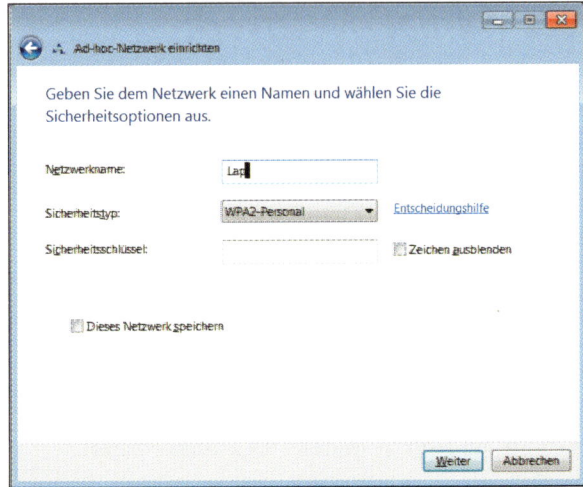

Abbildung 11.7: Namen und Sicherheitsschlüssel für das Netzwerk vergeben

Wenn die Drahtlosverbindung langsam ist, könnte dies verschiedene Ursachen haben. Überprüfen Sie zunächst, ob Sie Ihren Computer vor Spyware und Viren geschützt haben. Wenn solche (Schad-)Programme auf Ihre Festplatte geladen werden, können sie nach und nach die Leistung verringern. Außerdem kann der Speicherplatz in den einzelnen Computern und der Zustand der Festplatten eine Rolle spielen, sodass unter Umständen zwei Computer, die sich dasselbe Netzwerk teilen, über dieses Netzwerk auf das Internet mit unterschiedlichen Geschwindigkeiten zugreifen. Wenn gleichzeitig viele Programme geöffnet sind, kann sich dies außerdem auf die Verbindungsgeschwindigkeit auswirken.

Netzwerknamen eines Computers ändern

1. Zwei Computer im selben Netzwerk können nicht denselben Namen haben. Daher sollten Sie die Computernamen ändern, bevor Sie Ihr Netzwerk einrichten, damit diese eindeutig sind. Wählen Sie START|SYSTEMSTEUERUNG|SYSTEM UND SICHERHEIT und klicken Sie dann auf SYSTEM.

2. Im Fenster SYSTEM klicken Sie auf den Link EINSTELLUNGEN ÄNDERN (siehe Abbildung 11.8).

3. Im Dialogfeld SYSTEMEIGENSCHAFTEN klicken Sie auf der Registerkarte COMPUTERNAME auf die Schaltfläche ÄNDERN. Im Dialogfeld ÄNDERN DES COMPUTERNAMENS BZW. DER DOMÄNE ersetzen Sie im Feld COMPUTERNAME den aktuellen Namen (siehe Abbildung 11.9) und klicken dann auf OK, um den neuen Namen zu speichern und das Dialogfeld zu schließen.

4. Eine Meldung wird angezeigt, dass die Änderungen erst beim nächsten Neustart des Computers übernommen werden. Schließen Sie das Dialogfeld SYSTEMEIGENSCHAFTEN mit einem Klick auf die Schaltfläche SCHLIESSEN.

 Verwenden Sie beschreibende Computernamen: Einfache Namen, wie »Martinas Computer« oder »Arbeitszimmer-PC« helfen allen im Netzwerk bei der Zuordnung.

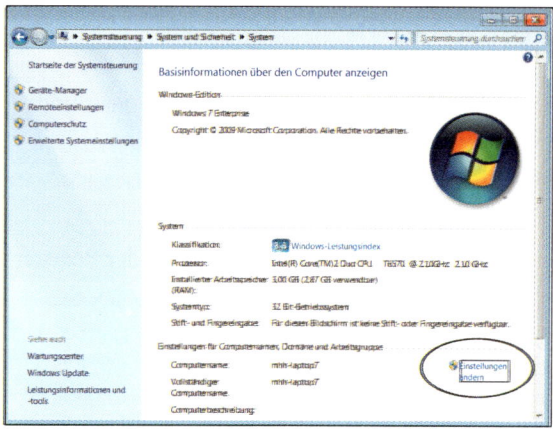

Abbildung 11.8: Das Fenster SYSTEM in der Systemsteuerung

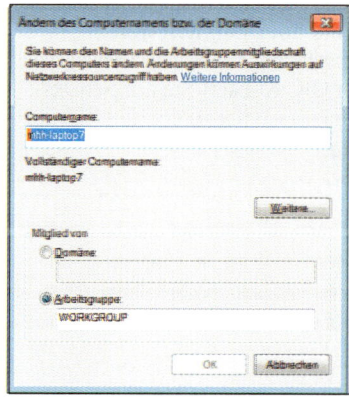

Abbildung 11.9: Das Dialogfeld ÄNDERN DES COMPUTERNAMENS BZW. DER DOMÄNE

Einer Arbeitsgruppe beitreten

1. Wählen Sie START|SYSTEMSTEUERUNG|SYSTEM UND SICHERHEIT und klicken Sie dann auf SYSTEM.

2. Im Fenster SYSTEM klicken Sie auf den Link EINSTELLUNGEN ÄNDERN (siehe Abbildung 11.10).

3. Im Dialogfeld SYSTEMEIGENSCHAFTEN klicken Sie auf der Registerkarte COMPUTERNAME auf die Schaltfläche ÄNDERN.

4. Das Dialogfeld ÄNDERN DES COMPUTERNAMENS BZW. DER DOMÄNE wird angezeigt (siehe Abbildung 11.11). Im Feld ARBEITSGRUPPE geben Sie einen Namen für Ihre Arbeitsgruppe ein oder ändern den vorhandenen Namen. Achten Sie darauf, dass zwischen den Buchstaben keine Leerzeichen sind.

5. Eine Meldung wird angezeigt, dass die Änderungen erst beim nächsten Neustart des Computers übernommen werden. Schließen Sie das Dialogfeld ÄNDERN DES COMPUTERNAMENS BZW. DER DOMÄNE mit einem Klick auf OK. Klicken Sie auf SCHLIESSEN, um das Dialogfeld SYSTEMEIGENSCHAFTEN zu schließen, und starten Sie dann Windows 7 neu.

 Wenn Sie Teil einer Arbeitsgruppe sind, lassen sich Dateien viel einfacher gemeinsam nutzen. Wenn Sie auf eine Datei oder einen Ordner auf Ihrem Computer mit der rechten Maustaste klicken, können Sie deren/dessen Freigabe festlegen, sodass nur die Mitglieder Ihrer Arbeitsgruppe auf diese freigegebene Datei oder den Ordner zugreifen können.

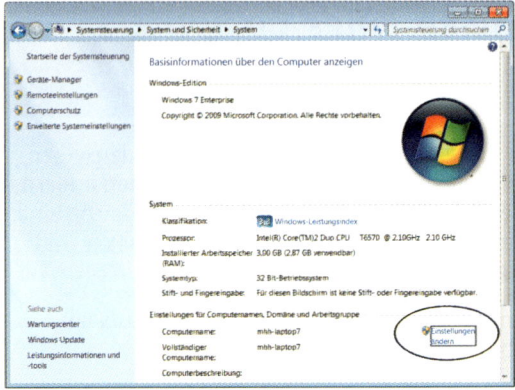

Abbildung 11.10: Das Fenster SYSTEM

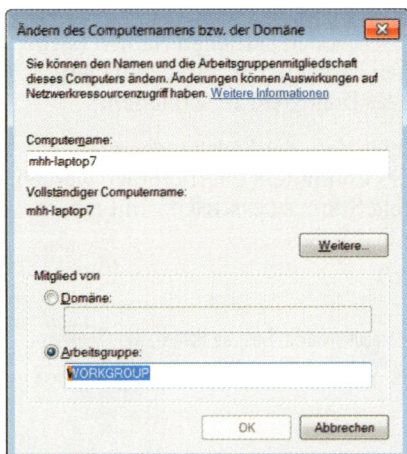

Abbildung 11.11: Das Dialogfeld ÄNDERN DES COMPUTERNAMENS BZW. DER DOMÄNE

Optionen für die gemeinsame Nutzung auswählen

1. Ihr Netzwerk verbindet die Computer in einem Heimnetzwerk, um Dateien oder Drucker gemeinsam zu nutzen, aber Sie möchten vielleicht die Freigabeeinstellungen individuell anpassen. Wählen Sie START|SYSTEMSTEUERUNG|NETZWERK UND INTERNET.

2. Im Fenster NETZWERK UND INTERNET klicken Sie auf den Link HEIMNETZGRUPPE. Im daraufhin angezeigten Fenster klicken Sie auf ERWEITERTE FREIGABEEINSTELLUNGEN ÄNDERN.

3. Im Fenster ERWEITERTE FREIGABEEINSTELLUNGEN verwenden Sie die Optionen unter FREIGABEOPTIONEN FÜR UNTERSCHIEDLICHE NETZWERKPROFILE ÄNDERN (siehe Abbildung 11.12), um Einstellungen für die gemeinsame Nutzung sowohl im privaten oder Arbeitsplatznetzwerk als auch im öffentlichen Netzwerk festzulegen. Wenn Sie beispielsweise Dateien und Drucker gemeinsam nutzen wollen, aktivieren Sie die betreffende Option; wenn Sie den Inhalt öffentlicher Ordner freigeben wollen, aktivieren Sie diese Option, und so weiter.

4. Klicken Sie auf die Schaltfläche ÄNDERUNGEN SPEICHERN, um die Einstellungen zu speichern.

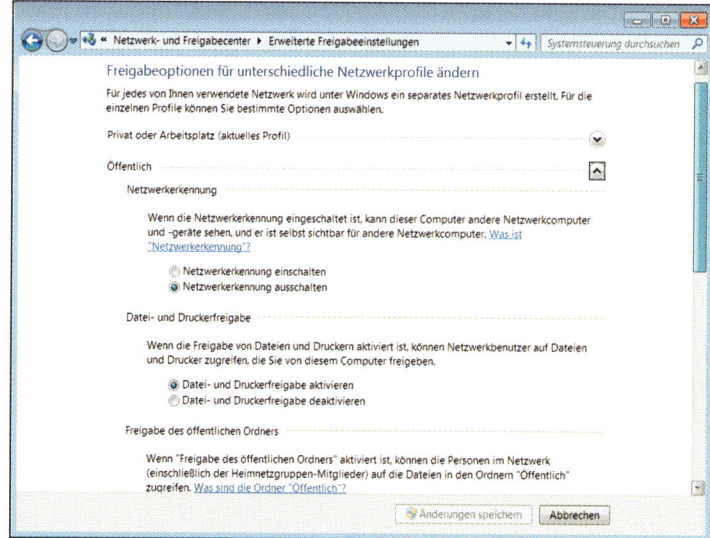

Abbildung 11.12: Das Fenster ERWEITERTE FREIGABEEINSTELLUNGEN

 Sie müssen mit dem Netzwerk verbunden sein, um die Freigabeeinstellungen nutzen zu können. Klicken Sie dazu im Infobereich der Taskleiste auf das Netzwerksymbol, dann auf eine Verbindung und anschließend auf VERBINDEN.

Teil IV

Windows individuell anpassen

The 5th Wave   By Rich Tennant

»Ich versteh das nicht, seinen Computerdesktop hat er stundenlang aufgeräumt ...«

Bildschirmanzeige anpassen

Was steht und liegt alles auf Ihrem Schreibtisch? Ein exklusiver Tagesplaner, formschöne Federhalter und ein Designer-Ablagekörbchen aus Echtholz? Warum sollte der Windows-Schreibtisch, sprich der Desktop, nicht ebenso nach Ihrem Geschmack eingerichtet sein? Schlussendlich ist dies der Windows-Ort, den Sie am häufigsten während eines Arbeitstages besuchen. Glauben Sie jemandem, der täglich viele Stunden am Computer verbringt: Wenn Sie Ihren Desktop individuell gestalten, erhöht dies die Produktivität und strengt die Augen weniger an.

Um Ihren Desktop individuell zu gestalten, haben Sie folgende Möglichkeiten:

▶ Richten Sie Windows so ein, dass Bilder und Farben angezeigt werden.

▶ Verwenden Sie die Bildschirmschonereinstellungen, um sich mit einer hübschen Animation eine kleine Pause vom Arbeitsstress zu gönnen.

▶ Ändern Sie die Bildschirmauflösung, damit Bilder möglichst scharf und detailgetreu angezeigt werden.

▶ Vergrößern oder verkleinern Sie Text. Sie können die Größe des gesamten Bildschirmtextes ganz einfach ändern. (Lesen Sie auch Kapitel 13, in dem es um die Einstellungen für Menschen mit Sehbehinderungen geht.)

12

In diesem Kapitel

▶ Bildschirmauflösung einstellen

▶ Desktophintergrund ändern

▶ Desktopdesign auswählen

▶ Bildschirmschoner einrichten

▶ Windows 7-Farbschema ändern

▶ Text vergrößern oder verkleinern

Bildschirmauflösung einstellen

1. Wählen Sie START|SYSTEMSTEUERUNG und klicken Sie unter DAR-STELLUNG UND ANPASSUNG auf BILDSCHIRMAUFLÖSUNG ANPASSEN.

2. Im Fenster BILDSCHIRMAUFLÖSUNG klicken Sie auf den Pfeil neben dem Feld AUFLÖSUNG.

3. Verwenden Sie den Schieberegler (siehe Abbildung 12.1), um eine höhere oder eine niedrigere Auflösung einzustellen. Sie können auch die Ausrichtung der Anzeige über die entsprechende Dropdownliste ändern.

4. Klicken Sie auf OK, um die neue Bildschirmauflösung zu übernehmen.

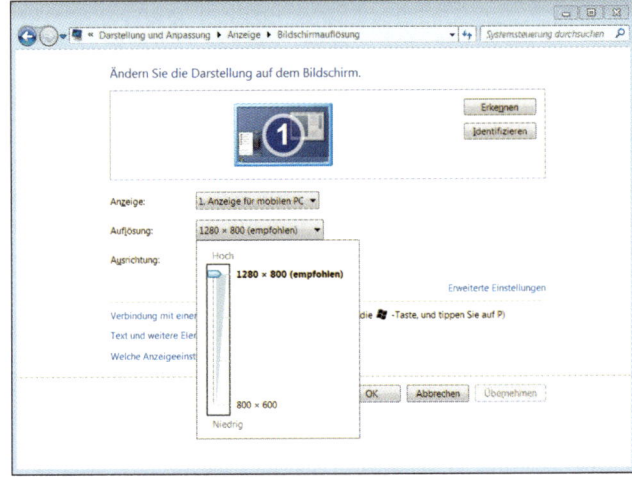

Abbildung 12.1: Das Fenster BILDSCHIRMAUFLÖSUNG

 Eine höhere Auflösung, wie 1600 x 1200, führt zu kleineren, gestochen scharfen Bildern. Eine niedrigere Auflösung, wie 800 x 600, führt zu größeren, eher »gezackten« Bildern. Das Positive an einer höheren Auflösung ist, dass auf dem Bildschirm mehr Platz hat; der Nachteil ist, dass Texte und Bilder unter Umständen schwer zu erkennen sind.

 Wenn Sie im Fenster BILDSCHIRMAUFLÖSUNG auf den Link ERWEITERTE EINSTELLUNGEN klicken, öffnet sich ein Dialogfeld, in dem es um Farbverwaltung und Monitoreinstellungen geht.

 Wenn Sie Ihre Dokumente größer oder kleiner anzeigen wollen, können Sie dies in den meisten Programmen über das Ansichtsmenü bewerkstelligen, ohne dazu die Bildschirmauflösung zu ändern.

Desktophintergrund ändern

1. Klicken Sie mit der rechten Maustaste auf den Desktop und wählen Sie im Kontextmenü den Befehl ANPASSEN.

2. Im Fenster ANPASSUNG klicken Sie im unteren Bereich auf den Link DESKTOPHINTERGRUND, um das Fenster DESKTOPHINTERGRUND zu öffnen (siehe Abbildung 12.2).

3. Wählen Sie in der Dropdownliste BILDPFAD (siehe Abbildung 12.3) eine Kategorie aus und klicken Sie dann auf das Vorschaubild, das Sie verwenden möchten. Der Hintergrund wird auf dem Desktop angezeigt.

4. Klicken Sie auf ÄNDERUNGEN SPEICHERN, um die neuen Einstellungen zu übernehmen, und schließen Sie dann das Fenster.

 Wenn Sie ein Design anwenden (dazu mehr in der nächsten Aufgabe), überschreiben Sie alle Desktopeinstellungen, die Sie in dieser Aufgabe festgelegt haben. Wenn Sie ein Desktopdesign anwenden und danach die Desktopeinstellungen ändern, überschreiben Sie wiederum die Designeinstellungen. Es ist jedoch ganz einfach, etwas zu ändern und den Desktop interessant zu gestalten, sodass Sie mit Designs und Desktophintergründen beliebig herumprobieren können. Wenn Sie eine Einstellung gefunden haben, die Ihnen richtig gut gefällt, speichern Sie sie als eigenes Design, indem Sie im Fenster ANPASSUNG unter EIGENE DESIGNS auf DESIGN SPEICHERN klicken.

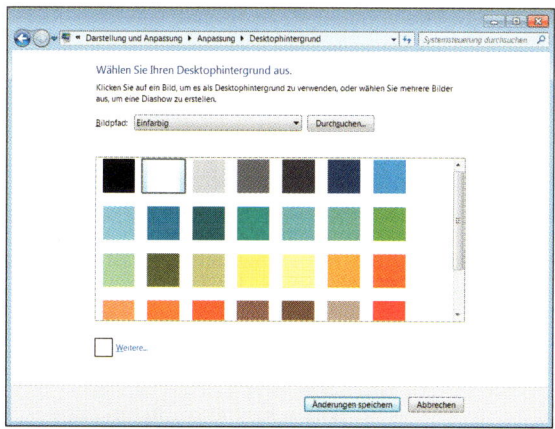

Abbildung 12.2: Das Fenster DESKTOPHINTERGRUND

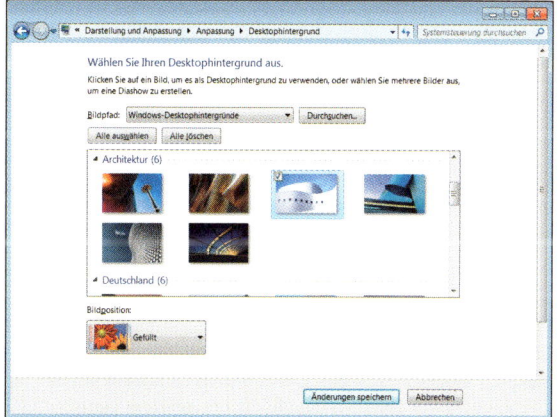

Abbildung 12.3: Verfügbare Kategorien an Hintergründen

Desktopdesign auswählen

1. Klicken Sie mit der rechten Maustaste auf den Desktop und wählen Sie ANPASSEN. Das Fenster ANPASSUNG wird geöffnet.

2. Wählen Sie in diesem Fenster (siehe Abbildung 12.4) ein Design aus. Folgende Optionen stehen zur Verfügung:

   - EIGENE DESIGNS: Beinhalten Ihre individuellen Einstellungen, die Sie unter einem eigenen Namen abgelegt haben.

   - AERO-DESIGNS: Bieten Designs mit Themen wie Natur, Landschaften und Architektur.

   - BASISDESIGNS UND DESIGNS MIT HOHEM KONTRAST: Bieten eine Reihe von kontrastreichen Einstellungen in verschiedenen Designs.

3. Klicken Sie rechts oben im Fenster auf die Schaltfläche SCHLIESSEN (die mit dem X), um das Fenster zu schließen.

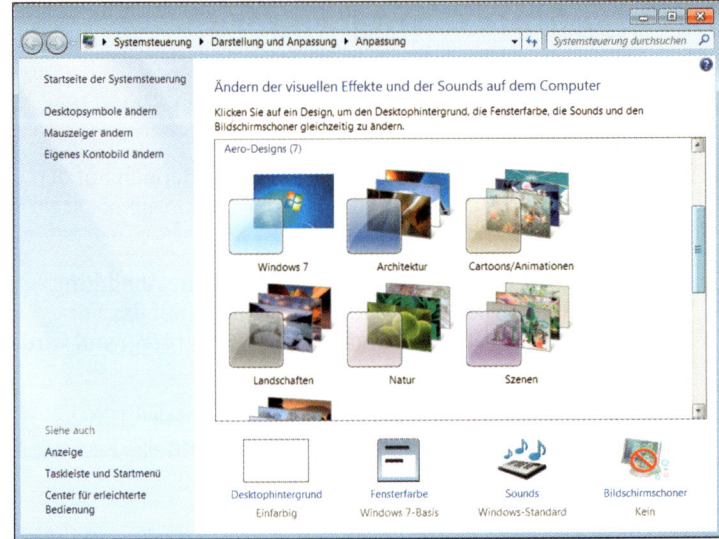

Abbildung 12.4: Das Fenster ANPASSUNG

 DESIGNS enthalten verschiedene Elemente wie Fensterdarstellungen, Hintergrundfarben, Bildschirmschoner und sogar Mauszeiger und Sounds. Wenn Sie eines dieser Elemente individuell anpassen, beispielsweise den Bildschirmschoner, überschreibt diese Änderung die Einstellung in dem zuletzt verwendeten Design.

 Sie können eigene Designs speichern. Wenden Sie einfach ein Design an, ändern Sie die Einstellungen beliebig mithilfe der verschiedenen Optionen für Darstellung und Anpassung und klicken Sie dann unter EIGENE DESIGNS auf den Link DESIGN SPEICHERN. Benennen Sie das Design im Dialogfeld DESIGN SPEICHERN UNTER und klicken Sie dann auf SPEICHERN. Der Name wird anschließend in der Liste der eigenen Designs angezeigt.

Bildschirmschoner einrichten

1. Klicken Sie mit der rechten Maustaste auf den Desktop und wählen Sie ANPASSEN. Im Fenster ANPASSUNG klicken Sie auf den Link BILDSCHIRMSCHONER, um das Dialogfeld BILDSCHIRMSCHONER-EINSTELLUNGEN zu öffnen (siehe Abbildung 12.5).

2. Wählen Sie einen Bildschirmschoner in der gleichnamigen Dropdownliste aus.

3. Verwenden Sie die Pfeile des Feldes WARTEZEIT, um einzustellen, wie lange Windows 7 auf Aktivitäten warten soll, bevor der Bildschirmschoner angezeigt wird.

4. Klicken Sie auf die Schaltfläche VORSCHAU, um einen Blick auf den Bildschirmschoner Ihrer Wahl zu werfen (siehe Abbildung 12.6). Wenn Sie zufrieden sind, klicken Sie auf OK.

 Bildschirmschoner wurden früher verwendet, um das Einbrennen eines Bildes zu verhindern, wenn es zu lange am Bildschirm angezeigt wurde. Bei neueren Bildschirmen ist dies nicht mehr erforderlich, aber die Menschen lieben ihre Bildschirmschoner und deshalb gibt es sie noch immer. Bildschirmschoner eignen sich auch gut, um Ihren Bildschirm vor neugierigen Blicken zu schützen, wenn Sie mal eine Weile nicht am Arbeitsplatz sind. Wenn Sie der Bildschirmschoner nervt, wählen Sie im Dialogfeld BILDSCHIRMSCHONEREINSTELLUNGEN in der Dropdownliste BILDSCHIRMSCHONER den Eintrag (KEIN).

 Bei manchen Bildschirmschonern können Sie die Einstellungen ändern. So können Sie beispielsweise festlegen, wie schnell die Anzeige wechseln soll. Klicken Sie hierzu im Dialogfeld BILDSCHIRMSCHONEREINSTELLUNGEN auf die Schaltfläche EINSTELLUNGEN.

Abbildung 12.5: Das Dialogfeld BILDSCHIRMSCHONEREINSTELLUNGEN

Abbildung 12.6: Der Bildschirmschoner SCHLEIFEN in der Vorschau

Windows 7-Farbschema ändern

1. Klicken Sie mit der rechten Maustaste auf den Desktop und wählen Sie ANPASSEN.

2. Im Fenster ANPASSUNG klicken Sie im unteren Bereich auf den Link FENSTERFARBE, um das Dialogfeld FENSTERFARBE UND -DAR-STELLUNG zu öffnen (siehe Abbildung 12.7).

3. Wählen Sie nacheinander Einträge in der Dropdownliste ELEMENT aus. Ändern Sie die Einstellungen für Größe, Farbe oder Schriftart.

4. Klicken Sie auf OK, um die Einstellungen zu speichern, und schließen Sie das Fenster ANPASSUNG mit einem Klick auf die Schaltfläche SCHLIESSEN.

 Wenn Sie ein Farbschema anpassen, müssen Sie darauf achten, dass nicht für alle Bildschirmelemente alle Änderungen zulässig sind. Wenn Sie beispielsweise in der Dropdownliste ELEMENT den Eintrag HINTERGRUND DER ANWENDUNG auswählen, kann keine andere Schriftart gewählt werden, da es ja nur ein Hintergrund ist. Irgendwie logisch, oder?

 Manche Farben sind für die Augen angenehmer. So wirkt beispielsweise Grün beruhigender als Orange. Wählen Sie ein Farbschema, das die Augen nicht ermüdet und Ihnen gefällt!

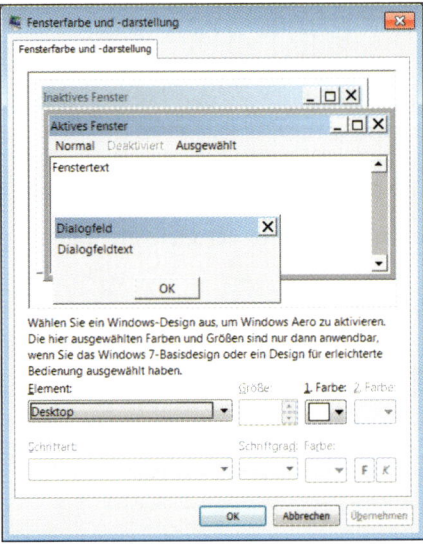

Abbildung 12.7: Das Dialogfeld FENSTERFARBE UND -DARSTELLUNG

Text vergrößern oder verkleinern

1. Wählen Sie START|SYSTEMSTEUERUNG|DARSTELLUNG UND ANPASSUNG und klicken Sie unter ANZEIGE auf den Link TEXT UND WEITERE ELEMENTE VERGRÖSSERN ODER VERKLEINERN.

2. Im Fenster ANZEIGE (siehe Abbildung 12.8) wählen Sie die Darstellungsoption aus, die Sie optimal finden. Die Standardeinstellung ist KLEINER - 100 %, aber Sie können die Textanzeige mit der Option MITTEL - 125 % oder der Option GRÖSSER - 150 % – die es jedoch bei Notebooks nicht gibt – erheblich verändern.

3. Klicken Sie auf ÜBERNEHMEN. Schließen Sie dann alle Programme und melden Sie sich bei Windows ab. Die Änderung wird erst beim nächsten Anmelden wirksam.

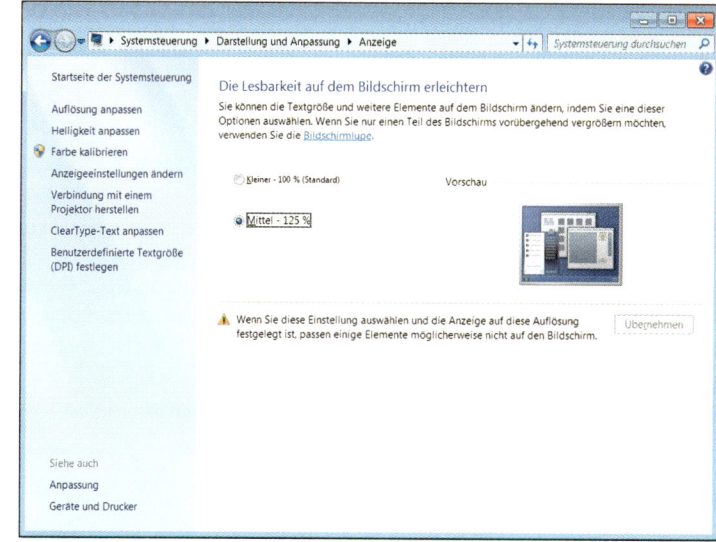

Abbildung 12.8: Das Fenster ANZEIGE

Einstellungen für erleichterte Bedienung anpassen

M enschen werden nicht mit guten Manieren geboren. Anderen zu helfen oder unser Spielzeug zu teilen, ist Erziehungssache. Manchmal muss auch Windows beigebracht werden, wie es sich zu benehmen hat. Windows weiß beispielsweise nicht sofort, dass ein Benutzer wegen einer Sehbehinderung besonderer Hilfe bedarf oder dass ein Benutzer einem bestimmten Mauszeiger den Vorzug gibt oder Schwierigkeiten mit der Tastatur hat.

Ihnen hat jemand beigebracht, wie man sich benimmt, aber Windows ist davon abhängig, dass Sie seine Verhaltensweise anpassen. Das sind gute Nachrichten für Sie, weil Sie dadurch größere Flexibilität im Umgang mit dem Betriebssystem haben.

Folgendes können Sie einstellen, um Windows anzupassen:

▶ Tools für Menschen mit Sehbehinderungen, um beispielsweise einen höheren Kontrast einzustellen oder über die Sprachausgabe Text auf dem Bildschirm vorzulesen

▶ Spracherkennungsfunktion, mit der Sie Daten in ein Dokument über Mikrofon statt über Tastatur oder Maus eingeben

▶ Mausfunktionen für Linkshänder oder Farbe und Größe des Mauszeigers

▶ Tastatureinstellungen, die die Eingabe für Menschen mit körperlichen Einschränkungen (beispielsweise bei Sehnenscheidenentzündung oder Arthritis) vereinfacht

13

In diesem Kapitel

▶ Bildschirmdarstellung optimieren

▶ Sounds durch visuelle Hinweise ersetzen

▶ Spracherkennung starten

▶ Funktionsweise der Tastatur ändern

▶ Bildschirmtastatur verwenden

▶ Funktionsweise der Maus ändern

▶ Mauszeiger ändern

Bildschirmdarstellung optimieren

1. Wählen Sie START|SYSTEMSTEUERUNG.

2. Im Fenster SYSTEMSTEUERUNG klicken Sie unter ERLEICHTERTE BEDIENUNG auf VISUELLE DARSTELLUNG DES BILDSCHIRMS OPTIMIEREN.

3. Im Fenster ERKENNEN VON BILDSCHIRMOBJEKTEN ERLEICHTERN (siehe Abbildung 13.1) aktivieren Sie die Kontrollkästchen für die jeweiligen Funktionen.

   - HOHER KONTRAST: Hiermit aktivieren Sie einen höheren Kontrast durch gleichzeitiges Drücken der linken [Alt]-, der linken [⇧]- und der [Druck]-Taste. Hoher Kontrast ist ein Farbschema, das das Lesen am Bildschirm vereinfacht.

   - TEXT UND BESCHREIBUNGEN LAUT VORLESEN: Sie können die Sprachausgabe, die den Text auf dem Bildschirm vorliest, und/oder die akustische Beschreibung von Videoinhalten aktivieren.

   - ELEMENTE AUF DEM BILDSCHIRM VERGRÖSSERN: Wenn Sie die Bildschirmlupe aktivieren, werden zwei Mauszeiger auf dem Bildschirm angezeigt. Ein Zeiger befindet sich im vergrößerten Fenster und der andere in dem, was gerade angezeigt wird (beispielsweise in einer offenen Anwendung).

   - ERKENNUNG VON ELEMENTEN AUF DEM BILDSCHIRM ERLEICHTERN: Hier können Sie die Transparenz der Fensterrahmen anpassen, die Breite des blinkenden Cursors vergrößern (siehe Abbildung 13.2) und lästige Animationen und Hintergrundbilder entfernen.

4. Wenn Sie die Einstellungen vorgenommen haben, klicken Sie auf ÜBERNEHMEN, um das Fenster geöffnet zu lassen, oder auf

OK, um die Einstellungen anzuwenden und das Fenster zu schließen.

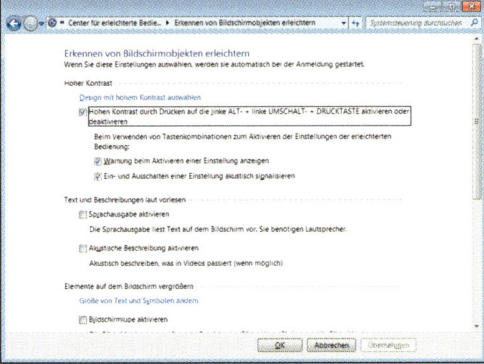

Abbildung 13.1: Das Fenster ERKENNEN VON BILDSCHIRMOBJEKTEN ERLEICHTERN

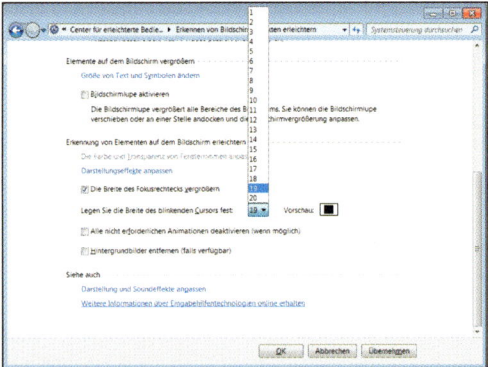

Abbildung 13.2: Optionen, um das Erkennen von Elementen auf dem Bildschirm zu erleichtern

Sounds durch visuelle Hinweise ersetzen

1. Wählen Sie START|SYSTEMSTEUERUNG|ERLEICHTERTE BEDIENUNG und klicken Sie dann unter CENTER FÜR ERLEICHTERTE BEDIENUNG auf SOUNDS MIT VISUELLEN HINWEISEN ERSETZEN.

2. Im Fenster TEXT ODER VISUELLE ALTERNATIVEN ZUM WIEDERGEBEN VON SOUNDS VERWENDEN (siehe Abbildung 13.3) nehmen Sie folgende Einstellungen vor:

   • Sie können das Kontrollkästchen VISUELLE ALTERNATIVEN FÜR SOUNDBENACHRICHTIGUNGEN AKTIVIEREN (DARSTELLUNGSOPTIONEN) aktivieren, damit Windows Sounds durch die Anzeige visueller Hinweise zu erkennen gibt.

   • Sie können visuelle Warnungen auswählen. Bei diesen Warnungen blinken Bildschirmelemente, um Sie auf ein Ereignis aufmerksam zu machen.

   • Um die Textdarstellung für die Sprachausgabe zu steuern, aktivieren Sie das Kontrollkästchen SCHRIFTLICHE DARSTELLUNG FÜR SPRACHAUSGABE AKTIVIEREN. Hinweis: Diese Option ist nicht für jede Anwendung verfügbar.

3. Um die geänderten Einstellungen zu speichern, klicken Sie auf OK.

 Visuelle Alternativen sind nützlich, wenn Sie schwerhörig sind und die Systemsounds zur Benachrichtigung bei Fehlermeldungen nicht immer hören. Wenn diese Option aktiviert ist, bleibt sie so lange eingeschaltet, bis Sie sie in diesem Fenster wieder deaktivieren.

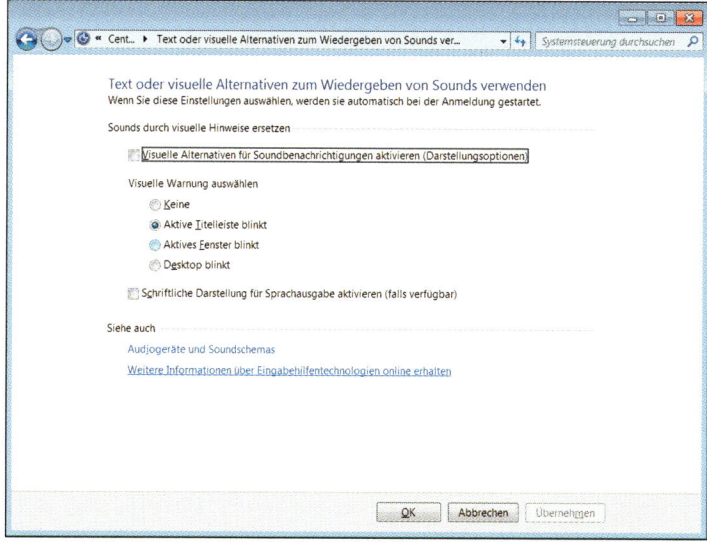

Abbildung 13.3: Das Fenster TEXT ODER VISUELLE ALTERNATIVEN ZUM WIEDERGEBEN VON SOUNDS VERWENDEN

 Dieser Hinweis mag auf der Hand liegen, aber wenn Sie schlecht hören, können Sie auch einfach die Lautstärke der Lautsprecher erhöhen. Dazu verwenden Sie die Lautstärkeregler in einem Programm (etwa Windows Media Player – mehr dazu in Kapitel 21) oder ändern die Systemlautstärke, indem Sie in der SYSTEMSTEUERUNG auf HARDWARE UND SOUND klicken und dann unter SOUND den Link SYSTEMLAUTSTÄRKE ANPASSEN wählen.

Spracherkennung starten

1. Schließen Sie ein Tischmikrofon oder ein Headset an Ihren Computer an und wählen Sie START|SYSTEMSTEUERUNG| ERLEICHTERTE BEDIENUNG|SPRACHERKENNUNG.

2. Klicken Sie im Fenster SPRACHERKENNUNG auf den Link SPRA- CHERKENNUNG STARTEN. Ein Willkommensbildschirm wird ange- zeigt. Klicken Sie hier auf WEITER.

3. Der Assistent zum Einrichten des Mikrofons wird geöffnet (siehe Abbildung 13.4), in dem Sie die Art des von Ihnen verwendeten Mikrofons auswählen. Klicken Sie danach auf WEITER. Richten Sie anschließend das Mikrofon entsprechend der Anleitung ein. Klicken Sie auf WEITER.

4. Lesen Sie den Beispieltext im nächsten Fenster (siehe Abbil- dung 13.5) laut vor. Klicken Sie auf WEITER. Das Mikrofon ist nun eingerichtet. Klicken Sie auf WEITER.

5. Im folgenden Fenster wählen Sie, ob Sie die Dokumentüber- prüfung aktivieren oder deaktivieren möchten. Mithilfe der Dokumentüberprüfung kann Windows Ihre Dokumente und E-Mails prüfen und Ihr Sprachmuster trainieren. Klicken Sie auf WEITER.

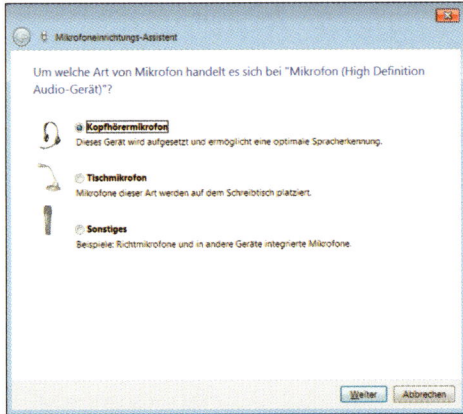

Abbildung 13.4: Der Mikrofoneinrichtungs-Assistent

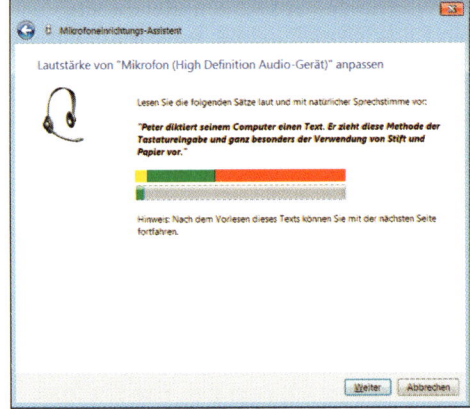

Abbildung 13.5: Richten Sie das Mikrofon ein, indem Sie den Text laut vorlesen

6. Wählen Sie nun entweder MANUELLEN AKTIVIERUNGSMODUS VERWENDEN, bei dem Sie eine Maus, einen Stift oder die Tastatur verwenden können, um die Spracherkennung zu aktivieren, oder STIMMAKTIVIERUNGSMODUS VERWENDEN, wenn Sie aufgrund einer Erkrankung oder Verletzung Geräte nicht manuell bedienen können. Klicken Sie auf WEITER.

7. Im nächsten Fenster haben Sie die Möglichkeit, eine Sprachreferenzkarte anzuzeigen und/oder zu drucken, die eine Liste mit Befehlen enthält, auf die der Computer reagiert. Klicken Sie hierzu auf die Schaltfläche REFERENZBLATT ANZEIGEN und lesen Sie die Informationen in der Hilfe. Klicken Sie auf die Schaltfläche SCHLIESSEN, um das Fenster zu schließen. Klicken Sie auf WEITER, um fortzufahren.

8. Deaktivieren Sie im nächsten Fenster das Kontrollkästchen SPRACHERKENNUNG BEIM START AUSFÜHREN oder behalten Sie die standardmäßige Aktivierung bei. Klicken Sie auf WEITER. Das letzte Fenster informiert Sie darüber, dass Sie nun den Computer per Spracheingabe steuern können, und bietet Ihnen ein Trainingsprogramm an, das Sie über die Schaltfläche LERNPROGRAMM STARTEN aufrufen. Klicken Sie auf diese Schaltfläche oder auf LERNPROGRAMM ÜBERSPRINGEN, um die Einrichtung der Spracherkennung zu verlassen.

9. Die Steuerung für die Spracherkennung wird angezeigt (siehe Abbildung 13.6). Wenn Sie in Schritt 6 den Stimmaktivierungsmodus gewählt haben, sagen Sie »Jetzt zuhören«, um die Spracherkennung einzuschalten. Haben Sie die manuelle Aktivierung gewählt, klicken Sie auf die Mikrofonschaltfläche, deren Farbe sich daraufhin in Blau ändert. Sie können dem Computer nun Befehle erteilen.

Abbildung 13.6: Die Steuerung der Spracherkennung

 Um die Spracherkennung zu stoppen, klicken Sie in der Steuerung auf die Schaltfläche SCHLIESSEN (die mit dem X). Um die Spracherkennung erneut zu starten, wählen Sie START | SYSTEMSTEUERUNG | ERLEICHTERTE BEDIENUNG und dann unter SPRACHERKENNUNG den Link SPRACHERKENNUNG STARTEN. Wenn Sie mehr über die Befehle in der Spracherkennung wissen wollen, klicken Sie im Fenster SPRACHERKENNUNG auf SPRACHLERNPROGRAMM AUSFÜHREN.

Funktionsweise der Tastatur ändern

1. Wählen Sie START|SYSTEMSTEUERUNG|ERLEICHTERTE BEDIENUNG und klicken Sie dann unter CENTER FÜR ERLEICHTERTE BEDIENUNG auf FUNKTIONSWEISE DER TASTATUR ÄNDERN.

2. Im Fenster BEDIENUNG DER TASTATUR ERLEICHTERN (siehe Abbildung 13.7) haben Sie folgende Wahlmöglichkeiten:

   • MAUSTASTEN AKTIVIEREN: Mit dieser Option steuern Sie die Maus mit Tastaturbefehlen. Wenn diese Option aktiviert ist, klicken Sie auf den Link MAUSTASTEN EINRICHTEN, um Einstellungen für diese Funktion vorzunehmen.

   • EINRASTFUNKTION AKTIVIEREN: Mit dieser Funktion können Sie bei Tastenkombinationen die Tasten einzeln nacheinander drücken statt alle gleichzeitig.

   • UMSCHALTTASTEN AKTIVIEREN: Sie können Windows so einrichten, dass ein Sound abgespielt wird, wenn Sie die Taste CapsLock, Num oder Rollen drücken.

   • ANSCHLAGVERZÖGERUNG AKTIVIEREN: Wenn Sie manchmal eine Taste nur ganz leicht oder so fest drücken, dass sie mehrfach aktiviert wird, können Sie hier die Tastenanschläge anpassen. Klicken Sie auf ANSCHLAGVERZÖGERUNG EINRICHTEN, um diese Einstellung zu optimieren.

   • TASTENKOMBINATIONEN UND ZUGRIFFSTASTEN UNTERSTREICHEN: Aktivieren Sie dieses Kontrollkästchen, damit Tastenkombinationen und Zugriffstasten entsprechend gekennzeichnet werden.

   • VERWALTEN VON FENSTERN ERLEICHTERN: Aktivieren Sie das Kontrollkästchen in diesem Abschnitt, wenn Fenster nicht automatisch angeordnet werden sollen, wenn sie an den Bildschirmrand verschoben werden.

3. Um die geänderten Einstellungen zu speichern, klicken Sie auf OK.

Jede Tastatur ist anders. Wenn Sie mit Ihrer aktuellen Tastatur nicht gut zurechtkommen, probieren Sie am besten verschiedene aus, um herauszufinden, welche für Sie optimal ist.

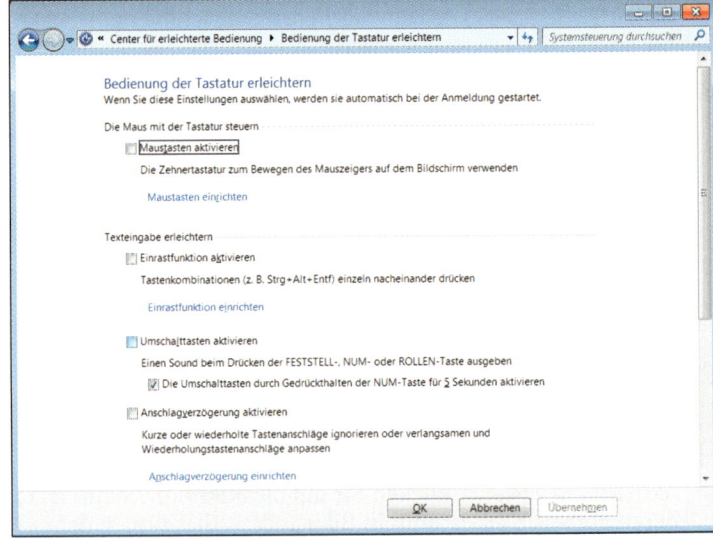

Abbildung 13.7: Das Fenster BEDIENUNG DER TASTATUR ERLEICHTERN

Bildschirmtastatur verwenden

1. Wählen Sie START|SYSTEMSTEUERUNG|ERLEICHTERTE BEDIENUNG und dann CENTER FÜR ERLEICHTERTE BEDIENUNG.

2. Klicken Sie im Fenster CENTER FÜR ERLEICHTERTE BEDIENUNG auf BILDSCHIRMTASTATUR STARTEN (siehe Abbildung 13.8), um die Bildschirmtastatur anzuzeigen (siehe Abbildung 13.9).

3. Öffnen Sie ein Dokument in einer Anwendung, in der Sie Text eingeben können, und klicken Sie dann auf die Tasten der Bildschirmtastatur, um Eingaben zu machen.

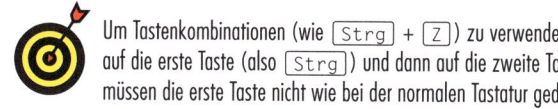 Um Tastenkombinationen (wie `Strg` + `Z`) zu verwenden, klicken Sie einfach auf die erste Taste (also `Strg`) und dann auf die zweite Taste (`Z`). Sie müssen die erste Taste nicht wie bei der normalen Tastatur gedrückt halten.

4. Klicken Sie auf der Bildschirmtastatur auf die Taste OPTIONEN, um Einstellungen zu ändern, beispielsweise ob auf die Tasten geklickt oder gezeigt wird. Klicken Sie dann auf OK.

5. Klicken Sie auf die Schaltfläche SCHLIESSEN, wenn Sie die Bildschirmtastatur nicht mehr verwenden wollen.

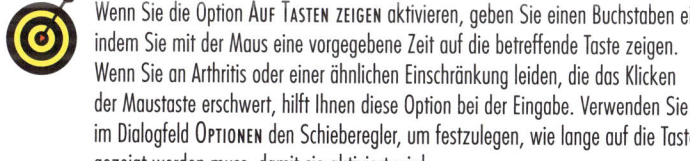 Wenn Sie die Option AUF TASTEN ZEIGEN aktivieren, geben Sie einen Buchstaben ein, indem Sie mit der Maus eine vorgegebene Zeit auf die betreffende Taste zeigen. Wenn Sie an Arthritis oder einer ähnlichen Einschränkung leiden, die das Klicken der Maustaste erschwert, hilft Ihnen diese Option bei der Eingabe. Verwenden Sie im Dialogfeld OPTIONEN den Schieberegler, um festzulegen, wie lange auf die Taste gezeigt werden muss, damit sie aktiviert wird.

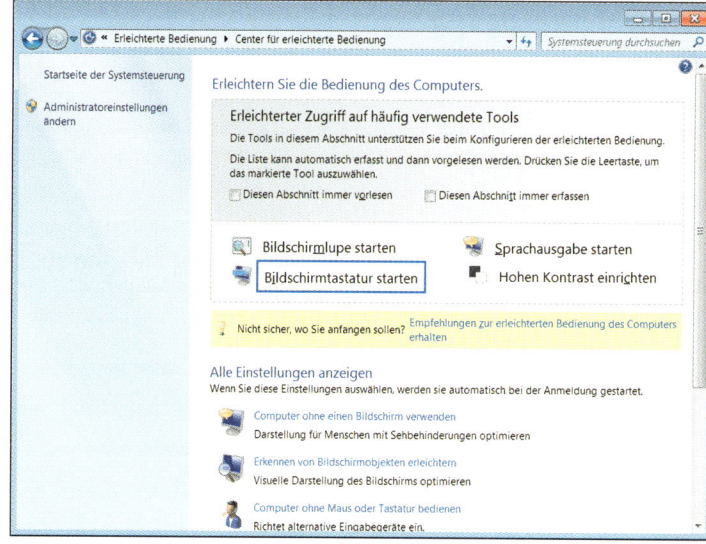

Abbildung 13.8: Das Center für erleichterte Bedienung

Abbildung 13.9: Die Bildschirmtastatur

Funktionsweise der Maus ändern

1. Wählen Sie START|SYSTEMSTEUERUNG|ERLEICHTERTE BEDIENUNG und klicken Sie dann unter CENTER FÜR ERLEICHTERTE BEDIENUNG auf FUNKTIONSWEISE DER MAUS ÄNDERN. Das Fenster VERWENDEN DER MAUS ERLEICHTERN wird angezeigt (siehe Abbildung 13.10).

2. Um die Maus mit der Tastatur zu steuern, aktivieren Sie das Kontrollkästchen MAUSTASTEN AKTIVIEREN. Klicken Sie dann auf MAUSTASTEN EINRICHTEN, um weitere Einstellungen vorzunehmen.

3. Um das Verwalten von Fenstern zu erleichtern, aktivieren Sie die Option EIN FENSTER DURCH ZEIGEN MIT DER MAUS AKTIVIEREN.

4. Klicken Sie auf OK, um die Einstellungen zu speichern.

 Wenn Sie Linkshänder sind, klicken Sie im Fenster VERWENDEN DER MAUS ERLEICHTERN auf MAUSEINSTELLUNGEN und aktivieren dann im Dialogfeld EIGENSCHAFTEN VON MAUS auf der Registerkarte TASTEN das Kontrollkästchen PRIMÄRE UND SEKUNDÄRE TASTE UMSCHALTEN, damit die rechte Maustaste alle Funktionen der linken übernimmt und umgekehrt. So können Linkshänder die Maus leichter handhaben.

 Wenn Sie die Eigenschaften des Mauszeigers ändern wollen, aktivieren Sie im Dialogfeld EIGENSCHAFTEN VON MAUS die Registerkarte ZEIGEROPTIONEN, um die Zeigergeschwindigkeit auszuwählen, die Funktion ZUR STANDARDSCHALTFLÄCHE SPRINGEN zu aktivieren oder die Sichtbarkeit des Mauszeigers mittels Mausspur zu verbessern.

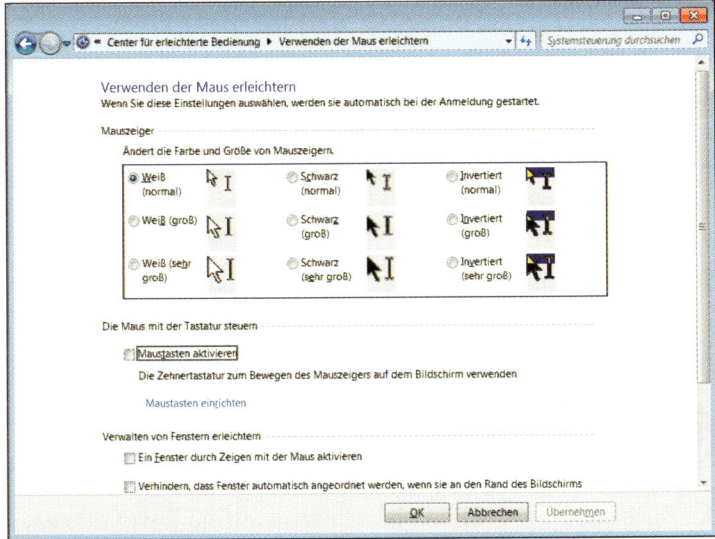

Abbildung 13.10: Das Fenster VERWENDEN DER MAUS ERLEICHTERN

 Wenn Sie den Mauszeiger auf dem Bildschirm schlecht erkennen können, experimentieren Sie mit den Farbschemata in Windows 7, um zu sehen, ob bei einer anderen Einstellung der Zeiger besser sichtbar ist. Lesen Sie Kapitel 12, wenn Sie wissen wollen, wie Sie das Farbschema ändern.

Mauszeiger ändern

1. Wählen Sie START|SYSTEMSTEUERUNG|ERLEICHTERTE BEDIENUNG und klicken Sie dann unter CENTER FÜR ERLEICHTERTE BEDIENUNG auf FUNKTIONSWEISE DER MAUS ÄNDERN. Klicken Sie im Fenster VERWENDEN DER MAUS ERLEICHTERN auf MAUSEINSTELLUNGEN.

2. Klicken Sie im Dialogfeld EIGENSCHAFTEN VON MAUS auf die Registerkarte ZEIGER (siehe Abbildung 13.11), wählen Sie eine Zeigerart aus und klicken Sie dann auf die Schaltfläche DURCHSUCHEN. Im Dialogfeld DURCHSUCHEN klicken Sie auf eine Zeigeralternative und dann auf die Schaltfläche ÖFFNEN.

3. Klicken Sie auf die Schaltfläche ÜBERNEHMEN, um die neuen Zeigereinstellungen anzuwenden, und dann auf OK, um das Dialogfeld EIGENSCHAFTEN VON MAUS zu schließen.

 Achten Sie darauf, den Zeiger nicht in einen anderen Standardzeiger zu ändern (beispielsweise den Zeiger NORMALE AUSWAHL in den Zeiger AUSGELASTET). Das könnte etwas verwirrend für Sie, aber ganz bestimmt für andere Nutzer Ihres Computers sein. Wenn Sie eine falsche Entscheidung getroffen haben, klicken Sie auf die Schaltfläche STANDARD VERWENDEN, um die ursprüngliche Zeigerdarstellung wiederherzustellen.

 Sie können im Fenster VERWENDEN DER MAUS ERLEICHTERN auch die Farbe und die Größe des Mauszeigers ändern. Einen großen weißen oder sehr großen schwarzen Mauszeiger können Sie vielleicht besser sehen, je nachdem welches Farbschema Sie verwenden.

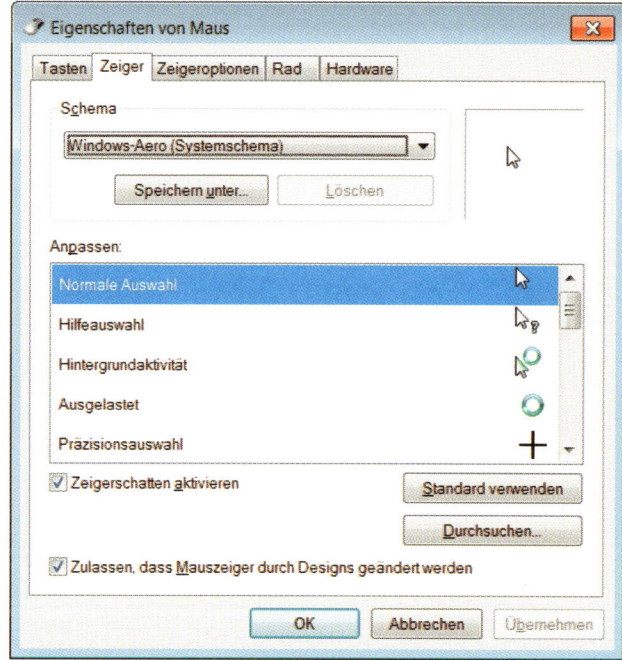

Abbildung 13.11: Das Dialogfeld EIGENSCHAFTEN VON MAUS

Teil V

Sicherheits- und Wartungsfunktionen

The 5th Wave   By Rich Tennant

»Nun, die erste Sicherheitsstufe bei Windows 7 funktioniert schon mal gut – ich bekomm die Folie einfach nicht ab!«

Kennwörter einrichten und Dateifreigaben regeln

14

Nachdem Sie eine Zeit lang mit Windows und entsprechender Software gearbeitet haben, werden Sie bemerken, dass Sie einen wahren Schatz an Daten und Dokumenten angehäuft haben. Microsoft stellt in Windows Funktionen bereit, mit denen Sie, sowohl in der Arbeit als auch zu Hause, Ihre Privatsphäre und Ihre wertvollen Dateien schützen können. Diese Funktionen beinhalten unter anderem:

▶ Vergabe von Kennwörtern (Kennwortschutz), die verhindern, dass Unbefugte auf Ihren Rechner zugreifen, wenn Sie nicht am Platz sind

▶ Gemeinsam genutzte und öffentliche Ordner, um Informationen mit anderen im Netzwerk auszutauschen und gegebenenfalls anderen den Zugriff auf Ihre Ordner zu verwehren, sowie Freigabefunktionen für Ordner, um Ordner gemeinsam mit verschiedenen Benutzern eines Einzelplatzrechners zu nutzen

▶ Optionen zum Schutz einzelner Dateien, indem Sie einen Schreibschutz aktivieren – andere Benutzer können dann Ihre Dateien nur lesen, nicht aber Änderungen vornehmen oder speichern – oder die Dateien gänzlich vor anderen Benutzern verstecken

▶ Benutzerkonten, damit verschiedene Benutzer an einem Computer auf ihre eigenen Einstellungen zugreifen können. Arbeiten Sie mit den Funktionen zum Jugendschutz, damit Sie als erfahrener Nutzer Jüngere beim Umgang mit dem Computer und dem Internet leiten können.

In diesem Kapitel

▶ Windows-Kennwort ändern

▶ Zugriff auf öffentliche Ordner zulassen

▶ Gemeinsam genutzte Ordner einrichten

▶ Dateiattribute festlegen

▶ Neue Benutzerkonten erstellen

▶ Zwischen Benutzerkonten wechseln

▶ Jugendschutz einrichten

Windows-Kennwort ändern

1. Wählen Sie START|SYSTEMSTEUERUNG|BENUTZERKONTEN UND JUGEND-SCHUTZ.

2. Im daraufhin angezeigten Fenster (siehe Abbildung 14.1) klicken Sie unter BENUTZERKONTEN auf EIGENES WINDOWS-KENNWORT ÄNDERN. Wenn Sie mehr als ein Benutzerkonto haben, klicken Sie auf das betreffende Konto. Klicken Sie auf den Link KENNWORT FÜR DAS EIGENE KONTO ERSTELLEN.

3. Im Fenster EIGENES KENNWORT ERSTELLEN (siehe Abbildung 14.2) geben Sie ein Kennwort ein, bestätigen es und legen einen Kennworthinweis fest.

4. Klicken Sie auf die Schaltfläche KENNWORT ERSTELLEN.

5. Es wird erneut das Fenster angezeigt, in dem Sie Änderungen am eigenen Konto durchführen können. Wenn Sie das Kennwort löschen wollen, klicken Sie hier auf KENNWORT ENTFERNEN.

6. Klicken Sie auf die Schaltfläche SCHLIESSEN.

 Wenn Sie Ihr Kennwort vergessen, zeigt Windows den Kennworthinweis an. Bedenken Sie jedoch, dass jeder Benutzer diesen Hinweis sehen kann. Wählen Sie ihn also mit Bedacht!

 Sie können ein Kennwort jederzeit wieder ändern, indem Sie im Fenster BENUTZERKONTEN auf EIGENES KENNWORT ÄNDERN klicken. Sie können auch den Namen des Benutzerkontos ändern, indem Sie auf EIGENEN KONTONAMEN ÄNDERN klicken.

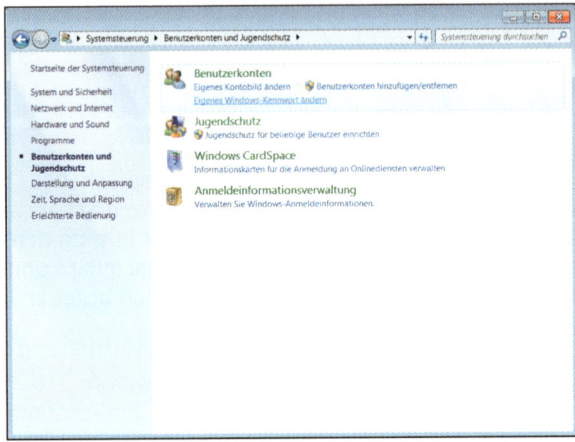

Abbildung 14.1: Das Fenster BENUTZERKONTEN UND JUGENDSCHUTZ

Abbildung 14.2: Kennwort für das eigene Konto festlegen

Zugriff auf öffentliche Ordner zulassen

1. Wählen Sie START|SYSTEMSTEUERUNG|NETZWERK UND INTERNET.

2. Klicken Sie dann auf NETZWERK- UND FREIGABECENTER. Im Fenster NETZWERK- UND FREIGABECENTER klicken Sie auf der linken Seite auf den Link ERWEITERTE FREIGABEEINSTELLUNGEN ÄNDERN. Im Fenster ERWEITERTE FREIGABEEINSTELLUNGEN (siehe Abbildung 14.3) können Sie im Abschnitt FREIGABE DES ÖFFENTLICHEN ORDNERS den Zugriff mit Schreib- und Leserechten einschalten oder gänzlich verwehren.

3. Klicken Sie auf die Schaltfläche ÄNDERUNGEN SPEICHERN, um die Einstellungen zu speichern, und dann auf die Schaltfläche SCHLIESSEN, um die Systemsteuerung zu schließen.

 Der Ordner ÖFFENTLICH befindet sich auf dem lokalen Datenträger unter C:\BENUTZER\ÖFFENTLICH. Über diesen Ordner können Sie in einem Netzwerk bequem Dateien gemeinsam nutzen, wenn Sie Ihre privaten Ordner geschützt haben.

 Selbst wenn Sie den Zugriff auf einen Drucker über die Druckerfreigabe zugelassen haben, müssen Sie unter Umständen die Druckertreiber auf jedem Computer, der auf den Drucker zugreift, installieren. Lesen Sie hierzu Kapitel 10, in dem es um das Einrichten von Druckern geht.

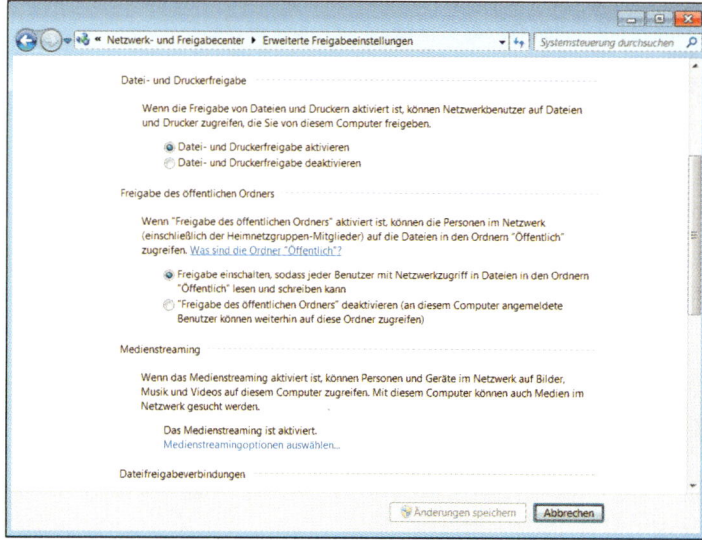

Abbildung 14.3: Das Fenster ERWEITERTE FREIGABEEINSTELLUNGEN

Gemeinsam genutzte Ordner einrichten

1. Suchen Sie im Windows-Explorer den Ordner, den Sie freigeben wollen. (Klicken Sie zum Öffnen des Explorerfensters mit der rechten Maustaste auf die Schaltfläche START und wählen Sie im Kontextmenü den Befehl WINDOWS-EXPLORER ÖFFNEN.)

2. Klicken Sie mit der rechten Maustaste auf den Ordner, den Sie für andere Benutzer freigeben wollen, und wählen Sie FREI-GEBEN FÜR. Im angezeigten Untermenü wählen Sie den Befehl BESTIMMTE PERSONEN (siehe Abbildung 14.4).

3. Im Fenster DATEIFREIGABE (siehe Abbildung 14.5) klicken Sie zuerst auf den Pfeil am Ende der Dropdownliste, um die Benutzer auszuwählen, für die Sie Dateien freigeben wollen, und dann auf HINZUFÜGEN.

4. Klicken Sie auf die Schaltfläche FREIGABE.

5. Der Freigabeprozess wird in einem Dialogfeld angezeigt. Sobald die Freigabe beendet ist, wird eine Nachricht angezeigt, dass der Ordner/die Datei nun freigegeben ist.

6. Klicken Sie auf FERTIG, um die Dateifreigabe abzuschließen.

 Sie können auch einzelne Dateien freigeben, indem Sie die hier beschriebenen Schritte ausführen. Wenn Sie Ihre Meinung ändern, können Sie die Freigabe auch wieder rückgängig machen. Um die Freigabe für eine Datei für einen bestimmten Nutzer zu ändern, öffnen Sie das Dialogfeld DATEIFREIGABE, klicken auf den Namen des betreffenden Benutzers und wählen im Kontextmenü den Befehl ENTFERNEN.

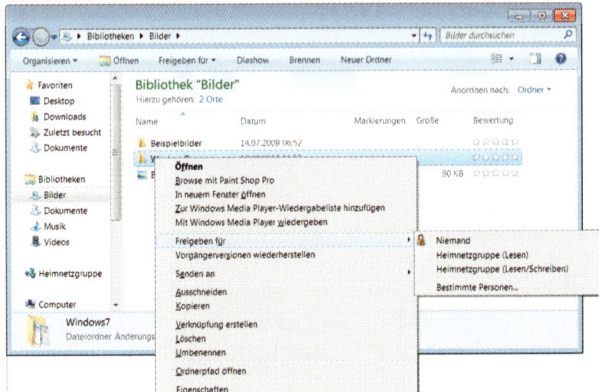

Abbildung 14.4: Datei im Windows-Explorer freigeben

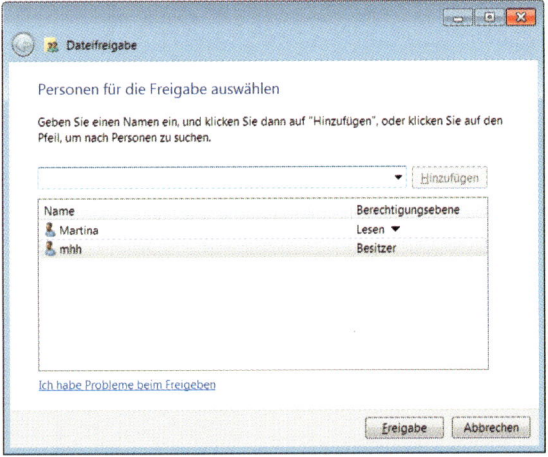

Abbildung 14.5: Person für die Freigabe auswählen

Dateiattribute festlegen

1. Suchen Sie im Windows-Explorer die Datei, deren Attribute Sie ändern wollen. (Klicken Sie zum Öffnen des Explorerfensters mit der rechten Maustaste auf die Schaltfläche START und wählen Sie WINDOWS-EXPLORER ÖFFNEN.)

2. Klicken mit der rechten Maustaste auf die Datei und wählen Sie EIGENSCHAFTEN.

3. Im Dialogfeld EIGENSCHAFTEN VON [DATEINAME] klicken Sie auf die Registerkarte ALLGEMEIN (siehe Abbildung 14.6).

4. Aktivieren Sie das Kontrollkästchen SCHREIBGESCHÜTZT oder das Kontrollkästchen VERSTECKT.

5. Klicken Sie auf OK, um die Einstellungen zu speichern.

 Wenn Sie die Dateien anzeigen wollen, die als VERSTECKT markiert wurden, wechseln Sie zum Windows-Explorer und wählen im Menü zur Schaltfläche ORGANISIEREN den Befehl ORDNER- UND SUCHOPTIONEN. Klicken Sie im Dialogfeld ORDNEROPTIONEN auf die Registerkarte ANSICHT und wählen Sie unter ERWEITERTE EINSTELLUNGEN die Option AUSGEBLENDETE DATEIEN, ORDNER UND LAUFWERKE ANZEIGEN. Klicken Sie dann auf OK. Diese Option zeigt alle versteckten Dateien etc. an, nicht nur bestimmte.

 Sie können im Dialogfeld ORDNEROPTIONEN auf der Registerkarte ALLGEMEIN unter NAVIGATIONSBEREICH auch einstellen, wie im Windows-Explorer Ordner angezeigt werden sollen. Sie können beispielsweise das Kontrollkästchen AUTOMATISCH AUF AKTUELLEN ORDNER ERWEITERN aktivieren, wenn der betreffende Ordner stets erweitert sein soll, wenn Sie Windows-Explorer öffnen.

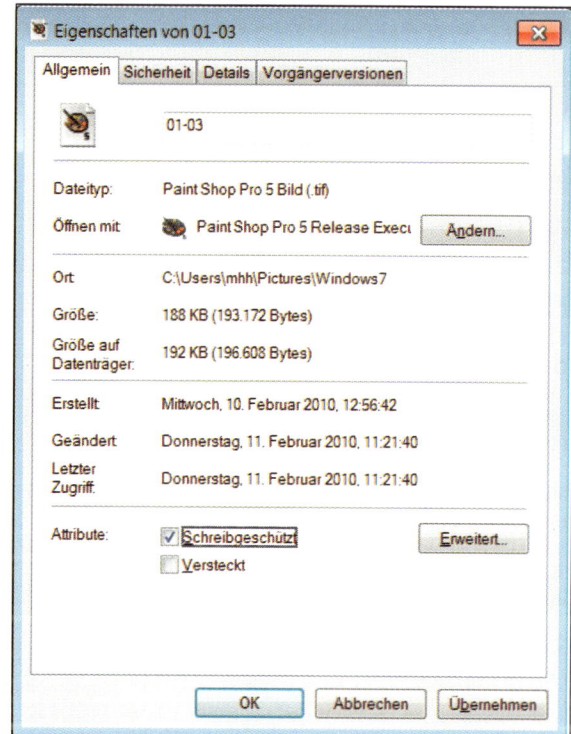

Abbildung 14.6: Das Dialogfeld EIGENSCHAFTEN VON [DATEINAME]

Neue Benutzerkonten erstellen

1. Wählen Sie START|SYSTEMSTEUERUNG.

2. Klicken Sie unter BENUTZERKONTEN UND JUGENDSCHUTZ AUF BENUT-
   ZERKONTEN HINZUFÜGEN/ENTFERNEN.

3. Im Fenster KONTEN VERWALTEN klicken Sie auf NEUES KONTO
   ERSTELLEN (siehe Abbildung 14.7).

4. Im Fenster NEUES KONTO ERSTELLEN (siehe Abbildung 14.8)
   geben Sie einen Kontonamen in das betreffende Feld ein und
   wählen den gewünschten Kontotyp aus:

   • ADMINISTRATOR: Administratoren können Konten erstellen
     und ändern und Programme installieren.

   • STANDARDBENUTZER: Standardbenutzer können keine Adminis-
     tratorenaufgaben ausführen.

5. Klicken Sie auf die Schaltfläche KONTO ERSTELLEN und schließen
   Sie dann die Systemsteuerung.

 Nachdem Sie ein Konto erstellt haben, können Sie ihm auch ein Kennwort zuweisen und auch den Kontotyp ändern. Öffnen Sie hierzu im Fenster KONTEN VERWALTEN das Konto mit einem Doppelklick und führen Sie die betreffende Aufgabe aus.

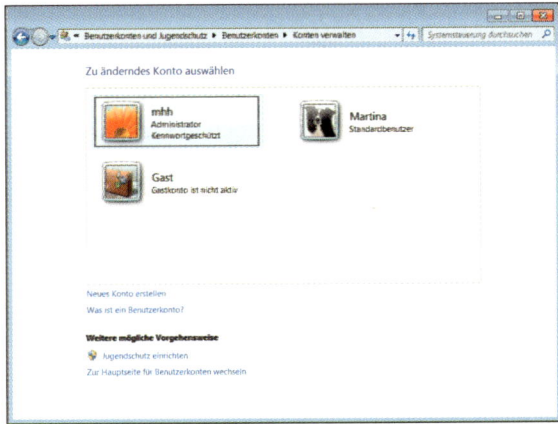

Abbildung 14.7: Neues Benutzerkonto erstellen

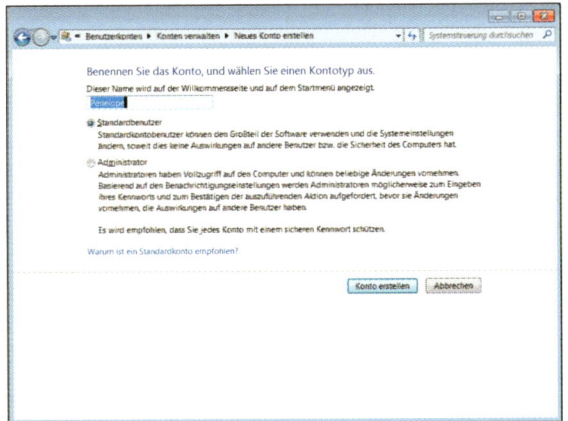

Abbildung 14.8: Kontotyp auswählen

Zwischen Benutzerkonten wechseln

1. Klicken Sie auf die Schaltfläche START und dann auf den Pfeil rechts neben der Schaltfläche HERUNTERFAHREN (siehe Abbildung 14.9).

2. Wählen Sie den Befehl BENUTZER WECHSELN. Im daraufhin angezeigten Fenster klicken Sie auf den betreffenden Benutzernamen.

3. Wenn das Benutzerkonto durch ein Kennwort geschützt ist, wird ein Feld angezeigt, in das Sie das Kennwort eingeben müssen. Klicken Sie anschließend auf die Schaltfläche mit dem Pfeil, um sich anzumelden.

4. Windows meldet Sie mit den festgelegten Benutzereinstellungen an.

 Wenn Sie das Bild nicht mögen, das mit dem Benutzerkonto verknüpft ist, können Sie es ändern. Wählen Sie START | SYSTEMSTEUERUNG und klicken Sie unter BENUTZERKONTEN UND JUGENDSCHUTZ auf den Link BENUTZERKONTEN HINZUFÜGEN/ENTFERNEN. Im Fenster KONTEN VERWALTEN klicken Sie auf das betreffende Benutzerkonto und dann auf BILD ÄNDERN. Wählen Sie ein Bild in der Liste aus oder durchsuchen Sie den Rechner nach weiteren Bildern.

 Wenn Sie versuchen, das Benutzerkonto zu wechseln, ohne das dafür festgelegte Kennwort einzugeben, zeigt Windows den Kennworthinweis an, den Sie beim Zuweisen des Kennworts als Gedächtnisstütze angegeben haben.

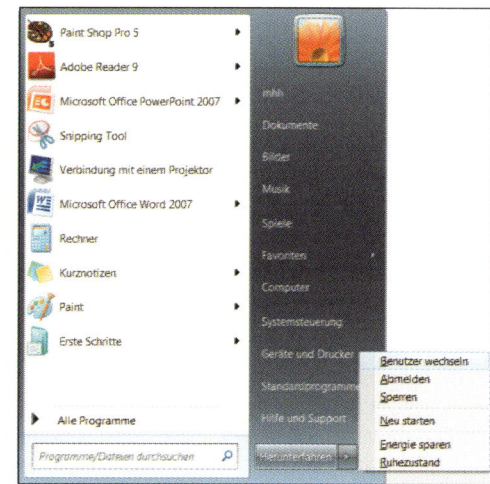

Abbildung 14.9: Benutzer wechseln

 Sie können mehrere Benutzerkonten für Ihren Computer einrichten. So können Sie bestimmte Benutzereinstellungen speichern und die Privatsphäre der einzelnen Nutzerdaten durch Kennwörter sicherstellen. Wie Sie Benutzerkonten einrichten und deren Einstellungen ändern, lesen Sie weiter vorn in diesem Kapitel.

Jugendschutz einrichten

1. Wählen Sie START|SYSTEMSTEUERUNG. Klicken Sie unter BENUTZER-
KONTEN UND JUGENDSCHUTZ auf JUGENDSCHUTZ FÜR BELIEBIGE BENUTZER
EINRICHTEN. Im Fenster JUGENDSCHUTZ (siehe Abbildung 14.10)
klicken Sie auf den Benutzer, für den Sie die Jugendschutzeinstellungen aktivieren möchten.

2. Im Fenster BENUTZERSTEUERUNGEN (siehe Abbildung 14.11)
wählen Sie unter JUGENDSCHUTZ die Option EIN - EINSTELLUNGEN
ERZWINGEN.

3. Klicken Sie auf die verschiedenen Einstellungen (ZEITLIMITS,
SPIELE, BESTIMMTE PROGRAMME ZULASSEN ODER BLOCKIEREN), um zu
steuern, wie viel Zeit online verbracht werden darf und welche
Aktivitäten der Benutzer ausführen darf.

4. Klicken Sie auf OK und dann auf die Schaltfläche SCHLIESSEN,
um das Fenster JUGENDSCHUTZ zu schließen. Wenn der Benutzer
momentan angemeldet ist, greifen die Änderungen erst, wenn
er sich abmeldet und erneut anmeldet oder der Computer neu
gestartet wird.

Weitere Werkzeuge zum Filtern von Webinhalten finden Sie in Internet Explorer 8
unter INPRIVATE-FILTERUNG. Lesen Sie Kapitel 7, in dem es um Einstellungen und
Funktionen in Internet Explorer geht.

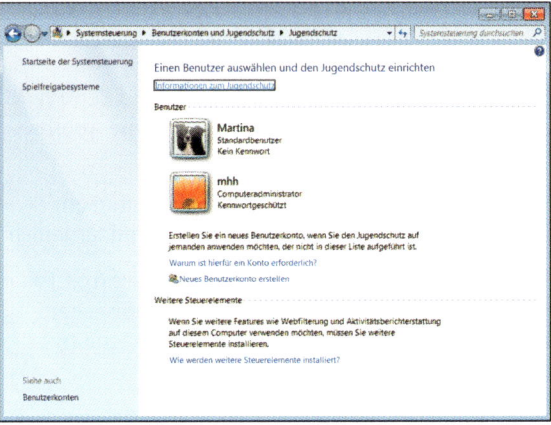

Abbildung 14.10: Das Fenster JUGENDSCHUTZ

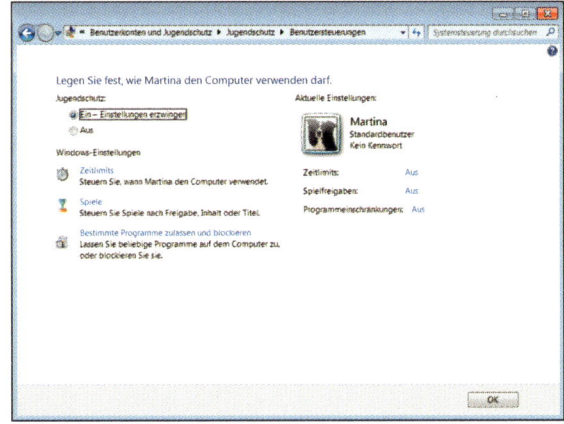

Abbildung 14.11: Das Fenster BENUTZERSTEUERUNGEN

Windows schützen

Windows verfügt über integrierte Sicherheitsfunktionen, mit denen Sie sowohl am Arbeitsplatz als auch zu Hause Ihre Daten schützen können und sich auch dann auf sicherem Terrain bewegen, wenn Sie online sind. Folgendes können Sie zu Ihrem Schutz tun:

▶ **Zonen mit verschiedenen Sicherheitseinstellungen in Internet Explorer einrichten:** Richten Sie vertrauenswürdige Sites (von denen Sie problemlos Dateien herunterladen können) und eingeschränkte Sites ein (die möglicherweise Dinge enthalten, die Sie nicht einmal auf den Computer Ihres ärgsten Feindes herunterladen würden).

▶ **Schutzmaßnahmen immer auf dem neuesten Stand halten:** Wenn Sie eine Firewall aktivieren, um Ihren Computer von der Außenwelt abzuschotten und Windows stets auf dem neuesten Stand halten, können Sie manche Attacken auf Ihre Daten vereiteln. Windows meldet auch, ob Ihr Computer durch ein Antivirenprogramm geschützt ist.

15

In diesem Kapitel

▶ Vertrauenswürdige und eingeschränkte Websites einrichten

▶ Windows-Firewall aktivieren

▶ Programme über die Firewall kommunizieren lassen

▶ Sicherheitsstatus des Computers überprüfen

▶ Prüfung mit Windows Defender

▶ Windows Update ausführen

Vertrauenswürdige und eingeschränkte Websites einrichten

1. Klicken Sie links in der Windows-Taskleiste auf das Internet Explorer-Symbol, um den Browser zu starten.

2. Wählen Sie EXTRAS| INTERNETOPTIONEN.

3. Im Dialogfeld INTERNETOPTIONEN (siehe Abbildung 15.1) klicken Sie auf die Registerkarte SICHERHEIT.

4. Klicken Sie auf das Symbol VERTRAUENSWÜRDIGE SITES und dann auf die Schaltfläche SITES.

5. Im Dialogfeld VERTRAUENSWÜRDIGE SITES geben Sie die Internetadresse der Website, auf die Ihr Computer zugreifen darf, in das Feld DIESE WEBSITE ZUR ZONE HINZUFÜGEN ein.

6. Klicken Sie auf HINZUFÜGEN, um diese Site der Liste mit vertrauenswürdigen Websites hinzufügen (siehe Abbildung 15.2).

7. Wiederholen Sie die Schritte 5 und 6 für weitere Websites.

8. Klicken Sie auf SCHLIESSEN, um erst das eine Dialogfeld zu schließen, und dann auf OK, um das andere zu schließen.

9. Wiederholen Sie die Schritte 1 bis 7, aber klicken Sie in Schritt 4 auf EINGESCHRÄNKTE SITES, um Websites zu kennzeichnen, auf die Ihr Computer nicht zugreifen soll.

 Wenn im Dialogfeld VERTRAUENSWÜRDIGE SITES das Kontrollkästchen FÜR SITES DIESER ZONE IST EINE SERVERÜBERPRÜFUNG (HTTPS:) ERFORDERLICH aktiviert ist, muss jeder vertrauenswürdigen Website, die Sie hinzufügen, das Präfix https voranstehen, das signalisiert, dass es sich hierbei um eine sichere Verbindung handelt.

 Sie können im Dialogfeld INTERNETOPTIONEN auf der Registerkarte DATENSCHUTZ steuern, welche Websites Cookies auf Ihrem Computer speichern dürfen. Cookies sind kleine Dateien, die Ihre Onlineaktivität verfolgen, um Sie wiederzuerkennen, wenn Sie auf eine Website zurückkehren. Vertrauenswürdige Sites dürfen Cookies auf Ihrem Rechner speichern, obwohl Ihre Datenschutzeinstellungen dies für viele andere Websites nicht zulassen. Eingeschränkte Sites dürfen niemals Cookies auf Ihrem Computer speichern.

Abbildung 15.1: Das Dialogfeld INTERNETOPTIONEN mit der Registerkarte SICHERHEIT

Abbildung 15.2: Das Dialogfeld VERTRAUENSWÜRDIGE SITES

Windows-Firewall aktivieren

1. Wählen Sie START|SYSTEMSTEUERUNG|SYSTEM UND SICHERHEIT und klicken Sie dann auf WINDOWS-FIREWALL.

2. Im Fenster WINDOWS-FIREWALL (siehe Abbildung 15.3) prüfen Sie, ob der Status der Windows-Firewall auf EIN gesetzt ist. Andernfalls klicken Sie im linken Fensterbereich auf den Link WINDOWS-FIREWALL EIN- ODER AUSSCHALTEN.

3. Im Fenster EINSTELLUNGEN ANPASSEN (siehe Abbildung 15.4) wählen Sie unter STANDORTEINSTELLUNGEN FÜR DAS HEIM- ODER AR-BEITSPLATZNETZWERK (PRIVAT) und/oder unter STANDORTEINSTELLUN-GEN FÜR DAS ÖFFENTLICHE NETZWERK die Option WINDOWS-FIREWALL AKTIVIEREN. Klicken Sie dann auf OK.

4. Klicken Sie auf die Schaltfläche SCHLIESSEN, um die System-steuerung zu schließen.

 Eine FIREWALL ist ein Programm, das Ihren Computer von der Außenwelt abriegelt. Das ist normalerweise eine gute Sache, solange Sie kein VPN-Netzwerk (virtuelles privates Netzwerk) verwenden. Wenn Sie bei einem VPN eine Firewall aktiviert haben, können Sie weder Dateien gemeinsam nutzen noch andere VPN-Funktionen verwenden.

 Antiviren- und Sicherheitsprogramme bieten unter Umständen eigene Firewalls an und fragen in einer Meldung ab, ob Sie die Firewall wechseln möchten. Vergleichen Sie deren Funktionen mit denen von Windows und entscheiden Sie dann entspre-chend. In der Regel ähneln sich aber die meisten Firewall-Funktionen. Wichtig ist nur, dass immer nur eine Firewall aktiviert ist.

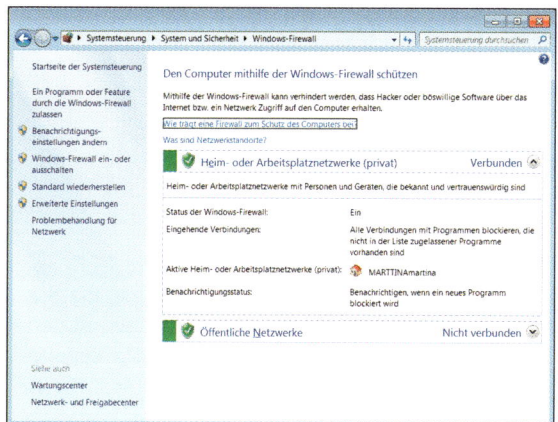

Abbildung 15.3: Das Fenster WINDOWS-FIREWALL

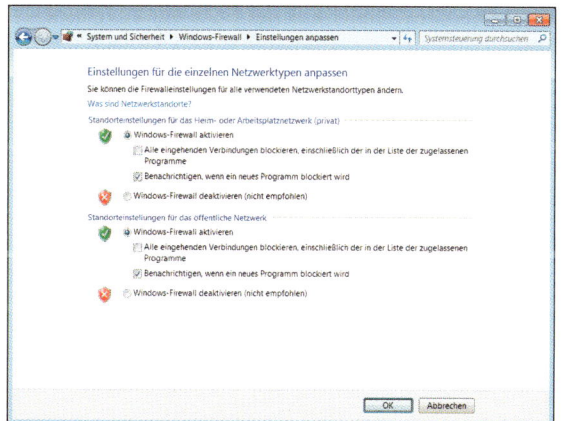

Abbildung 15.4: Das Fenster EINSTELLUNGEN ANPASSEN

Programme über die Firewall kommunizieren lassen

1. Wählen Sie Start|Systemsteuerung|System und Sicherheit und klicken Sie dann unter Windows-Firewall auf den Link Programm über die Windows-Firewall kommunizieren lassen.

2. Im Fenster Zugelassene Programme (siehe Abbildung 15.5) aktivieren Sie die Kontrollkästchen für die Programme, die Sie zulassen wollen, und verwenden die Kontrollkästchen in den Spalten Heim/Arbeit (Privat) und Öffentlich, um festzulegen, für welche Netzwerkkommunikation die Programme zugelassen sind.

3. Klicken Sie auf OK, um die Einstellungen zu speichern. Wenn Sie ein Programm später wieder aus der Liste der zugelassenen Programme entfernen möchten, öffnen Sie einfach dieses Fenster erneut, klicken auf das Programm in der Liste und dann auf die Schaltfläche Entfernen.

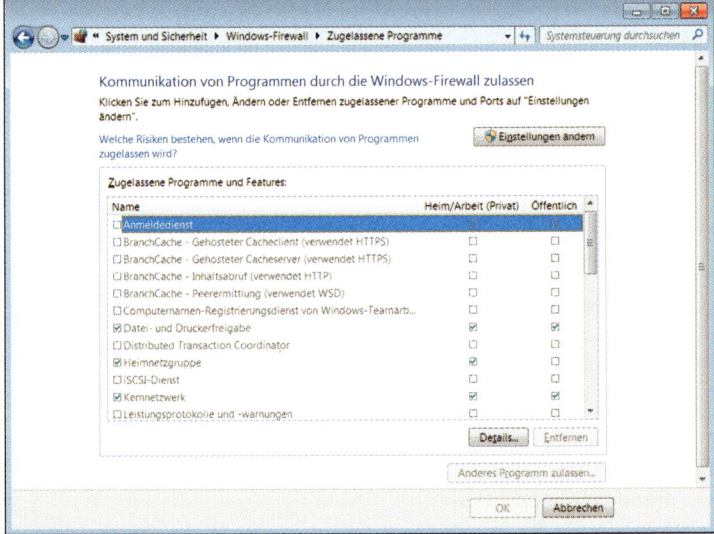

Abbildung 15.5: Das Fenster Zugelassene Programme

 Wenn Sie bestimmte Netzwerke von den Firewall-Einstellungen ausnehmen wollen, ändern Sie die Einstellungen der aufgeführten Netzwerke im Fenster Windows-Firewall (Systemsteuerung | System und Sicherheit | Windows-Firewall).

Sicherheitsstatus des Computers überprüfen

1. Wählen Sie START|SYSTEMSTEUERUNG|SYSTEM UND SICHERHEIT.

2. Im Fenster SYSTEM UND SICHERHEIT (siehe Abbildung 15.6) klicken Sie unter WARTUNGSCENTER auf den Link COMPUTERSTATUS ÜBERPRÜFEN UND PROBLEME LÖSEN.

3. Im Fenster WARTUNGSCENTER (siehe Abbildung 15.7) prüfen Sie, ob Windows eine Antivirensoftware auf Ihrem Computer gefunden hat.

4. Wenn Windows keine entsprechende Software gefunden hat, klicken Sie auf die Schaltfläche PROGRAMM ONLINE SUCHEN, um zu sehen, welche Anbieter für Antivirenprogramme Microsoft empfiehlt. Wenn Sie eines dieser Programme kaufen möchten, klicken Sie auf das Logo des entsprechenden Unternehmens. Sie gelangen dann auf dessen Website, wo Sie die Software kaufen und herunterladen können.

 Es ist wichtig, dass Sie eine Antiviren- und Antispyware-Software auf Ihrem Computer installiert haben und diese auch regelmäßig aktualisieren. Diese Programme verhindern, dass Sie Malware (Schadprogramme) auf Ihren Computer herunterladen, die zur Anzeige von Popup-Werbefenstern führen oder die Computerleistung reduzieren, Computerdateien beschädigen, Tastatureingaben verfolgen, um Ihre Anmeldedaten auszuspionieren, und vieles mehr. Wenn Sie so ein Programm gerne hätten, dafür aber nicht groß bezahlen wollen, laden Sie sich beispielsweise das kostenlose Spyware Terminator herunter (www.spyware-terminator.softonic.de).

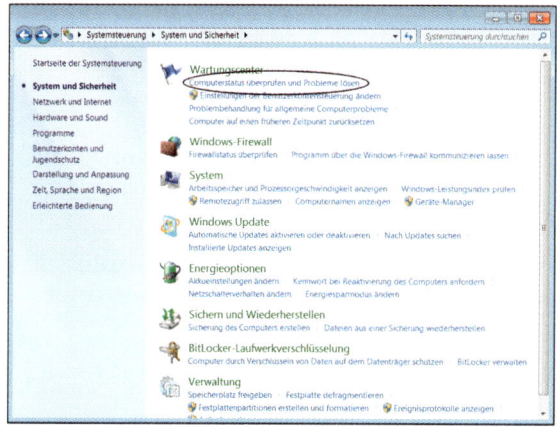

Abbildung 15.6: Das Fenster SYSTEM UND SICHERHEIT

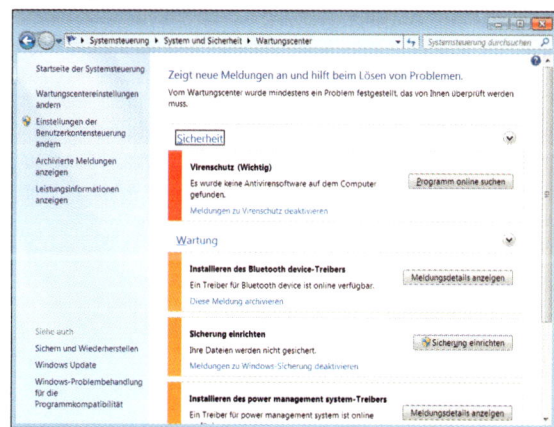

Abbildung 15.7: Das Fenster WARTUNGSCENTER

Prüfung mit Windows Defender durchführen

1. Wählen Sie START|SYSTEMSTEUERUNG, stellen Sie die Anzeige auf GROSSE SYMBOLE um und klicken Sie dann ganz unten in der angezeigten Liste auf den Eintrag WINDOWS DEFENDER.

2. Im Fenster WINDOWS DEFENDER klicken Sie auf die Schaltfläche EXTRAS und dann unter EINSTELLUNGEN auf OPTIONEN.

3. Aktivieren Sie das Kontrollkästchen COMPUTER AUTOMATISCH ÜBERPRÜFEN (EMPFOHLEN) und legen Sie die Häufigkeit, die Uhrzeit und den Typ dieser Überprüfung fest (siehe Abbildung 15.8). Wenn Sie im Fenster WINDOWS DEFENDER auf die Schaltfläche ÜBERPRÜFUNG klicken, wird die Überprüfung des Computers sofort gestartet (siehe Abbildung 15.9).

 Lassen Sie das System regelmäßig überprüfen. Windows Defender ist standardmäßig so eingestellt, dass täglich eine Schnellüberprüfung durchgeführt wird. Sie können jedoch auch die hier beschriebene Methode verwenden, um das System häufiger zu überprüfen oder die Prüfung zu starten, falls Sie versehentlich eine Website besucht haben, von der eventuell Malware auf Ihren Rechner geladen wurde.

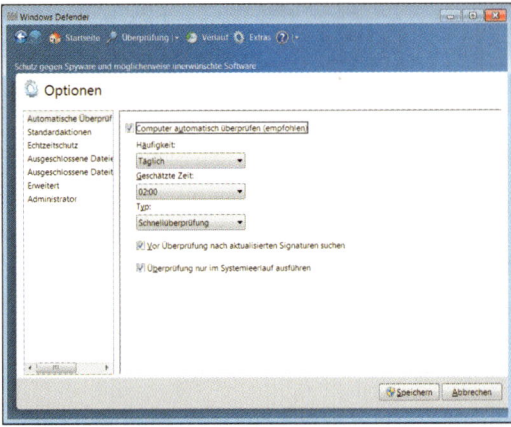

Abbildung 15.8: Das Fenster WINDOWS DEFENDER

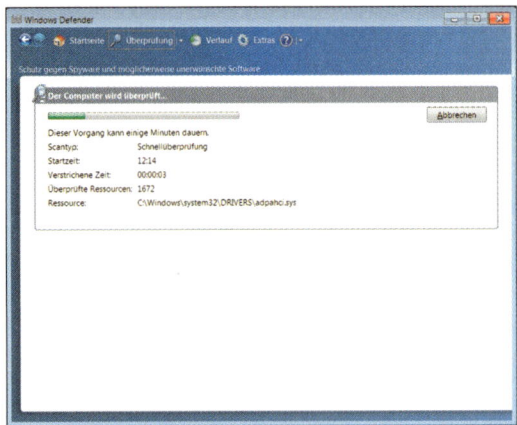

Abbildung 15.9: Die Überprüfung läuft

Windows Update ausführen

1. Wählen Sie START|ALLE PROGRAMME|WINDOWS UPDATE.

2. Klicken Sie links im Fenster WINDOWS UPDATE auf NACH UPDATES SUCHEN. Windows denkt dann eine Weile nach, also blättern Sie ruhig ein paar Minuten in einer Zeitschrift.

3. Im Fenster WINDOWS UPDATE (siehe Abbildung 15.10) klicken Sie auf den Link, der die Anzahl der verfügbaren Updates angibt, um diese anzuzeigen.

4. Im Fenster ZU INSTALLIERENDE UPDATES AUSWÄHLEN wählen Sie die gewünschten Updates aus, indem Sie die entsprechenden Kontrollkästchen aktivieren. Klicken Sie dann auf OK.

5. Im Fenster WINDOWS UPDATE klicken Sie auf die Schaltfläche UPDATES INSTALLIEREN (siehe Abbildung 15.11). Den Fortschritt der Installation können Sie in einem separaten Fenster verfolgen. Sobald die Installation abgeschlossen ist, wird gegebenenfalls eine Meldung angezeigt, dass Sie den Computer neu starten sollten, um die Installation abzuschließen. Klicken Sie dann auf JETZT NEU STARTEN.

 Sie können Windows Update so konfigurieren, dass es täglich zur gleichen Uhrzeit ausgeführt wird. Klicken Sie links im Fenster WINDOWS UPDATE auf EINSTELLUNGEN ÄNDERN und legen Sie die Häufigkeit und die Uhrzeit für die Überprüfung und Installation von Updates fest.

 Wenn Sie Windows Update regelmäßig entweder automatisch oder manuell ausführen, verfügen Sie stets über die neuesten Sicherheitsupdates für Ihr Betriebssystem.

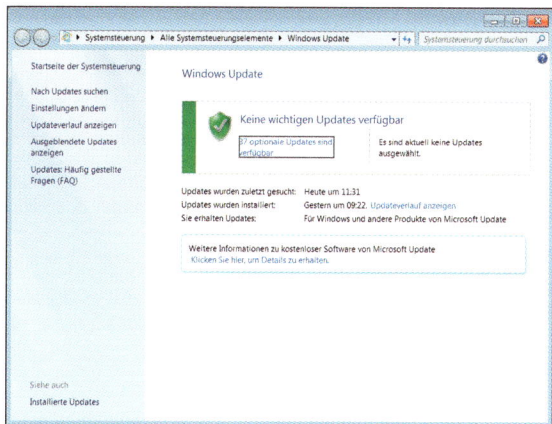

Abbildung 15.10: Das Fenster WINDOWS UPDATE

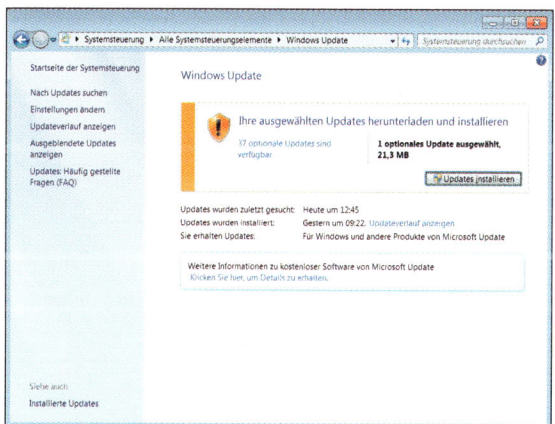

Abbildung 15.11: Updates installieren

Windows warten

In diesem Kapitel geht es um Arbeiten, die mit dem Ölwechsel beim Auto vergleichbar sind. Wartungsarbeiten sind kein reines Vergnügen, aber sie halten Ihr Auto (oder in diesem Fall Ihren Computer) funktionsfähig, also müssen sie sein. Wartungsarbeiten helfen Ihnen, Ihren Computer zu organisieren, zu verwalten und zu schützen.

Windows 7 muss viele, viele Dateien verwalten. Um den Rechner und Windows in Schuss zu halten, müssen Sie Dateien auf logische Weise verwalten, Wartungsarbeiten ausführen, auf Katastrophen vorbereitet sein – und wissen, wie Sie wieder alles ins Lot bringen.

Die Aufgaben in diesem Kapitel fallen in drei verschiedene Kategorien:

▶ **Dateien sichern:** Datensicherung ist eine gute Sache, denn nur so haben Sie im Falle eines Absturzes eine Sicherungskopie Ihrer Arbeit. Sie sollten beschreibbare CDs oder DVDs verwenden, um die Dateien zu sichern.

▶ **Grundlegende Wartungsarbeiten ausführen:** Diese Arbeiten sind so eine Art Hausmeisterdienst. Um Ihr System fit zu halten, können Sie die Festplatte defragmentieren (kleine Dateifragmente für bessere Leistung zusammenführen) oder Platz auf der Festplatte schaffen. Diese beiden Verfahren sorgen dafür, dass Sie die bestmögliche Leistung aus Ihrem Rechner herausholen.

▶ **Unordnung beseitigen:** Sie können temporäre Dateien löschen, die während Ihrer Onlinesitzungen auf den Computer gelangt sind, damit diese Ihre Festplatte nicht verstopfen. Sie können auch routinemäßige Wartungsarbeiten so planen, dass sie automatisch ausgeführt werden, sodass Sie sie erst gar nicht vergessen können.

16

In diesem Kapitel

▶ Dateien auf CD oder DVD sichern

▶ Festplatte defragmentieren

▶ Festplattenspeicher freigeben

▶ Temporäre Internetdateien mithilfe von Internet Explorer löschen

▶ Wartungsarbeiten planen

Dateien auf CD oder DVD sichern

1. Legen Sie eine leere, beschreibbare CD R/RW oder DVD R/RW in das betreffende Laufwerk und wählen Sie dann START|DOKUMENTE.

2. Im Fenster DOKUMENTE (siehe Abbildung 16.1) wählen Sie alle Dateien aus, die Sie auf den Datenträger kopieren wollen.

3. Markieren Sie die Dateien, die Sie kopieren wollen, klicken Sie mit der rechten Maustaste und wählen Sie dann im Untermenü zum Befehl SENDEN AN das entsprechende Laufwerk aus.

4. Oberhalb der Taskleiste wird eine Meldung angezeigt, dass Dateien zum Brennen auf CD/DVD vorhanden sind. Klicken Sie auf die Meldung, um ein Fenster mit dem Inhalt des CD-/DVD-Laufwerks zu öffnen, in dem unter DATEIEN, DIE AUF DEN DATENTRÄGER GESCHRIEBEN WERDEN SOLLEN die zu kopierenden Dateien angezeigt werden.

5. Klicken Sie auf die Schaltfläche AUF DATENTRÄGER BRENNEN. Warten Sie, bis der Vorgang beendet ist, und klicken Sie dann auf die Schaltfläche SCHLIESSEN, um das Fenster zu schließen.

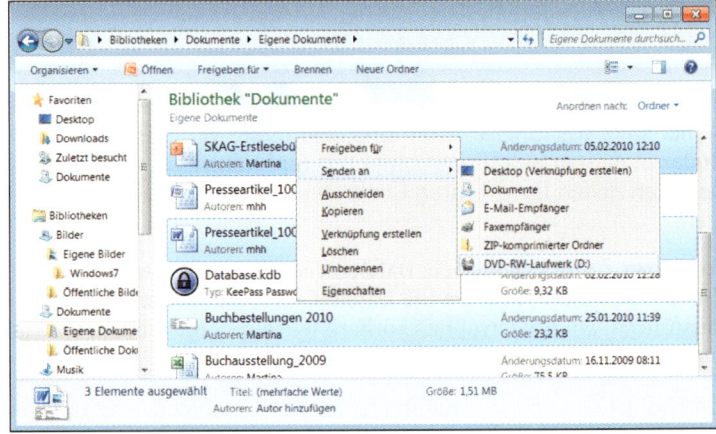

Abbildung 16.1: Markierte Dateien an Datenträger senden

 Sie können auch ein Netzlaufwerk oder ein anderes Laufwerk sichern, indem Sie START | SYSTEMSTEUERUNG | SYSTEM UND SICHERHEIT wählen und dann unter SICHERN UND WIEDERHERSTELLEN auf SICHERUNG DES COMPUTERS ERSTELLEN klicken. Im Fenster SICHERN UND WIEDERHERSTELLEN klicken Sie auf die Schaltfläche SICHERUNG EINRICHTEN. Wählen Sie im Fenster SICHERUNG EINRICHTEN das Verzeichnis aus, in dem Sie künftig die Sicherung speichern möchten, und klicken Sie dann auf WEITER. Im nächsten Fenster müssen Sie noch auswählen, welche Dateien und Ordner gesichert werden sollen.

Festplatte defragmentieren

1. Wählen Sie Start|Systemsteuerung|System und Sicherheit und klicken Sie dann unter Verwaltung auf Festplatte defragmentieren.

2. Im Fenster Defragmentierung (siehe Abbildung 16.2) klicken Sie zunächst auf die Schaltfläche Datenträger analysieren. Es wird geprüft, ob eine Defragmentierung erforderlich ist. Wenn die Analyse beendet ist, klicken Sie auf die Schaltfläche Datenträger defragmentieren. Der Status der Defragmentierung wird hinter dem entsprechenden Laufwerk angezeigt (siehe Abbildung 16.3).

3. Sobald der Vorgang abgeschlossen ist, wird im Fenster Defragmentierung angezeigt, dass das Laufwerk keiner Defragmentierung mehr bedarf. Klicken Sie auf die Schaltfläche Schliessen, um das Fenster zu schließen.

 Warnung: Die Defragmentierung kann dauern. Wenn Sie die Energiesparfunktion aktiviert haben (etwa beim Bildschirmschoner), könnte dadurch der Defragmentierungsprozess unterbrochen werden. Führen Sie die Defragmentierung besser nachts aus, während Sie von schöneren Dingen träumen. Sie können die Defragmentierung auch automatisch ausführen lassen. Klicken Sie hierzu im Fenster Defragmentierung auf die Schaltfläche Zeitplan konfigurieren, um festlegen, wann und wie oft defragmentiert werden soll.

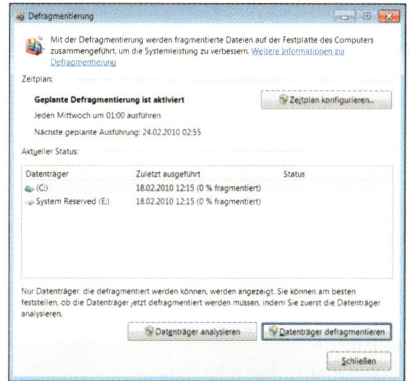

Abbildung 16.2: Das Fenster Defragmentierung

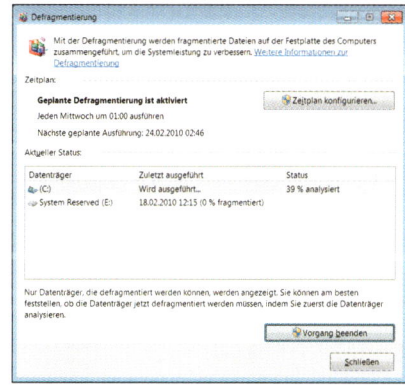

Abbildung 16.3: Die Defragmentierung läuft

Festplattenspeicher freigeben

1. Wählen Sie START|SYSTEMSTEUERUNG|SYSTEM UND SICHERHEIT und klicken Sie dann unter VERWALTUNG auf SPEICHERPLATZ FREIGEBEN.

2. Im Dialogfeld DATENTRÄGERBEREINIGUNG (siehe Abbildung 16.4) wählen Sie das entsprechende Laufwerk in der Dropdownliste aus und klicken dann auf OK.

3. Im Dialogfeld DATENTRÄGERBEREINIGUNG FÜR [LAUFWERK] (siehe Abbildung 16.5) wird angezeigt, wie viel Speicherplatz auf dem Datenträger freigegeben werden könnte und welche Dateien dadurch gelöscht würden (diese sind bereits aktiviert). Wenn Sie weitere Dateien löschen wollen, aktivieren Sie dazu die entsprechenden Kontrollkästchen in der Liste.

4. Nachdem Sie alle zu löschenden Dateien markiert haben, klicken Sie auf OK. Die ausgewählten Dateien werden gelöscht.

 Klicken Sie im Dialogfeld DATENTRÄGERBEREINIGUNG FÜR [LAUFWERK] auf die Schaltfläche DATEIEN ANZEIGEN, um mehr Informationen zu den Dateien zu erhalten, die Windows zur Löschung vorschlägt (beispielsweise deren Größe, Erstellungsdatum oder Datum des letzten Zugriffs).

 Wenn Sie nicht genügend Festplattenspeicher freigeben können, sollten Sie ernsthaft über die Anschaffung einer größeren Festplatte nachdenken.

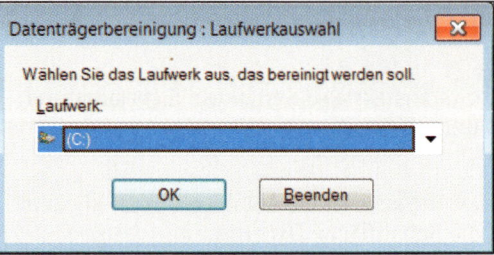

Abbildung 16.4: Das zu bereinigende Laufwerk auswählen

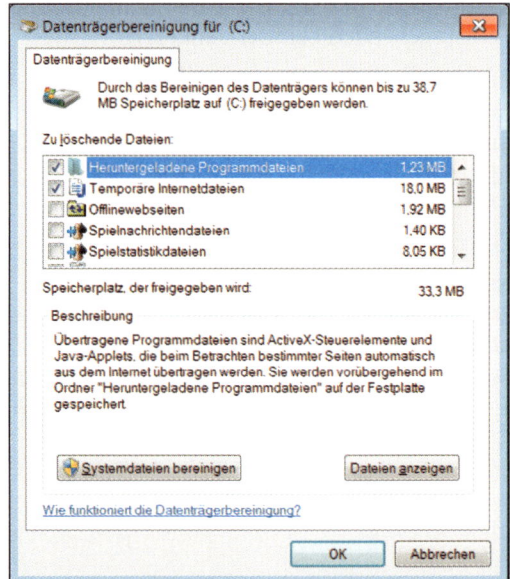

Abbildung 16.5: Das Dialogfeld DATENTRÄGERBEREINIGUNG FÜR [LAUFWERK]

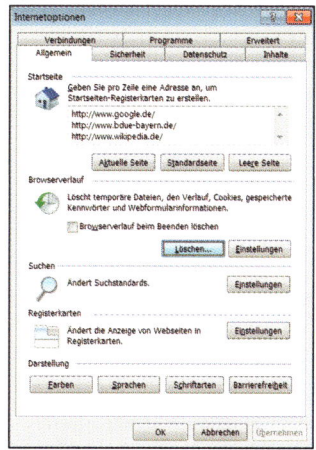

Temporäre Internetdateien mithilfe von Internet Explorer löschen

1. Öffnen Sie Internet Explorer.

2. Wählen Sie in der Internet Explorer-Symbolleiste EXTRAS| INTERNETOPTIONEN.

3. Im Dialogfeld INTERNETOPTIONEN klicken Sie auf der Registerkarte ALLGEMEIN (siehe Abbildung 16.6) unter BROWSERVERLAUF auf die Schaltfläche LÖSCHEN.

4. Im Dialogfeld BROWSERVERLAUF LÖSCHEN (siehe Abbildung 16.7) aktivieren Sie das Kontrollkästchen TEMPORÄRE INTERNETDATEIEN und klicken dann auf LÖSCHEN.

5. Der Löschvorgang wird in einem separaten Fenster angezeigt. Klicken Sie auf OK, um das Dialogfeld INTERNETOPTIONEN zu schließen.

Abbildung 16.6: Das Dialogfeld INTERNETOPTIONEN

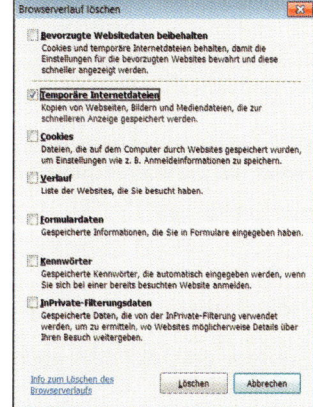

 Temporäre Internetdateien können auch gelöscht werden, indem Sie eine Datenträgerbereinigung durchführen (siehe weiter vorn in diesem Kapitel).

 Windows 7 bietet eine Funktion, um die Leistung Ihres Computers zu bewerten und zu verbessern. Wählen Sie dazu START | SYSTEMSTEUERUNG | SYSTEM UND SICHERHEIT und klicken Sie dann unter SYSTEM auf WINDOWS-LEISTUNGSINDEX PRÜFEN. Im Fenster LEISTUNGSINFORMATIONEN UND -TOOLS klicken Sie auf die Schaltfläche BEWERTUNG ERNEUT AUSFÜHREN, um Angaben zur Prozessorgeschwindigkeit, zum Arbeitsspeicher und so weiter zu erhalten.

Abbildung 16.7: Das Dialogfeld BROWSERVERLAUF LÖSCHEN

Wartungsarbeiten planen

1. Wählen Sie START|SYSTEMSTEUERUNG|SYSTEM UND SICHERHEIT und klicken Sie dann unter VERWALTUNG auf AUFGABEN PLANEN.

2. Im Fenster AUFGABENPLANUNG (siehe Abbildung 16.8) wählen Sie im Menü AKTION den Befehl AUFGABE ERSTELLEN.

3. Im Dialogfeld AUFGABE ERSTELLEN (siehe Abbildung 16.9) benennen und beschreiben Sie die Aufgabe. Legen Sie fest, ob die Aufgabe nur ausgeführt werden soll, wenn Sie angemeldet sind.

4. Klicken Sie auf die Registerkarte TRIGGER und dann auf die Schaltfläche NEU. Im Dialogfeld NEUER TRIGGER wählen Sie in der Dropdownliste AUFGABE STARTEN einen Eintrag aus und legen unter EINSTELLUNGEN fest, wie oft und ab wann die Aufgabe ausgeführt werden soll. Klicken Sie auf OK.

5. Klicken Sie auf die Registerkarte AKTIONEN und dann auf die Schaltfläche NEU. Im Dialogfeld NEUE AKTION wählen Sie in der Dropdownliste AKTION einen Eintrag aus: PROGRAMM STARTEN, E-MAIL SENDEN oder MELDUNG ANZEIGEN. Je nach Auswahl werden unterschiedliche Dialogfelder angezeigt. Wenn Sie beispielsweise eine E-Mail senden möchten, wird eine neue E-Mail-Nachricht geöffnet.

6. Wenn Sie weitere Bedingungen, die die Aktion auslösen, hinzufügen wollen, klicken Sie auf die Registerkarte BEDINGUNGEN.

7. Legen Sie hier auch fest, wann die Aufgabe gestartet oder auch beendet werden soll.

8. Klicken Sie auf die Registerkarte EINSTELLUNGEN und legen Sie fest, wie die Aufgabe ausgeführt werden soll.

9. Zum Schluss klicken Sie auf OK.

Wenn Sie im Fenster AUFGABENPLANUNG im Menü AKTION den Befehl EINFACHE AUFGABEN ERSTELLEN, wählen, erhalten Sie einen ASSISTENT FÜR DIE ERSTELLUNG EINFACHER AUFGABEN.

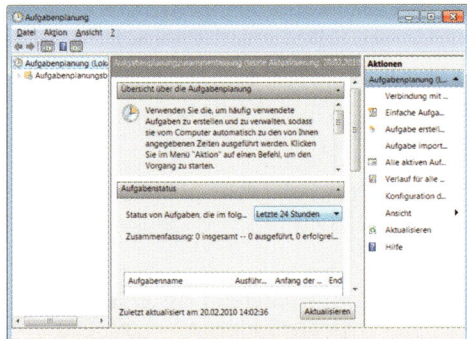

Abbildung 16.8: Das Fenster AUFGABENPLANUNG

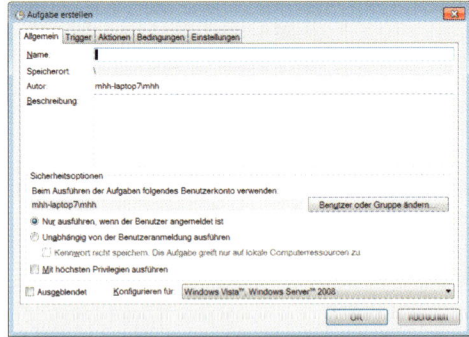

Abbildung 16.9: Das Dialogfeld AUFGABE ERSTELLEN

Teil VI

Gängige Probleme beheben

The 5th Wave   By Rich Tennant

»Na, wie läuft's mit der Defragmentierung?«

Hardwareprobleme lösen

Computerhardware, wie Konsole und Drucker, ist einfach cool. Hardware brummt und piept und schaut zudem auch noch gut aus. Doch wenn die Hardware Probleme macht, würde man sie am liebsten aus dem Fenster werfen. Aber tun Sie das nicht – denken Sie daran, wie viel Geld Sie dafür ausgegeben haben. Setzen Sie besser Windows zur Problemerkennung und -behebung ein.

Windows verfügt über einige Funktionen, die Ihnen helfen, auch die übelste Hardwarekrankheit zu diagnostizieren und zu behandeln:

▶ Überprüfung, ob das Druckermodell überhaupt mit Windows 7 kompatibel ist

▶ Datenträgerprüfung, bei der das Festplattenlaufwerk auf Probleme überprüft wird, die eine schwache Leistung verursachen könnten, beispielsweise fehlerhafte Sektoren auf der Festplatte oder Bits mit verstreuten Daten, die einfach gelöscht werden können – damit wird Speicherplatz freigegeben und die Systemleistung verbessert.

▶ Hardwarediagnose in der Windows-Problembehandlung als Hilfestellung bei einer ganzen Reihe von Hardwareproblemen

▶ Die Fähigkeit, schnell und einfach Hardwaretreiber zu aktualisieren, um die Leistung der Hardware zu optimieren, oder einen vorherigen Treiber wieder zu installieren, wenn es mit der neueren Version Probleme gibt

17

In diesem Kapitel

▶ Überprüfung auf fehlerhafte Sektoren auf der Festplatte ausführen

▶ Mit der Problembehandlung arbeiten

▶ Treiber aktualisieren

▶ Vorherige Version eines Treibers wiederherstellen

Überprüfung auf fehlerhafte Sektoren auf der Festplatte ausführen

1. Wählen Sie START|COMPUTER.

2. Klicken Sie mit der rechten Maustaste auf das zu überprüfende Laufwerk und wählen Sie EIGENSCHAFTEN.

3. Im Dialogfeld EIGENSCHAFTEN VON [LAUFWERK] klicken Sie auf die Registerkarte TOOLS (siehe Abbildung 17.1) und dann unter FEHLERÜBERPRÜFUNG auf die Schaltfläche JETZT PRÜFEN.

4. Im daraufhin angezeigten Dialogfeld (siehe Abbildung 17.2) wählen Sie eine Option für die Datenträgerprüfung:

- DATEISYSTEMFEHLER AUTOMATISCH KORRIGIEREN: Bei dieser Option müssen alle Dateien geschlossen sein.

- FEHLERHAFTE SEKTOREN SUCHEN/WIEDERHERSTELLEN: Bei dieser Option werden ebenfalls auftretende Fehler automatisch korrigiert, sodass Sie die erste Option nicht ebenfalls aktivieren müssen.

5. Klicken Sie auf die Schaltfläche STARTEN.

 Wenn nicht wiederherstellbare Sektoren mit diesem Tool nicht repariert werden können, werden sie entsprechend gekennzeichnet, damit Windows nicht mehr darauf zugreift.

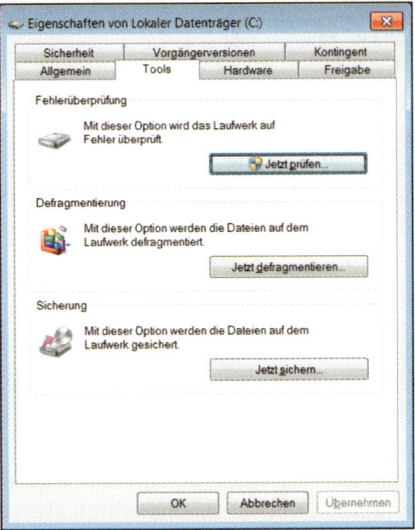

Abbildung 17.1: Das Dialogfeld EIGENSCHAFTEN mit der Registerkarte TOOLS

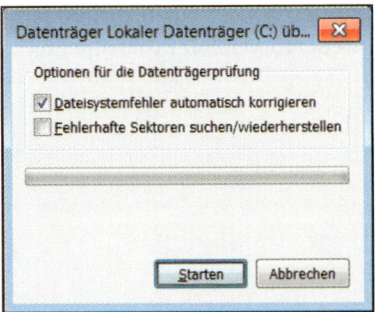

Abbildung 17.2: Das Dialogfeld zur Datenträgerprüfung

Mit der Problembehandlung arbeiten

1. Wählen Sie START|SYSTEMSTEUERUNG und klicken Sie unter SYSTEM UND SICHERHEIT auf den Link PROBLEME ERKENNEN UND BEHEBEN.

2. Im Fenster PROBLEMBEHANDLUNG klicken Sie auf HARDWARE UND SOUND (siehe Abbildung 17.3).

3. Wählen Sie aus, zu welchem Gerät Sie Hilfe brauchen. (Wenn beispielsweise der Sound nicht funktioniert, klicken Sie unter SOUND auf WIEDERGEBEN VON AUDIODATEIEN; wenn es Probleme mit dem Drucker gibt, klicken Sie unter DRUCKEN auf DRUCKER.) Befolgen Sie die Anweisungen, damit Windows das Problem erkennen und eventuell beheben kann. (Abbildung 17.4 zeigt beispielsweise die Ergebnisse der Problembehandlung für die Option MEDIENWIEDERGABE.)

4. Wenn Sie der Meinung sind, dass Windows das Problem gelöst hat, klicken Sie auf die Schaltfläche SCHLIESSEN, um die Problembehandlung zu beenden. Wenn keine Lösung gefunden wurde, können Sie eventuell über die Windows-Remoteunterstützung Hilfe anfordern (Kapitel 19 weiß mehr zu dieser Funktion).

 Sie können über WINDOWS-HILFE UND SUPPORT auch die Hilfethemen durchsuchen. Unter DRUCKER UND DRUCKEN finden Sie dort beispielsweise das Thema PROBLEMBEHANDLUNG BEI DRUCKER- ODER DRUCKPROBLEMEN.

 Wenn das Problem hartnäckig ist, klicken Sie im Problembehandlungsassistenten auf den Link ZUSÄTZLICHE OPTIONEN DURCHSUCHEN. Daraufhin wird ein Fenster mit zusätzlichen Hilfeoptionen geöffnet.

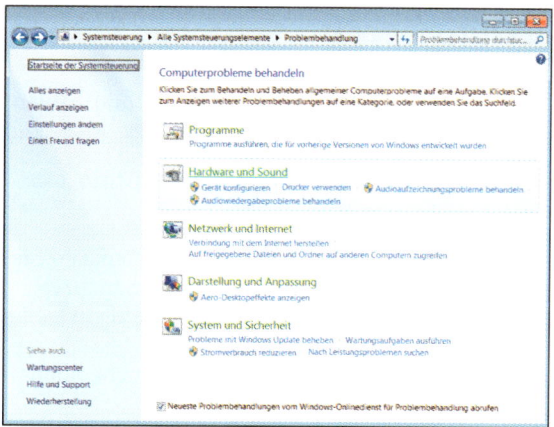

Abbildung 17.3: Das Fenster PROBLEMBEHANDLUNG

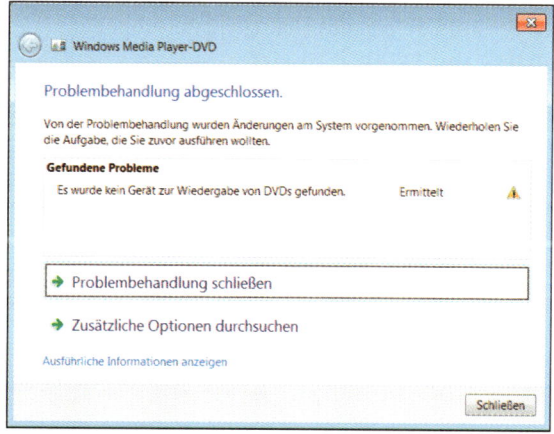

Abbildung 17.4: Die Ergebnisse der Problembehandlung

Treiber aktualisieren

1. Stellen Sie eine Verbindung mit dem Internet her und wählen Sie dann START|SYSTEMSTEUERUNG|HARDWARE UND SOUND.

2. Im Fenster HARDWARE UND SOUND klicken Sie unter GERÄTE UND DRUCKER auf den Link GERÄTE-MANAGER.

3. Im Fenster GERÄTE-MANAGER (siehe Abbildung 17.5) klicken Sie auf eine Gerätekategorie, um die jeweiligen Geräte anzuzeigen. Klicken Sie dann mit der rechten Maustaste auf ein Gerät und wählen Sie EIGENSCHAFTEN. Im Dialogfeld EIGENSCHAFTEN VON [GERÄT] klicken Sie auf die Registerkarte TREIBER (siehe Abbildung 17.6).

4. Klicken Sie auf die Schaltfläche TREIBER AKTUALISIEREN. Windows sucht nach möglicherweise verfügbaren aktualisierten Treibern. Klicken Sie auf OK, um das Dialogfeld zu schließen.

 Manchmal müssen Sie den Computer neu starten, damit Windows den neuen Treiber laden kann. Wählen Sie dazu START | HERUNTERFAHREN | NEU STARTEN. Der Treiber sollte dann automatisch gefunden und installiert worden sein.

 Wenn Sie auf diese Weise keinen aktualisierten Treiber finden, sollten Sie direkt zur Website des Hardwareherstellers wechseln und dort den neuesten Treiber herunterladen.

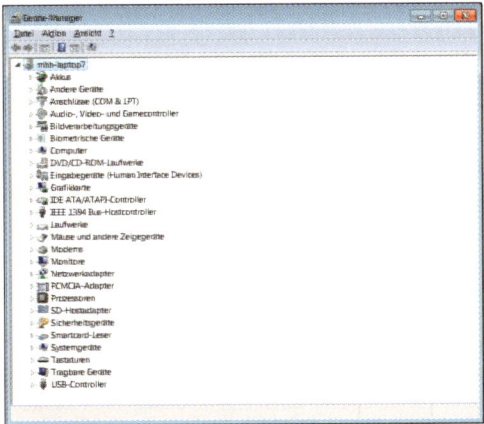

Abbildung 17.5: Das Fenster GERÄTE-MANAGER

Abbildung 17.6: Das Dialogfeld EIGENSCHAFTEN VON [GERÄT] mit der Registerkarte TREIBER

Vorherige Version eines Treibers wiederherstellen

1. Entfernen Sie das Gerät, zu dem der Treiber gehört, der die Probleme verursacht.

2. Schalten Sie das Gerät aus.

3. Wählen Sie START|SYSTEMSTEUERUNG|HARDWARE UND SOUND und klicken Sie dann unter GERÄTE UND DRUCKER auf GERÄTE-MANAGER.

4. Im Fenster GERÄTE-MANAGER klicken Sie auf die Gerätekategorie, um die entsprechenden Geräte anzuzeigen. Klicken Sie dann mit der rechten Maustaste auf das Gerät, das zurückgesetzt werden soll, und wählen Sie EIGENSCHAFTEN.

5. Im Dialogfeld EIGENSCHAFTEN VON [GERÄT] klicken Sie auf die Registerkarte TREIBER (siehe Abbildung 17.7) und dann auf die Schaltfläche VORHERIGER TREIBER. Befolgen Sie die Anweisungen.

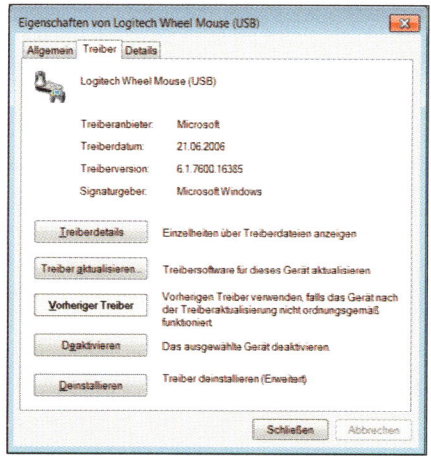

Abbildung 17.7: Das Dialogfeld EIGENSCHAFTEN mit der Registerkarte TREIBER

 Eine weitere Option bei Schwierigkeiten mit dem Computer oder einem Gerät ist die Systemwiederherstellung. Damit werden Einstellungen zu einem früheren Zeitpunkt, an dem noch alles einwandfrei funktioniert hat, wiederhergestellt; hierzu mehr in Kapitel 18.

Softwareprobleme lösen

18

D ie ganze teure, wunderbare Hardware nützt gar nichts, wenn die dazugehörige Software verrücktspielt. Wenn Programme das System zum Absturz bringen (also einfach gar nichts mehr geht und Sie drastische Maßnahmen zur Wiederbelebung ergreifen müssen), steht Ihnen eine Reihe von Reparaturmaßnahmen zur Verfügung. In diesem Kapitel erfahren Sie, wie Sie auf folgende Probleme reagieren:

▶ Wenn ein Programm abstürzt, können Sie das Programm einfach über den Windows Task-Manager beenden. Dieses Tool registriert alle Programme und Prozesse, die auf dem Computer ausgeführt werden.

▶ Wenn es Probleme gibt und Windows nicht reagiert, können Sie einen Neustart im abgesicherten Modus probieren, der nur grundlegende Dateien und Treiber benötigt. Im abgesicherten Modus können Sie sich auf Fehlersuche begeben und Windows dann wieder im Normalmodus starten, sobald das Problem gelöst ist.

▶ Arbeiten Sie mit der Systemwiederherstellung, mit der Sie Wiederherstellungspunkte (Zeitpunkte, an denen die Einstellungen und Programme einwandfrei zu laufen schienen) erstellen können, um Windows im Problemfall zu diesen Bedingungen wiederherzustellen.

▶ Wenn Sie Hilfe brauchen, können Sie einen Assistenten zur Problembehandlung starten, um herauszufinden, wie Sie ein Problem mit einem Programm lösen können.

In diesem Kapitel

▶ Anwendung beenden, die nicht mehr reagiert

▶ Windows im abgesicherten Modus starten

▶ Systemwiederherstellungspunkt erstellen

▶ Windows-System wiederherstellen

▶ Softwareprobleme lösen

Anwendung beenden, die nicht mehr reagiert

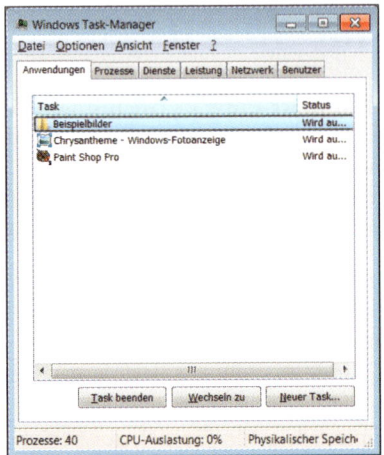

1. Drücken Sie die Tastenkombination `Strg` + `Alt` + `Entf`.

2. Klicken Sie auf TASK-MANAGER STARTEN.

3. Im Windows Task-Manager (siehe Abbildung 18.1) wählen Sie die Anwendung aus, die Sie ausgeführt haben, bevor das System nicht mehr reagiert hat.

4. Klicken Sie auf TASK BEENDEN.

5. Daraufhin zeigt der Windows Task-Manager eine Meldung an, dass die Anwendung nicht reagiert, und fragt, ob Sie sie beenden wollen. Klicken Sie auf JA.

Abbildung 18.1: Der Windows Task-Manager

 Wenn mit `Strg` + `Alt` + `Entf` der Task-Manager nicht aufgerufen wird, haben Sie ein ernsthaftes Problem. Sie müssen dann wahrscheinlich den Netzschalter des Computers gedrückt halten, damit der Computer herunterfährt. Manche Anwendungen haben eine AutoWiederherstellen-Funktion, die eine Interimsversion des geöffneten Dokuments speichert, sodass Sie einen Teil der Arbeit retten können, wenn Sie diese zuletzt gespeicherte Version öffnen. Andere Programme haben leider kein solches Sicherheitsnetz und alle Änderungen, die Sie seit dem letzten Speichern vorgenommen haben, gehen einfach verloren. Die Moral von der Geschicht? Speichern, speichern und nochmals speichern.

 Wenn eine Anwendung geschlossen wird, wird eventuell ein Dialogfeld mit der Nachfrage angezeigt, ob Sie das Problem an Microsoft berichten wollen. Wenn Sie hier mit JA antworten, werden die Daten an Microsoft übertragen, damit man sich dort um eine Lösung des Problems bemühen kann.

Windows im abgesicherten Modus starten

1. Entfernen Sie eventuell vorhandene CDs oder DVDs aus den betreffenden Laufwerken.

2. Öffnen Sie das Startmenü, klicken Sie auf den Pfeil neben der Schaltfläche HERUNTERFAHREN und wählen Sie NEU STARTEN, um das System neu zu starten (siehe Abbildung 18.2).

3. Wenn der Computer neu startet (der Bildschirm wird schwarz), drücken Sie F8.

4. Wenn Sie mehrere Betriebssysteme installiert haben, wird das Menü ERWEITERTE STARTOPTIONEN angezeigt. Verwenden Sie die Pfeiltasten Ihrer Tastatur, um das Betriebssystem Windows 7 auszuwählen. Sie können auch die betreffende Nummer eingeben, ↵ drücken und dann mit F8 fortfahren.

5. Im daraufhin angezeigten Bildschirm verwenden Sie die Pfeiltasten Ihrer Tastatur, um die Option ABGESICHERTER MODUS in der Liste auszuwählen. Drücken Sie dann ↵.

6. Melden Sie sich als Administrator an Ihrem Computer an. Ein Bildschirm, bei dem in allen vier Ecken die Worte ABGESICHERTER MODUS stehen, wird angezeigt. Verwenden Sie die Tools des WINDOWS-HILFE UND SUPPORT-Systems, um das Problem zu lokalisieren, Änderungen vorzunehmen und dann das System neu zu starten. Wenn Sie den Neustart durchführen (siehe Schritt 2), starten Sie Windows 7 wieder ganz normal.

Wenn Sie neu starten und wie in Schritt 3 F8 drücken, befinden Sie sich wieder in der alten textbasierten Welt, die manche Benutzer vielleicht noch aus der Zeit des DOS-Betriebssystems kennen. Hier ist es ganz schön unheimlich! Ihre Maus funktioniert nicht und es gibt keinen Sound und keine Bildchen. Verwenden Sie einfach die Pfeiltasten Ihrer Tastatur und drücken Sie ↵, um eine Auswahl zu treffen. Bald sind Sie wieder im Windows-Land ...

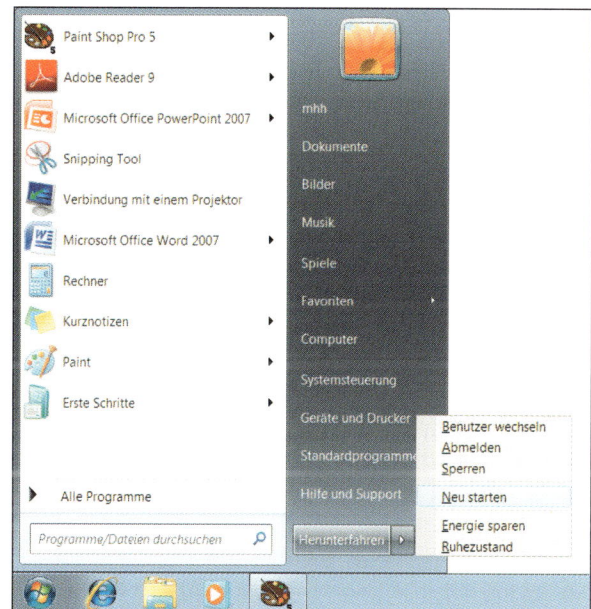

Abbildung 18.2: Windows neu starten

Systemwiederherstellungspunkt erstellen

1. Sie können Ihre Systemdateien sichern, indem Sie einen Systemwiederherstellungspunkt erstellen, den Sie später verwenden können, um den Computer auf frühere Einstellungen zurückzusetzen, die keine Probleme verursacht haben. Wählen Sie START|SYSTEMSTEUERUNG|SYSTEM UND SICHERHEIT und klicken Sie dann auf SYSTEM.

2. Im Fenster SYSTEM klicken Sie im linken Bereich auf COMPUTERSCHUTZ. Im Dialogfeld SYSTEMEIGENSCHAFTEN (siehe Abbildung 18.3) klicken Sie auf der Registerkarte COMPUTERSCHUTZ auf die Schaltfläche ERSTELLEN.

3. Im Dialogfeld COMPUTERSCHUTZ geben Sie einen beschreibenden Namen für den Wiederherstellungspunkt ein, etwa den Namen des Programms, das Sie installieren wollen. Klicken Sie dann auf ERSTELLEN.

4. Ein Verlaufsfenster wird angezeigt. Sobald der Wiederherstellungspunkt erstellt ist, wird eine Meldung wie in Abbildung 18.4 angezeigt. Klicken Sie auf SCHLIESSEN, um die Meldung zu schließen, und anschließend auf OK, um das Dialogfeld SYSTEMEIGENSCHAFTEN zu schließen.

 Immer wenn Sie Software installieren, neue Einstellungen in Windows vornehmen und alles noch rund läuft, sollten Sie einen Wiederherstellungspunkt erstellen. Das gehört zum Computeralltag wie das Sichern von Dateien — nur dass Sie hier Einstellungen sichern. Einmal im Monat oder alle paar Monate genügt in der Regel, es sei denn, Sie führen häufig Änderungen durch, dann sollten Sie häufiger Systemwiederherstellungspunkte erstellen.

 Eine drastischere Option als die Systemwiederherstellung ist der Einsatz eines Systemreparaturdatenträgers, der entweder mitgeliefert wurde oder den Sie erstellt haben. Mit der Systemreparatur wird Ihr Rechner auf seinen ursprünglichen Lieferzustand zurückgesetzt. In den meisten Fällen bedeutet das, dass Sie seitdem installierte Software ebenso verlieren wie bereits erstellte Dokumente. Deshalb ist es ratsam, regelmäßig Systemwiederherstellungspunkte zu erstellen.

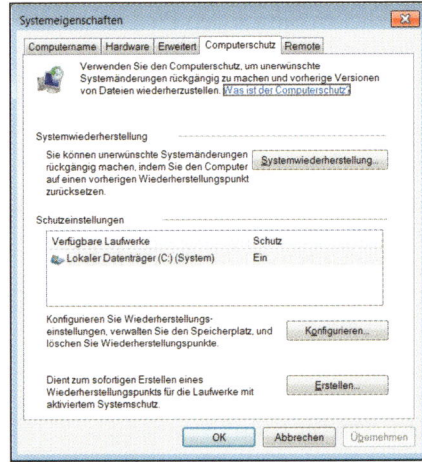

Abbildung 18.3: Das Dialogfeld SYSTEMEIGENSCHAFTEN mit der Registerkarte COMPUTERSCHUTZ

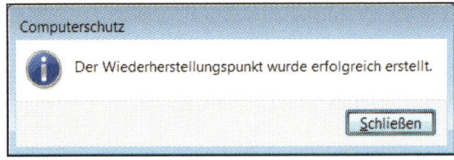

Abbildung 18.4: Die Meldung, dass ein Wiederherstellungspunkt erstellt wurde

Windows-System wiederherstellen

1. Wählen Sie START|SYSTEMSTEUERUNG und klicken Sie unter SYSTEM UND SICHERHEIT auf den Link SICHERUNG DES COMPUTERS ERSTELLEN.

2. Im Fenster SICHERN UND WIEDERHERSTELLEN klicken Sie auf den Link SYSTEMEINSTELLUNGEN AUF DEM COMPUTER WIEDERHERSTELLEN. Im Fenster WIEDERHERSTELLUNG (siehe Abbildung 18.5) klicken Sie auf die Schaltfläche SYSTEMWIEDERHERSTELLUNG ÖFFNEN.

3. Ein Verlaufsfenster wird angezeigt. Im Fenster SYSTEMWIEDER-HERSTELLUNG klicken Sie anschließend auf WEITER.

4. Klicken Sie im nächsten Fenster auf den Wiederherstellungs-punkt, zu dem der Computerzustand wiederhergestellt werden soll, und klicken Sie dann auf WEITER.

5. Eine Meldung wird angezeigt, dass die Systemwiederherstel-lung ausgeführt wird und dass der Computer neu gestartet werden muss, um den Vorgang abzuschließen. Schließen Sie alle geöffneten Dateien und Programme und klicken Sie auf FERTIG STELLEN, um fortzufahren.

6. Das System wird heruntergefahren und dann neu gestartet. Eine Meldung informiert Sie darüber, dass die Systemwieder-herstellung ausgeführt wurde.

7. Klicken Sie auf OK, um das Fenster zu schließen.

 Die Systemwiederherstellung löscht keine Dateien, die Sie gespeichert haben, Ihre Doktorarbeit bleibt also erhalten. Mit der Systemwiederherstellung werden nur die Windows-Einstellungen zurückgesetzt. Dies ist hilfreich, wenn Sie oder installierte

Software Einstellungen vorgenommen haben, die zu Konflikten führen, die den Computer verlangsamen oder abstürzen lassen. Wenn Sie wissen wollen, welche Änderungen vorgenommen werden, klicken Sie im Fenster, das in Abbildung 18.6 dargestellt ist, auf die Schaltfläche NACH BETROFFENEN PROGRAMMEN SUCHEN.

Abbildung 18.5: Das Fenster WIEDERHERSTELLUNG

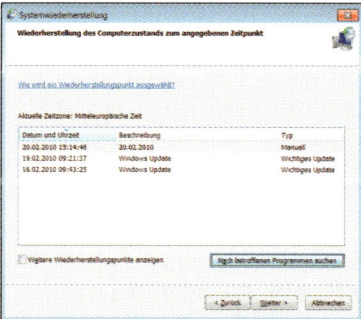

Abbildung 18.6: Den Wiederherstellungspunkt auswählen

Softwareprobleme lösen

1. Wählen Sie START|SYSTEMSTEUERUNG und klicken Sie unter SYSTEM UND SICHERHEIT auf den Link PROBLEME ERKENNEN UND BEHEBEN.

2. Im Fenster PROBLEMBEHANDLUNG klicken Sie auf PROGRAMME (siehe Abbildung 18.7).

3. Im darauf angezeigten Fenster (siehe Abbildung 18.8) stehen Ihnen folgende Optionen zur Auswahl:

   • NETZWERK hilft bei Problemen mit einer Internetverbindung.

   • WEBBROWSER hilft, mögliche Probleme mit Internet Explorer zu lösen.

   • PROGRAMME ist ein guter Ausgangspunkt, wenn Sie mit älteren Programmen arbeiten, die mit dieser Windows-Version nicht gut zu funktionieren scheinen. Programmkompatibilität ist ein häufiges Problem bei Software.

   • Unter DRUCKEN finden Sie möglicherweise heraus, warum Ihr Drucker Schwierigkeiten macht; hier prüfen Sie auch, ob Sie die richtigen Druckertreiber verwenden.

   • MEDIENWIEDERGABE hilft, Probleme mit allgemeinen Einstellungen, Mediendateien oder der Wiedergabe von DVDs zu lösen.

4. Befolgen Sie die Anweisungen des jeweiligen Assistenten, damit Windows Ihnen bei der Problemlösung helfen kann.

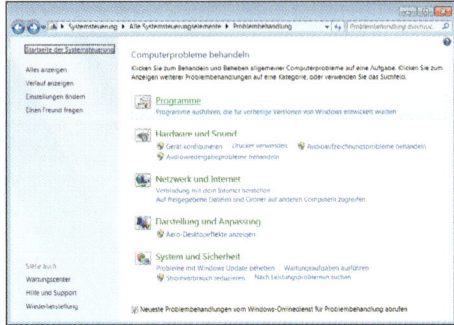

Abbildung 18.7: Das Fenster PROBLEMBEHANDLUNG

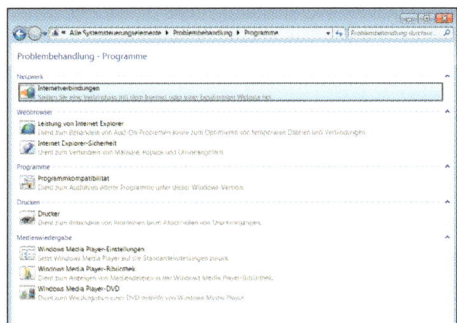

Abbildung 18.8: Das Fenster PROBLEMBEHANDLUNG – PROGRAMME

 Manchmal benötigen Sie Administratorrechte, um die Problemlösung auszuführen, daher sollten Sie den Problembehandlungsassistenten stets mit einem Benutzerkonto mit Administratorrechten ausführen. Lesen Sie hierzu Kapitel 14, in dem es um Benutzerkonten und Administratoren geht.

Hilfe!

B ei so vielen Windows-Funktionen wird es zwangsläufig das eine oder andere geben, das nicht richtig funktioniert oder etwas unverständlich ist (und das dieses Buch nicht abdeckt). Dann müssen Sie sich der Quellen bedienen, die Microsoft Ihnen zur Seite stellt.

Über WINDOWS-HILFE UND SUPPORT erhalten Sie Hilfe auf verschiedene Weise:

▶ Greifen Sie auf Informationen zu, die in einer Datenbank mit Hilfethemen abgelegt sind. Mittels leistungsstarker Suchmechanismen wird das gesuchte Thema immer weiter eingegrenzt. Die Problemlösungsfunktion hilft bei der Analyse des Problems.

▶ Versuchen Sie Hilfe von anderen Windows-Benutzern zu erhalten. Bedienen Sie sich der Informationen, die von Nutzern in Windows-Communities ausgetauscht werden, oder verwenden Sie die Windows-Remoteunterstützung, mit der ein anderer Benutzer (über das Internet) auf Ihren Computer zugreifen und Ihnen bei der Lösung des Problems helfen kann.

▶ Beißen Sie in den sauren Apfel und zahlen Sie dafür. Microsoft bietet einen Teil der Hilfe gratis an (beispielsweise Hilfe bei der Installation seiner Software, für die Sie gutes Geld gezahlt haben), aber ein Teil der Hilfe ist auch kostenpflichtig. Wenn Sie sich keinen anderen Rat mehr wissen, müssen Sie ein paar Euros in diese Option investieren.

19

In diesem Kapitel

▶ Hilfethemen durchsuchen

▶ Auf der Suche nach Hilfe

▶ Fragen in einer Windows-Community posten

▶ Auf die Windows-Onlinehilfe zugreifen

▶ Windows-Remoteunterstützung

▶ Hilfeeinstellungen ändern

▶ Microsoft-Kundendienst kontaktieren

Hilfethemen durchsuchen

1. Wählen Sie START|HILFE UND SUPPORT, um das Fenster WINDOWS-HILFE UND SUPPORT zu öffnen (siehe Abbildung 19.1). **Hinweis:** Wenn Windows beim Kauf auf Ihrem Rechner installiert war, kann dieses Fenster zusätzliche Informationen enthalten.

2. Klicken Sie auf den Link DURCHSUCHEN DER HILFETHEMEN, um eine Liste mit Hilfethemen zu erhalten. Klicken Sie auf eines der Themen, um weitere Unterthemen anzuzeigen. So gelangen Sie zu immer spezifischeren Themen (siehe Abbildung 19.2).

3. Klicken Sie auf ein Unterthema, um den Inhalt zu lesen. Manche Unterthemen enthalten blaue Hyperlinks, die auf verwandte Themen verweisen oder eine Handlung ausführen, beispielsweise das Öffnen eines Dialogfelds. Grüne Hyperlinks zeigen eine Definition oder Erklärung zu dem Begriff an, wenn Sie darauf klicken.

4. Wenn Sie ein Hilfethema gelesen haben, klicken Sie auf die Schaltfläche SCHLIESSEN, um das Fenster WINDOWS-HILFE UND SUPPORT zu schließen.

Sie können rechts oben im Fenster WINDOWS-HILFE UND SUPPORT auf das Druckersymbol klicken, um das angezeigte Thema zu drucken. Über die Schaltfläche VERKLEINERN in der Titelleiste des Fensters können Sie von der Vollbild- zur Fensterdarstellung wechseln und so das Hilfefenster während der Arbeit ständig verfügbar haben.

Windows zeigt die aktuellsten Hilfeinformationen an, wenn Sie beim Öffnen der Windows-Hilfe mit dem Internet verbunden sind. Ohne Internetverbindung können Sie die in Windows 7 installierte Hilfethemen-Datenbank durchsuchen.

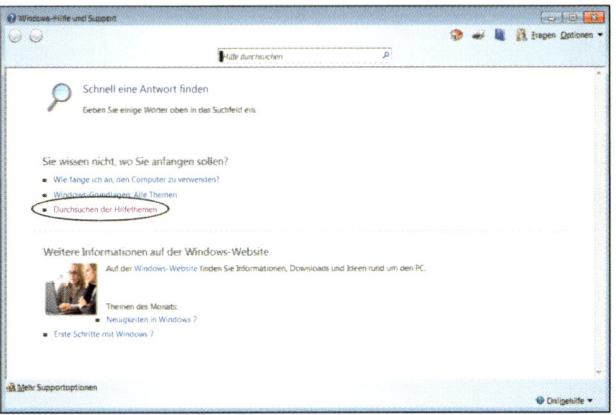

Abbildung 19.1: Das Fenster WINDOWS-HILFE UND SUPPORT

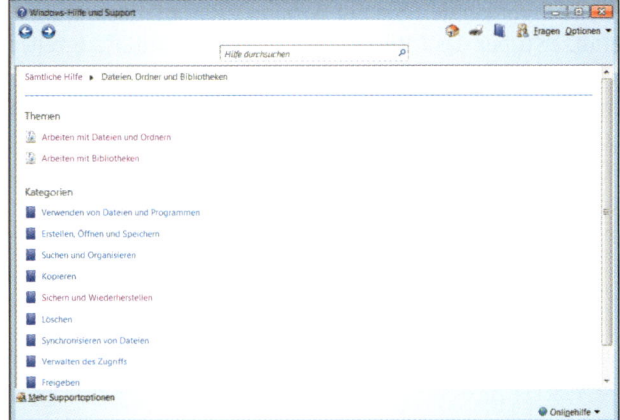

Abbildung 19.2: Detaillierte Hilfethemen

Auf der Suche nach Hilfe

1. Wählen Sie START|HILFE UND SUPPORT, um das Fenster WINDOWS-HILFE UND SUPPORT zu öffnen.

2. Geben Sie einen Begriff in das Suchfeld ein und klicken Sie dann auf die Schaltfläche HILFE DURCHSUCHEN (die mit der kleinen Lupe rechts vom Suchfeld). Durchsuchen Sie die Ergebnisliste (siehe Abbildung 19.3).

3. Durchforsten Sie die Themen, indem Sie auf verschiedene Links in den Suchergebnissen klicken. Diese Links bieten unterschiedliche Hilfe an:

   • Manche Ergebnisse beschreiben Verfahren wie »Das Verwenden der Maus erleichtern«.

   • Lösungsvorschläge zu Problemen verstecken sich hinter Sätzen wie »Ich verwende die Sprachausgabe, kann aber keinen Text hören.« Wenn Sie auf einen dieser Einträge klicken, werden entsprechende Problemlösungen angeboten.

   • Einige Einträge bieten eher allgemeine Informationen als Verfahrensschritte, beispielsweise »Tipps für die Suche im Internet« (siehe Abbildung 19.4).

4. Wenn Sie die Suche nicht ans Ziel bringt, geben Sie einen anderen Begriff in das Suchfeld ein und versuchen es erneut.

 Wenn Sie nichts Passendes finden, klicken Sie rechts oben im Fenster WINDOWS-HILFE UND SUPPORT auf die Schaltfläche HILFE DURCHSUCHEN (die mit dem blauen Buch), um eine Liste der wichtigsten Themen anzuzeigen. Vielleicht finden Sie in diesen Themen die richtigen Suchbegriffe.

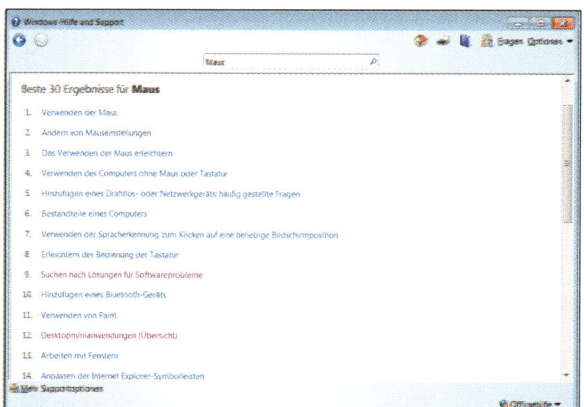

Abbildung 19.3: Das Suchergebnis für »Maus«

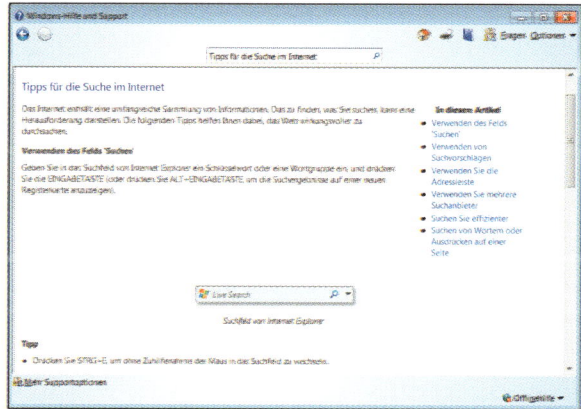

Abbildung 19.4: Ein Artikel zu einem Hilfethema

Fragen in einer Windows-Community posten

1. Wählen Sie START|HILFE UND SUPPORT, um das Fenster WINDOWS-HILFE UND SUPPORT zu öffnen. Klicken Sie rechts oben auf die Schaltfläche FRAGEN. Klicken Sie im nächsten Fenster unter FRAGEN SIE EINE PERSON NACH HILFE auf MICROSOFT ANSWERS.

2. Die Webseite MICROSOFT ANSWERS SUCHE wird im Browserfenster geöffnet (siehe Abbildung 19.5). Hier finden Sie Links zu Antworten auf zahlreichen anderen Websites.

3. Klicken Sie auf einen Themenlink. Eine Zusammenfassung mit der Anzahl der unbeantworteten und beantworteten Fragen wird angezeigt (siehe Abbildung 19.6).

4. Klicken Sie auf ein Diskussionsthema, um die darin enthaltenen Threads anzuzeigen.

5. Klicken Sie auf einen Thread-Titel, um ihn zu öffnen, lesen Sie das ursprüngliche Posting und beantworten Sie es.

   - **Stellen Sie eine Frage.** Dazu müssen Sie sich mit Ihrer Windows Live ID anmelden. Wählen Sie aus, in welchen Foren Sie aktiv werden wollen, und klicken Sie dann auf die Schaltfläche STELLEN SIE EINE FRAGE. Wenn Sie noch nie Beiträge gepostet haben, müssen Sie zunächst ein Profil erstellen. Geben Sie dazu einen Anzeigenamen ein und klicken Sie auf die Schaltfläche AKZEPTIEREN. In dem Formular IHRE FRAGE STELLEN geben Sie Ihren Beitrag in die entsprechenden Felder ein. Klicken Sie auf SENDEN, um die Frage zu posten.

- **Antworten Sie auf eine Frage.** In der Liste mit den Postings und Antworten klicken Sie auf die Schaltfläche ANTWORTEN, schreiben eine Nachricht und klicken dann auf SENDEN.

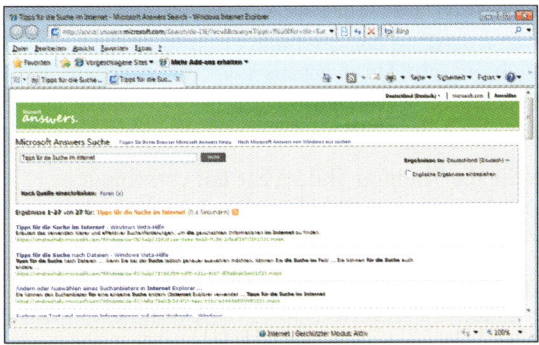

Abbildung 19.5: Die Website von Microsoft Answers

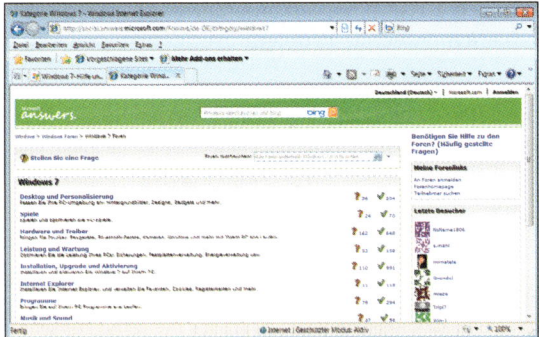

Abbildung 19.6: Eine Liste mit verschiedenen Diskussionsbeiträgen

Auf die Windows-Onlinehilfe zugreifen

1. Öffnen Sie das Fenster WINDOWS-HILFE UND SUPPORT und klicken Sie auf den Link zur Windows-Website.

2. Eine Seite wie in Abbildung 19.7 wird im Webbrowserfenster angezeigt, auf der Sie auf den Link WINDOWS 7 klicken. Klicken Sie auf der nächsten Seite (siehe Abbildung 19.8) auf den Link ERSTE SCHRITTE und sehen Sie sich auf der daraufhin angezeigten Seite ein Einführungsvideo an oder lesen Sie weiter unten weitere interessante Hilfethemen.

3. Klicken Sie auf SCHLIESSEN, um die Onlinehilfe im Browserfenster zu schließen, und dann erneut auf SCHLIESSEN, um auch das Fenster WINDOWS-HILFE UND SUPPORT zu schließen.

 Um die Hilfe so einzurichten, dass stets die Onlinehilfe aktiviert ist, wenn Sie nach Hilfethemen suchen, klicken Sie im Fenster WINDOWS-HILFE UND SUPPORT auf die Schaltfläche OPTIONEN, dann auf EINSTELLUNGEN und aktivieren Sie das Kontrollkästchen EIGENE SUCHERGEBNISSE MITHILFE DER ONLINEHILFE OPTIMIEREN (EMPFOHLEN).

Abbildung 19.7: Die Windows-Onlinehilfe

Abbildung 19.8: Die Windows 7-Onlinehilfe

Windows-Remoteunterstützung

1. Wählen Sie START|SYSTEMSTEUERUNG|SYSTEM UND SICHERHEIT und klicken Sie dann unter SYSTEM auf REMOTEZUGRIFF ZULASSEN. Im Dialogfeld SYSTEMEIGENSCHAFTEN aktivieren Sie auf der Register-karte REMOTE das Kontrollkästchen REMOTEUNTERSTÜTZUNGSVER-BINDUNGEN MIT DIESEM COMPUTER ZULASSEN und klicken dann auf OK (siehe Abbildung 19.9).

2. Öffnen Sie das Fenster WINDOWS-HILFE UND SUPPORT.

3. Klicken Sie auf die Schaltfläche FRAGEN und klicken Sie im nächsten Fenster auf WINDOWS-REMOTEUNTERSTÜTZUNG. In dem Fenster (siehe Abbildung 19.10) klicken Sie auf EINE VERTRAU-ENSWÜRDIGE PERSON ZUR UNTERSTÜTZUNG EINLADEN.

4. Im nächsten Fenster können Sie wählen, ob und wie Sie die Einladung per E-Mail senden möchten:

   - Klicken Sie auf EINLADUNG ALS DATEI SPEICHERN, um eine ent-sprechende Datei zu speichern und als Anlage beispielsweise mit einem E-Mail-Programm zu senden.

   - Klicken Sie auf EINLADUNG PER E-MAIL SENDEN, um sie mit Ihrem E-Mail-Programm zu senden. Geben Sie eine Adresse und eventuell eine Nachricht ein und senden Sie dann die E-Mail.

5. Notieren Sie sich das Kennwort, das im Fenster WINDOWS-REMOTEUNTERSTÜTZUNG angezeigt wird.

6. Wenn eine eingehende Verbindung hergestellt ist, verwenden Sie dort die Funktionen, um Einstellungen zu verändern, zu chatten, eine Datei zu senden und die Verbindung zu trennen.

7. Schließen Sie das Fenster WINDOWS-REMOTEUNTERSTÜTZUNG.

8. Wenn Sie ein Kennwort vergeben wollen, geben Sie dies ein und bestätigen es.

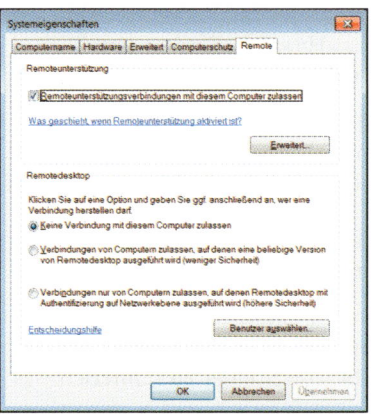

Abbildung 19.9: Das Dialogfeld SYSTEMEIGENSCHAFTEN mit der Registerkarte REMOTE

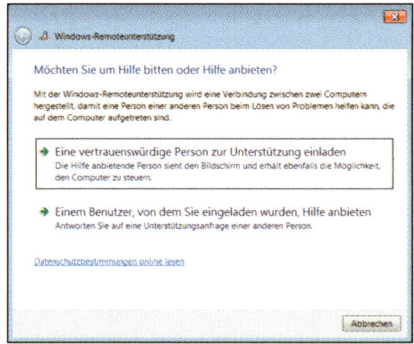

Abbildung 19.10: Das Fenster WINDOWS-REMOTEUNTERSTÜTZUNG

Hilfeeinstellungen ändern

1. Öffnen Sie das Fenster WINDOWS-HILFE UND SUPPORT.

2. Wählen Sie OPTIONEN|TEXTGRÖSSE und dann eine der folgenden Optionen: SEHR GROSS, GRÖSSER, MITTEL, KLEINER, SEHR KLEIN (siehe Abbildung 19.11).

3. Die Einstellungen werden direkt übernommen. Schließen Sie das Fenster WINDOWS-HILFE UND SUPPORT.

 Wenn Ihnen die Farben des Hilfefensters nicht gefallen, können Sie diese ändern, indem Sie in der Systemsteuerung unter DARSTELLUNG UND ANPASSUNG ein anderes Farbschema wählen.

 Sie können das Hilfefenster jederzeit von der Vollbilddarstellung in die Fensterdarstellung bringen, indem Sie auf die Schaltfläche VERKLEINERN in der Titelleiste klicken. So können Sie gleichzeitig mit einer Anwendung oder einem Fenster der Systemsteuerung arbeiten und immer wieder schnell auf die Informationen der Hilfe zugreifen.

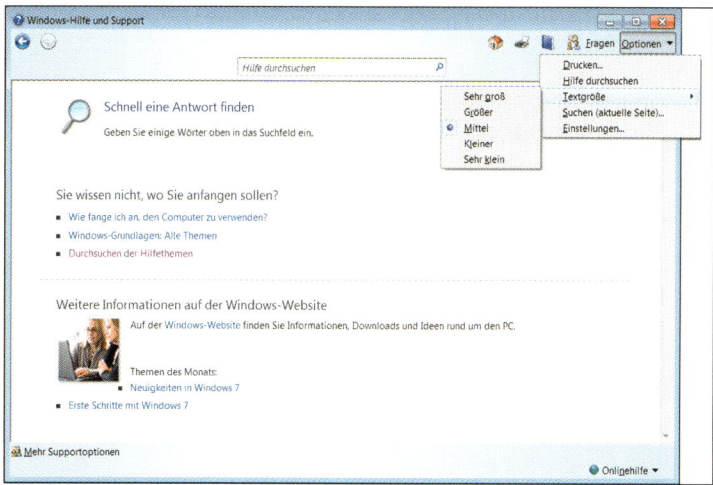

Abbildung 19.11: Das Fenster WINDOWS-HILFE UND SUPPORT mit dem Menü zur Schaltfläche OPTIONEN

Microsoft-Kundendienst kontaktieren

1. Öffnen Sie das Fenster WINDOWS-HILFE UND SUPPORT und klicken Sie oben rechts auf die Schaltfläche FRAGEN. Im daraufhin angezeigten Fenster (siehe Abbildung 19.12) klicken Sie auf die Verknüpfung MICROSOFT-KUNDENDIENST, um die entsprechende Website zu öffnen.

2. Auf der Seite MICROSOFT HILFE UND SUPPORT klicken Sie auf PRODUKT AUSWÄHLEN, um Informationen zu einem bestimmten Windows-Produkt anzeigen zu lassen.

3. Klicken Sie auf eines der Hilfethemen (siehe Abbildung 19.13). Wenn Sie Hilfe zu Downloads oder Installation und Upgrade brauchen, verwenden Sie die Optionen im linken Bereich.

4. Klicken Sie auf die Schaltfläche SCHLIESSEN, um Internet Explorer zu schließen.

 Klicken Sie im rechten Bereich der Webseite auf das blaue Fragezeichen, um Supportmitarbeiter per E-Mail, online oder telefonisch zu kontaktieren. Ein Assistent wird geöffnet, der anhand gezielter Fragestellungen das Problem für den Support aufbereitet.

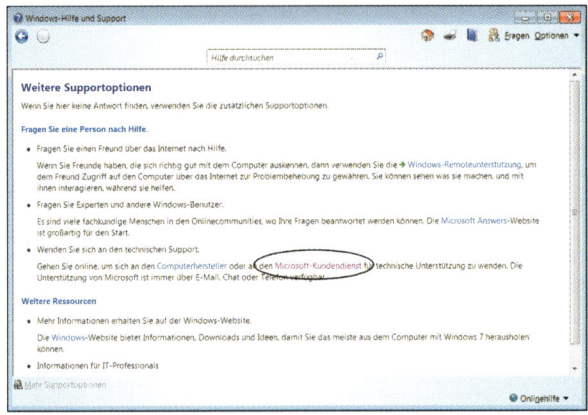

Abbildung 19.12: Der Link MICROSOFT-KUNDENDIENST

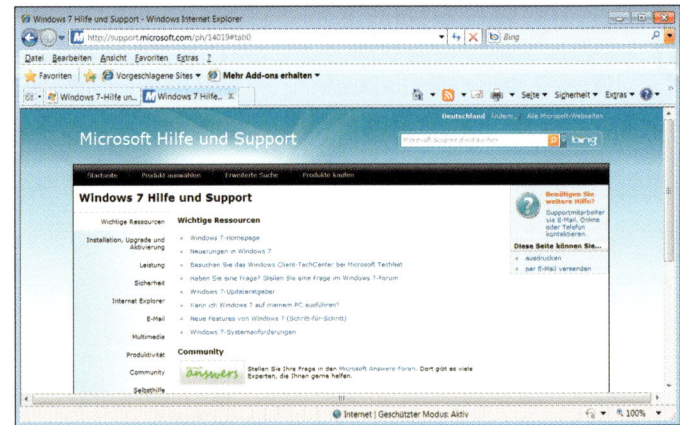

Abbildung 19.13: Eine ganze Reihe von Supportoptionen steht zur Verfügung.

Teil VII

Spaß und Spiele

The 5th Wave

By Rich Tennant

»Gerade hatte ich alle Level geschafft und geplant, einen Laden mit Schneidwaren aufzumachen und Messer und Schwerter zu verkaufen, da ist doch zwei Tage später ein Einkaufszentrum draußen vor der Stadt aus dem Boden geschossen.«

Windows 7 und Spiele

Nur Arbeit und kein Vergnügen kann nicht der richtige Weg sein. Deshalb hat Microsoft in Windows 7 einige Spiele mitgeliefert, um Sie bei Laune zu halten.

Viele Computerspiele sind im Grunde genommen nur virtuelle Spielvarianten altbekannter Spiele wie Solitär oder Schach. Doch Windows kann mit einigen interessanten Neuerungen aufwarten, bei denen manche vor allem durch ihre gelungene Animation begeistern.

Von den Spielen, die Windows 7 für Sie bereithält, werden in diesem Kapitel folgende vorgestellt:

▶ Traditionelle Kartenspiele wie Solitär und Hearts
▶ Geschicklichkeitsspiele wie Minesweeper, bei dem Sie möglichst schnell alle leeren Felder aufdecken müssen
▶ Ein Spiel für kleinere Kinder – Purble Place –, das beim Erlernen von Farben, Formen und Mustern hilft

In diesem Kapitel erfahren Sie auch, wie Sie einen Joystick installieren.

20

In diesem Kapitel

▶ Solitär spielen

▶ FreeCell spielen

▶ Spider Solitär spielen

▶ Minesweeper spielen

▶ Purble Place spielen

▶ Hearts spielen

▶ USB-Joystick an den Computer anschließen

Solitär spielen

1. Wählen Sie Start|Spiele. Beim ersten Mal werden Sie gefragt, ob Sie die empfohlenen Aktualisierungs- und Ordnereinstellungen verwenden möchten. Wenn dem so ist – Sie also beispielsweise immer benachrichtigt werden wollen, wenn es Neuigkeiten zu Spielen gibt –, klicken Sie auf OK. Im Fenster Spiele (siehe Abbildung 20.1) doppelklicken Sie auf Solitär.

2. Im Fenster Solitär klicken Sie auf eine Karte (siehe Abbildung 20.2) und dann auf die Karte in einem anderen Stapel, auf dem Sie sie ablegen wollen. Die Karte, auf die Sie zuerst geklickt haben, wird verschoben.

3. Bei diesem Spiel haben Sie folgende Optionen:

   • Wenn kein Zug möglich ist, klicken Sie links oben auf den Ablagestapel, um weitere Karten aufzudecken.

   • Wenn Sie die letzte Karte von einem Stapel nehmen, können Sie einen König auf diese Position verschieben.

   • Wenn Sie von dem Stapel in der oberen linken Ecke die letzte Karte aufgedeckt haben, klicken Sie auf den Ausgangsstapel, um die Karten erneut auszuteilen.

   • Sie können so spielen: Bauen Sie eine Reihe von König bis Ass in den unteren Stapeln auf, wobei Sie die Farben abwechseln, und/oder fangen Sie bei einem der oberen vier Stapeln mit dem Ass an und legen Sie alle Karten einer Farbe bis zum König ab.

   • Wenn Asse verfügbar sind, doppelklicken Sie darauf, um sie in die freien Felder oben rechts abzulegen. Machen Sie

dann alle weiteren Spielzüge, die möglich sind. Wenn alle vier Stapel komplett sind, haben Sie gewonnen.

4. Um das Spiel zu beenden, klicken Sie auf die Schaltfläche Schliessen.

 Wenn Sie erneut spielen wollen, wählen Sie Spiel | Neues Spiel (oder drücken Sie F2).

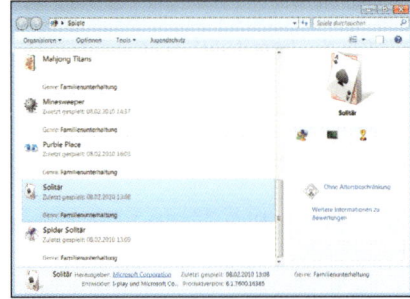

Abbildung 20.1: Das Fenster Spiele

Abbildung 20.2: Das Fenster Solitär

FreeCell spielen

1. Wählen Sie START|SPIELE und doppelklicken Sie im Fenster SPIELE auf FREECELL.

2. Das Fenster FREECELL (siehe Abbildung 20.3) wird geöffnet. Wenn die Karten neu gegeben werden sollen, wählen Sie einfach SPIEL|NEUES SPIEL und es heißt »Neues Spiel, neues Glück«.

 Ziel des Spiels ist, alle Karten, sortiert in den vier Farben von Ass nach König, in den Zielfeldern rechts oben abzulegen. Es gibt bei diesem Spiel vier freie Felder (oben links), auf die Sie Karten verschieben können, die Ihnen im Weg sind. Sie können nur so viele Karten verschieben, wie freie Plätze vorhanden sind plus eine. Freie Plätze in den Kartenreihen werden auch wie freie Plätze behandelt. Sie gewinnen, wenn Sie vier Kartenstapel für jede der vier Farben auf den Zielfeldern abgelegt haben.

3. Klicken Sie auf eine Karte. Um sie zu verschieben, klicken Sie auf einen freien Platz oder eine andere Karte am Ende einer Kartenreihe. Abbildung 20.4 zeigt ein Spiel, bei dem bereits drei freie Plätze belegt sind.

 Wenn Sie eine Karte auf einen freien Platz verschieben, können Sie sie wieder zurück an das Ende einer Reihe schieben, aber nur wenn die Karte einen Wert höher ist und eine andere Farbe hat. Sie könnten also beispielsweise eine Herz 3 auf eine Pik 4 legen. Sie legen die Karten in den Reihen in wechselnder Farbfolge an, die Karten in den Zielfeldern müssen jedoch alle dieselbe Farbe haben.

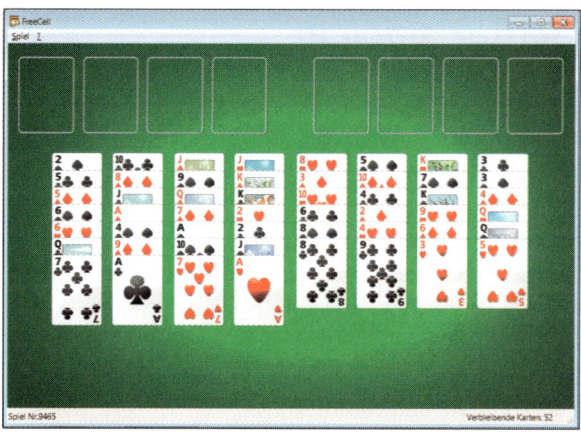

Abbildung 20.3: Ein neues FreeCell-Spiel

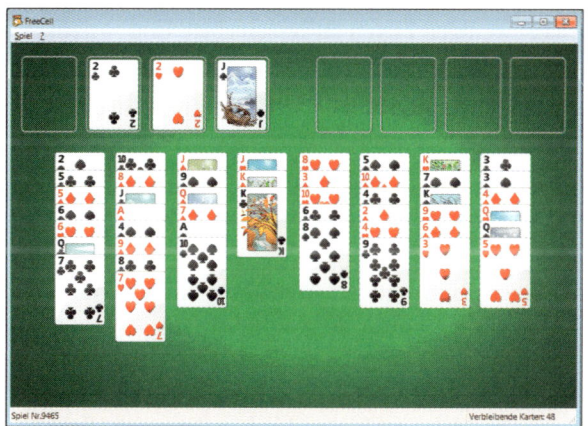

Abbildung 20.4: Drei Plätze sind bereits besetzt.

Spider Solitär spielen

1. Wählen Sie START|SPIELE und doppelklicken Sie im Fenster SPIELE auf SPIDER SOLITÄR. Wenn Sie das Spiel noch nie gespielt haben, wird das Fenster SCHWIERIGKEITSGRAD AUSWÄHLEN angezeigt. Wählen Sie ANFÄNGER, FORTGESCHRITTENE oder PROFIS.

2. Im Programmfenster klicken Sie auf eine Karte und ziehen sie auf einen anderen Kartenstapel, wobei Sie die Karten der Reihe nach von König bis Ass in der gleichen Farbe anordnen (siehe Abbildung 20.5).

3. Wenn Sie eine Karte verschieben, wird automatisch eine neue Karte an deren Stelle umgedreht.

4. Wenn Sie einen Kartensatz derselben Farbe fertiggestellt haben, wird er vom Spielfeld verschoben. Ziel ist, alle Karten mit möglichst wenigen Zügen zu verschieben. Und so geht's:

   • **Neue Karten geben:** Wählen Sie dazu SPIEL|NEUES SPIEL oder klicken Sie rechts unten auf den Kartenstapel, um eine neue Runde Karten auszulegen.

   • **Spiel speichern:** Wählen Sie dazu SPIEL|BEENDEN und klicken Sie dann im Dialogfeld SPIEL BEENDEN auf SPEICHERN.

   • **Optionen ändern:** Wählen Sie SPIEL|OPTIONEN und legen Sie einen Schwierigkeitsgrad fest (siehe Abbildung 20.6). In diesem Dialogfeld können Sie bestimmen, wie Spiele gespeichert oder fortgesetzt werden und ob Sie Sound hören wollen.

5. Wenn Sie Ihr Spiel beendet haben, klicken Sie auf die Schaltfläche SCHLIESSEN und dann im Dialogfeld SPIEL BEENDEN auf SPEICHERN oder NICHT SPEICHERN.

 Sie wissen nicht mehr weiter? Wählen Sie SPIEL | TIPP. Mögliche Spielzüge werden hervorgehoben dargestellt. Ein anderes Kartenspiel oder einen anderen Hintergrund erhalten Sie über SPIEL | DARSTELLUNG ÄNDERN.

Abbildung 20.5: Das Fenster SPIDER SOLITÄR

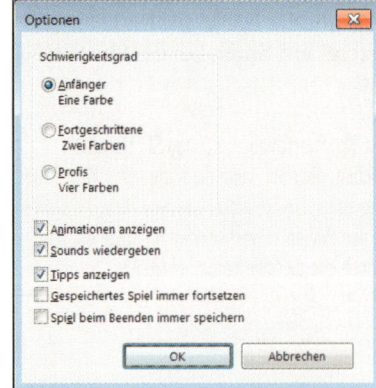

Abbildung 20.6: Das Dialogfeld OPTIONEN

Minesweeper spielen

1. Wählen Sie START|SPIELE und doppelklicken Sie im Fenster SPIELE auf MINESWEEPER. Beim ersten Mal wird das Fenster SCHWIERIGKEITSGRAD AUSWÄHLEN angezeigt.

2. Das Spielfeld wird angezeigt (siehe Abbildung 20.7). Klicken Sie auf ein Quadrat und eine Stoppuhr zählt die Sekunden.

- Wenn Sie auf ein Quadrat klicken, zeigt eine Zahl an, wie viele Minen sich in den acht benachbarten Quadraten befinden; ist das Quadrat leer, gibt es dort keine Minen.

- Wenn Sie auf ein Quadrat klicken und es wird eine Mine angezeigt, werden alle versteckten Minen aufgedeckt (siehe Abbildung 20.8) und das Spiel ist vorbei.

- Klicken Sie mit der rechten Maustaste auf ein Quadrat, um damit eine darunter versteckte Mine zu markieren. Doppelklicken Sie mit der rechten Maustaste auf ein Quadrat, um es mit einem Fragezeichen zu markieren, weil Sie sich nicht sicher sind, ob hier eine Mine versteckt ist.

3. Wenn Sie erneut spielen wollen, wählen Sie SPIEL|NEUES SPIEL (oder drücken Sie [F2]). Im Dialogfeld NEUES SPIEL klicken Sie auf SPIEL BEENDEN UND NEUES SPIEL STARTEN. Wenn Sie dieselben Einstellungen zuvor wollen, klicken Sie auf DIESES SPIEL NEU STARTEN.

4. Sie können verschiedene Optionen im Menü SPIEL einstellen:

- Um den Schwierigkeitsgrad zu ändern, wählen Sie SPIEL|OPTIONEN und dann ANFÄNGER, FORTGESCHRITTEN oder PROFI.

- Um die Farbe des Spielfelds zu verändern, wählen Sie SPIEL|DARSTELLUNG ÄNDERN.

5. Zum Beenden klicken Sie auf die Schaltfläche SCHLIESSEN.

 Wenn Sie ein größeres Spielfeld wollen (mehr Quadrate, mehr Minen und mehr Spaß), wählen Sie SPIEL | OPTIONEN und anschließend die Option BENUTZERDEFINIERT.

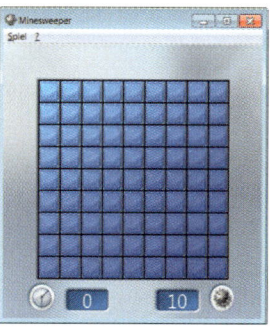

Abbildung 20.7: Eine neues Minesweeper-Spiel

Abbildung 20.8: Verloren!

Purble Place spielen

1. Wählen Sie START|SPIELE und doppelklicken Sie dann auf PURBLE PLACE. Beim ersten Mal wählen Sie im angezeigten Dialogfeld einen Schwierigkeitsgrad aus.

 Purble Place besteht eigentlich aus drei Spielen: Comfy Cakes, Purble Shop und Purble Pairs. Sie sind eher für kleinere Kinder und bieten einfache Spielanleitungen.

2. Im Fenster PURBLE PLACE (siehe Abbildung 20.9) klicken Sie auf eines der Häuser, um das entsprechende Spiel zu starten:

   • Die Schule öffnet Purble Pairs, eine Art Memory-Spiel, bei dem jeweils zwei Quadrate angeklickt werden, um ein Paar zu finden.

   • Die Bäckerei startet Comfy Cakes. Hier stellen Sie Kuchen zusammen, die einem vorgegebenen Bild entsprechen.

   • Im Purble Shop gibt es kleine Figuren, für die man die passenden Augen, Nase und Mund suchen muss.

3. Im Spielefenster (Abbildung 20.10 zeigt Comfy Cakes) befolgen Sie die Bildschirmanweisungen. Bei Comfy Cakes müssen Sie auf eine Kuchenform und dann auf einen Pfeil klicken, um den Kuchen weiterzuschieben. Wählen Sie Glasur und Dekor so aus, dass der Kuchen den Vorgaben entspricht.

4. Um zum Hauptmenü zu wechseln, wählen Sie SPIEL| HAUPTMENÜ und klicken dann auf JA, um das Spiel zu speichern. Um das Spiel zu beenden, klicken Sie auf die Schaltfläche SCHLIESSEN.

 So gelangen Sie schnell zum Hauptmenü: Klicken Sie auf die kleinen Gebäudesymbole (Shop, Schule und Bäckerei), die auf einem grünen Pfeil stehen.

Abbildung 20.9: Das Hauptmenü von Purble Place

Abbildung 20.10: Das Spiel Comfy Cakes

Hearts spielen

1. Wählen Sie START|SPIELE und doppelklicken Sie auf HEARTS.

2. Im Fenster HEARTS (siehe Abbildung 20.11) wird Ihr Blatt angezeigt, während das der anderen verdeckt ist. Wählen Sie zum Spielbeginn drei Karten aus, die Sie an Ihren Gegner weitergeben, und klicken Sie dann auf den (zu Beginn) nach links zeigenden Pfeil.

3. Jeder Spieler spielt im Uhrzeigersinn Karten derselben Farbe aus (mit einem Klick auf die Karte). Der Spieler, der die höchste Karte der ausgelegten Farbe spielt, gewinnt den Stich. (Als Stich werden die Karten bezeichnet, die Sie erhalten, wenn Sie die höchste Karte der geforderten Farbe spielen.)

4. Wählen Sie SPIEL|OPTIONEN, um die Einstellungen zu ändern (siehe Abbildung 20.12). Sie können die drei Mitspieler umbenennen, Sound aktivieren, Tipps anzeigen und festlegen, wie ein Spiel gespeichert werden soll.

5. Um das Spiel zu beenden, wählen Sie SPIEL|BEENDEN oder klicken auf die Schaltfläche SCHLIESSEN.

 Über die Menüs im Fenster SPIELE (siehe Abbildung 20.1) können Sie verschiedene Optionen für die Spiele einstellen und Jugendschutzeinstellungen festlegen.

Abbildung 20.11: Das Fenster HEARTS mit drei zur Weitergabe ausgewählten Karten

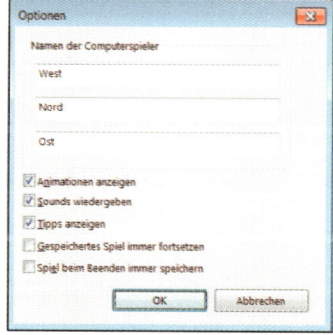

Abbildung 20.12: Das Dialogfeld OPTIONEN

USB-Joystick an den Computer anschließen

1. Um einen USB-Joystick oder eine andere Art von Gamecontroller anzuschließen, stecken Sie diesen an einen USB-Anschluss am Computer an. Windows sollte das Gerät erkennen und automatisch installieren.

2. Wenn das Gerät nicht automatisch erkannt wird, führen Sie die folgenden Schritte aus.

3. Wählen Sie START|SPIELE|TOOLS|EINGABEGERÄTE.

4. Im Dialogfeld GAMECONTROLLER (siehe Abbildung 20.13) klicken Sie auf die Schaltfläche ERWEITERT.

5. Im Dialogfeld ERWEITERTE EINSTELLUNGEN klicken Sie in der Dropdownliste BEVORZUGTES GERÄT auf das installierte Gerät und dann zwei Mal auf OK, um sämtliche Dialogfelder zu schließen.

Abbildung 20.13: Das Dialogfeld GAMECONTROLLER

 Wenn der Gerätecontroller nicht im Dialogfeld GAMECONTROLLER aufgeführt ist, legen Sie die mitgelieferte Installations-CD ein und befolgen die Anweisungen zur Installation. Wenn Sie keine Installations-CD haben, finden Sie entweder im Gerätehandbuch oder auf der Hersteller-Website einen Hinweis auf einen kompatiblen Treiber, der bereits in Windows installiert ist. In diesem Fall befolgen Sie die Anweisungen in Schritt 5, um den betreffenden Treiber auszuwählen. Eine weitere Möglichkeit: Der Hersteller bietet unter Umständen auf seiner Website eine Treiberversion zum Download an.

Windows 7 und Musik

Wer hat nicht Musik im Blut? Unsere Zehen fangen an zu wippen und so manches Lied trifft uns mitten ins Herz. Musik ist ein perfekter Begleiter für die endlosen Stunden
vor dem Computer. Deshalb wäre es doch ideal, wenn Sie die Musik direkt an Ihrem Arbeitsplatz abspielen könnten und
dazu weder einen CD-Player noch einen iPod bräuchten.

Da habe ich gute Nachrichten für Sie: Sie haben es vielleicht noch nicht bemerkt, aber Ihr Windows 7-Computer ist eine regelrechte Musikmaschine. Mit der entsprechenden Soundkarte und Lautsprechern oder einem Kopfhörer ist Ihr Computer eine Spitzenanlage, die neben Musikdateien auch CDs und DVDs abspielen kann. Mit den Windows Media-Programmen können Sie Wiedergabelisten erstellen und sogar Musik auf CD/DVD brennen oder mit einem tragbaren Gerät synchronisieren.

In diesem Kapitel erfahren Sie alles Wissenswerte rund um die Musik auf Ihrem Computer, beispielsweise:

▶ Lautsprecher anschließen und die Lautstärke regeln
▶ Musik mit Microsoft Media Player abspielen
▶ Musikdateien verwalten, indem Sie Wiedergabelisten erstellen
▶ Musiktitel auf CD/DVD brennen oder mit tragbaren Musikgeräten synchronisieren
▶ Einstellungen für das Kopieren von Musikdateien von CD/DVD auf Ihren Computer festlegen

21

In diesem Kapitel

▶ Lautsprecher einrichten

▶ Systemlautstärke anpassen

▶ Wiedergabeliste erstellen

▶ Musik auf CD/DVD brennen

▶ Mit einem Musikgerät synchronisieren

▶ Musik abspielen

▶ Einstellungen für das Kopieren von Musik festlegen

Lautsprecher einrichten

1. Stecken Sie die Lautsprecher an den entsprechenden Buchsen Ihres Computers, Notebooks oder Monitors an (meistens mit einem Lautsprechersymbol gekennzeichnet).

2. Wählen Sie START|SYSTEMSTEUERUNG|HARDWARE UND SOUND und klicken Sie dann unter SOUND auf AUDIOGERÄTE VERWALTEN.

3. Im Dialogfeld SOUND (siehe Abbildung 21.1) klicken Sie auf den Eintrag LAUTSPRECHER und dann auf die Schaltfläche EIGEN-SCHAFTEN.

4. Im Dialogfeld EIGENSCHAFTEN VON LAUTSPRECHER klicken Sie auf die Registerkarte PEGEL und verwenden dann den Schiebereg-ler LAUTSPRECHER (siehe Abbildung 21.2), um die Lautstärke einzustellen. *Hinweis:* Wenn auf der Schaltfläche mit dem Lautsprechersymbol ein durchgestrichener roter Kreis an-gezeigt wird, klicken Sie auf diese Schaltfläche, um die Laut-sprecher zu aktivieren.

5. Klicken Sie auf die Schaltfläche BALANCE. Im Dialogfeld BALANCE verwenden Sie die Schieberegler für L(inks) und R(echts), um die Lautstärke zwischen den beiden Lautsprechern auszuba-lancieren.

6. Klicken Sie insgesamt drei Mal auf OK, um alle geöffneten Dialogfelder zu schließen und die neuen Einstellungen zu speichern.

 Wenn Sie mit Ihrem Computer auch telefonieren, werfen Sie einmal einen Blick auf die Registerkarte KOMMUNIKATION (im Dialogfeld SOUND). Hierüber können Sie die Lautstärke der Sounds bei Telefonaten anzupassen.

Abbildung 21.1: Das Dialogfeld SOUND

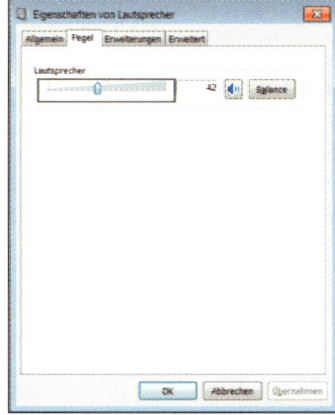

Abbildung 21.2: Das Dialogfeld EIGENSCHAFTEN VON LAUTSPRECHER mit der Registerkarte PEGEL

Systemlautstärke anpassen

1. Wählen Sie Start|Systemsteuerung|Hardware und Sound.

2. Klicken Sie in der Kategorie Sound auf den Link Systemlautstärke anpassen, um das Dialogfeld Lautstärkemixer - Lautsprecher zu öffnen (siehe Abbildung 21.3).

3. Sie können folgende Einstellungen vornehmen:

   • Verschieben Sie den Lautsprecherregler, um die System-
     lautstärke festzulegen.

   • Für die Windows-Sounds passen Sie die Lautstärke mit dem
     Regler für die Systemsounds an.

   • Um die Lautstärke für das Gerät und/oder die Anwendungen
     stumm zu schalten, klicken Sie auf das jeweilige Lautspre-
     chersymbol unter dem Schieberegler, das daraufhin mit
     einem durchgestrichenen roten Kreis gekennzeichnet ist.

4. Klicken Sie zwei Mal auf die Schaltfläche Schliessen.

Sie können die Lautstärke für ein Standardaudiogerät auch ganz auf die Schnelle einstellen. Klicken Sie dazu auf das Lautsprecher-Symbol im Infobereich der Taskleiste. Um die Lautstärke anzupassen, verschieben Sie den Regler im Popupfenster oder aktivieren die Stummschaltung, indem Sie auf das Lautsprechersymbol unter dem Regler klicken.

Heutzutage sind bei vielen Tastaturen bereits Lautstärkeregler und ein Stummschalter integriert, mit denen Sie die Lautstärke des Computers regeln können. Manche

verfügen sogar über Tasten, um die Musikwiedergabe zu starten, zu unterbrechen oder anzuhalten. Für diesen netten Komfort lohnt es sich schon, ein bisschen mehr für eine Tastatur auszugeben.

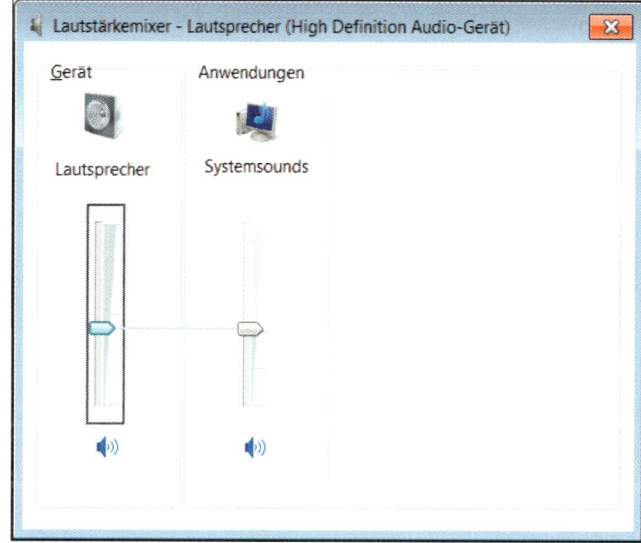

Abbildung 21.3: Das Dialogfeld Lautstärkemixer - Lautsprecher

Wiedergabeliste erstellen

1. Wählen Sie START|ALLE PROGRAMME|WINDOWS MEDIA PLAYER.

2. Klicken Sie auf MEDIENBIBLIOTHEK. Eine leere Wiedergabeliste wird im Listenbereich auf der rechten Seite angezeigt.

3. Klicken Sie auf eine Kategorie (beispielsweise MUSIK), um entsprechende Bibliotheken anzuzeigen, und doppelklicken Sie dann im linken Bereich auf eine Bibliothek, um deren Inhalte anzuzeigen (siehe Abbildung 21.4). Klicken Sie auf ein Element und ziehen Sie es auf die neue Wiedergabeliste. Wiederholen Sie diesen Schritt, um weitere Titel zu suchen und zur Wiedergabeliste hinzuzufügen.

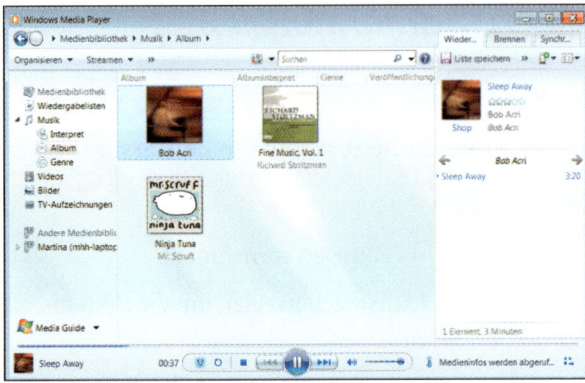

Abbildung 21.4: Eine Wiedergabeliste im Wiedergabebereich erstellen

4. Nachdem Sie die gewünschten Titel hinzugefügt haben, klicken Sie auf die Schaltfläche LISTE SPEICHERN. Um eine Wiedergabeliste abzuspielen, klicken Sie auf die entsprechende Liste auf der linken Fensterseite und dann auf die Schaltfläche WIEDERGABE.

5. Sie können Wiedergabelisten organisieren, indem Sie auf die Schaltfläche Organisieren und dann auf SORTIEREN NACH klicken (siehe Abbildung 21.5). Über das daraufhin angezeigte Untermenü können Sie die Liste unter anderem nach Titel, Interpret oder Veröffentlichungsdatum sortieren.

 Sie können auch mit der rechten Maustaste im Bibliotheksbereich auf eine Wiedergabeliste klicken und dann den Befehl Wiedergabe wählen, um die Liste abzuspielen, oder Sie wählen Löschen, um die Liste zu löschen. Die Originaltitel werden dadurch nicht gelöscht.

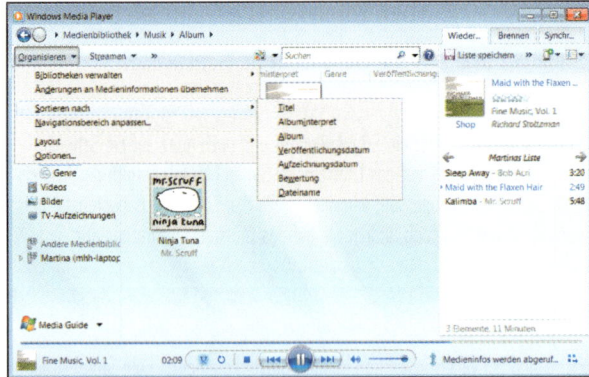

Abbildung 21.5: Das Menü zur Schaltfläche ORGANISIEREN

Musik auf CD/DVD brennen

1. Öffnen Sie Windows Media Player und legen Sie eine leere CD oder DVD ein, auf die Sie Audiodateien im betreffenden Computerlaufwerk brennen können.

2. Klicken Sie auf die Registerkarte BRENNEN und dann auf die gewünschten Alben oder Wiedergabelisten und ziehen Sie sie mit gedrückter Maustaste auf den Listenbereich auf der rechten Seite (siehe Abbildung 21.6).

3. Klicken Sie auf die Schaltfläche BRENNEN STARTEN. Windows Media Player brennt die Elemente auf den Datenträger. In der STATUS-Spalte wird pro Titel der Fortschritt des Brennvorgangs angezeigt.

4. Sobald der Brennvorgang abgeschlossen ist, wird der Datenträger ausgeworfen. (Sie können diese Option deaktivieren, wenn Sie auf die Schaltfläche BRENNOPTIONEN klicken und dort den Befehl DATENTRÄGER NACH DEM BRENNEN auswerfen deaktivieren.)

 Wenn Sie Musik online beziehen und diese dann auf CD/DVD brennen und an Freunde weitergeben, sollten Sie die Dateien vor der Weitergabe stets auf Viren untersuchen. Achten Sie außerdem unbedingt darauf, ob Sie zum Herunterladen und Weitergeben der Musikdateien berechtigt sind.

 Es gibt verschiedene Arten von DVDs, beispielsweise DVD+, DVD- und DVD+/-. Achten Sie darauf, dass Ihr DVD-Laufwerk mit dem Datenträgertyp, den Sie wählen, kompatibel ist, sonst klappt es nicht mit dem Brennen. Beim Kauf sollten Sie daher auf das richtige Format achten.

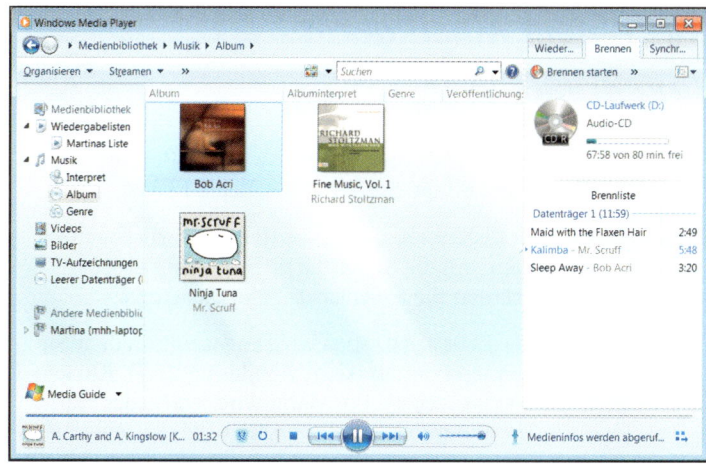

Abbildung 21.6: Musikdateien zum BRENNEN BEREIT

Mit einem Musikgerät synchronisieren

1. Schließen Sie das Gerät, beispielsweise einen iPod, an Ihren Computer an und öffnen Sie Windows Media Player.

2. Klicken Sie im Listenbereich auf die Registerkarte SYNCHRO-NISIEREN und dann auf die Schaltfläche SYNCHRONISIERUNGS-OPTIONEN und wählen Sie SYNCHRONISIERUNG EINRICHTEN.

3. Das Dialogfeld GERÄTEINSTALLATION wird angezeigt, in dem Sie das Gerät benennen können (siehe Abbildung 21.7). Klicken Sie dann auf FERTIG STELLEN. Das Gerät wird jetzt jedes Mal, wenn es an den Computer angeschlossen wird, automatisch aktualisiert.

Um Elemente auf einem Gerät zu synchronisieren, muss die Registerkarte SYNCHRONISIEREN angezeigt sein, wenn Sie die Elemente auf den rechten Listenbe-reich ziehen. Sobald das Gerät angeschlossen ist, werden die Elemente automatisch auf das Gerät kopiert.

Wenn Sie sichergehen wollen, dass die Synchronisierung läuft, klicken Sie auf die Schaltfläche SYNCHRONISIERUNGSOPTIONEN (ganz rechts auf der Registerkarte Synchro-nisieren) und wählen den Befehl Synchronisierungsstatus anzeigen.

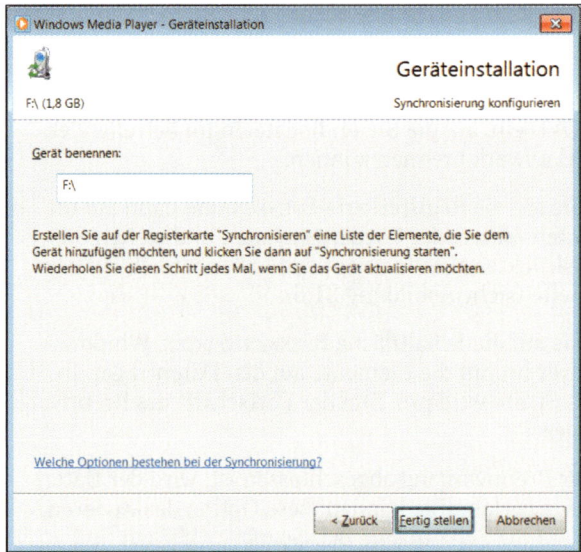

Abbildung 21.7: Das Dialogfeld GERÄTEINSTALLATION

Musik abspielen

1. Wählen Sie START|ALLE PROGRAMME|WINDOWS MEDIA PLAYER.

2. Klicken Sie im Navigationsbereich auf Musik oder WIEDER-GABELISTEN, um deren Inhalte im Detailbereich anzuzeigen (siehe Abbildung 21.8). Klicken Sie auf ein Album oder eine Wiedergabeliste, um es/sie zu öffnen. Die Titel werden rechts im Listenbereich angezeigt.

3. Verwenden Sie die Wiedergabesteuerungsleiste (siehe Abbildung 21.9).

   • Klicken Sie auf einen Titel und dann auf die Schaltfläche WIEDERGABE.

   • Klicken Sie auf die Schaltfläche ANHALTEN, um die Wiedergabe zu beenden.

   • Verwenden Sie die Schaltflächen Weiter und Zurück, um zum nächsten beziehungsweise zum vorherigen Titel im Album oder der Wiedergabeliste zu wechseln.

   • Verwenden Sie die Schaltfläche TON AUS und den Lautstärkeregler, um die Lautstärke zu steuern, ohne die Windows-Einstellungen zu ändern.

 Sie möchten gerne die Reihenfolge der gespielten Titel ändern? Dann verwenden Sie die Schaltfläche Listenoptionen im Listenbereich und wählen dort den Befehl Zufällige Wiedergabe für Liste, damit Windows Media Player die Titel des Albums in beliebiger Reihenfolge wiedergibt. Wenn Sie diese Funktion beenden wollen, klicken Sie einfach erneut auf diese Schaltfläche.

 Um zu einem anderen Titel zu wechseln, ohne die Schaltflächen Weiter und Zurück zu verwenden, können Sie in der Titelliste auf den gewünschten Titel doppelklicken. Wenn Sie mehrere Titel überspringen wollen, ist diese Methode eindeutig schneller.

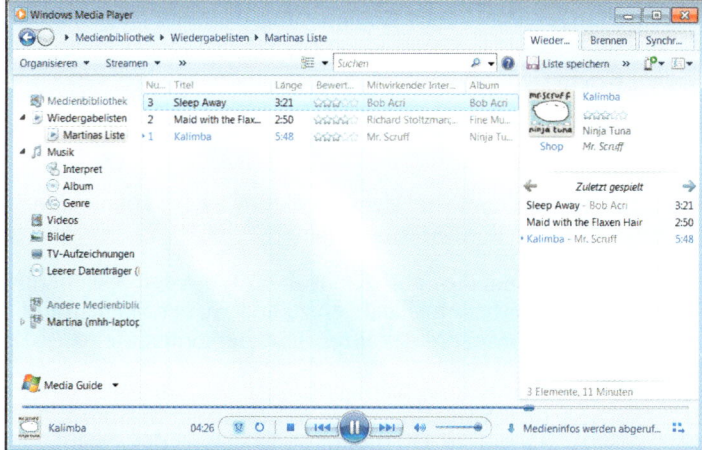

Abbildung 21.8: Eine ausgewählte Wiedergabeliste

Abbildung 21.9: Die Wiedergabesteuerung

Einstellungen für das Kopieren von Musik festlegen

1. Wenn Sie eine CD/DVD in das entsprechende Laufwerk legen, wird deren Inhalt im Wiedergabebereich von Windows Media Player angezeigt. Um das Kopieren mit Windows Media Player zu steuern, wählen Sie im Menü zur Schaltfläche ORGANISIEREN den Befehl OPTIONEN.

2. Klicken Sie im Dialogfeld OPTIONEN auf die Registerkarte Musik kopieren.

3. Auf dieser Registerkarte (siehe Abbildung 21.10) können Sie folgende Einstellungen vornehmen:

   • Klicken Sie auf die Schaltfläche ÄNDERN, um den Speicherort für die kopierten Musikdateien zu ändern; der Standardordner ist der Ordner Musik Ihres Benutzerkontos.

   • Klicken Sie auf die Schaltfläche DATEINAME, um auszuwählen, welche Informationen den Musikdateien hinzugefügt werden, die Sie auf den Computer kopieren (siehe Abbildung 21.11).

   • Wählen Sie in der Dropdownliste FORMAT das entsprechende Audioformat aus.

   • Viele Audiodateien sind kopiergeschützt. Wenn Sie die Musik kopieren und verteilen dürfen, sollten Sie das Kontrollkästchen KOPIERSCHUTZ FÜR MUSIK nicht aktivieren. Wenn Sie jedoch Musik herunterladen, für die Sie bezahlt haben und daher keine Kopien weitergeben sollten, sollten Sie dieses

Kontrollkästchen aktivieren. Windows fordert Sie dann auf, die Mediennutzungsrechte herunterzuladen oder erneut eine Kopie der Musikdatei zu erwerben, wenn Sie diese an einem anderen Speicherort speichern wollen.

   • Wenn Musik von CD/DVDs, die Sie in das Laufwerk einlegen, stets kopiert werden soll, aktivieren Sie das Kontrollkästchen CD AUTOMATISCH KOPIEREN.

4. Wenn Sie die gewünschten Einstellungen vorgenommen haben, klicken Sie auf OK.

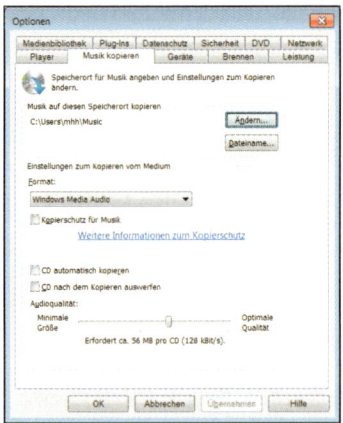

Abbildung 21.10: Das Dialogfeld Optionen mit der Registerkarte MUSIK KOPIEREN

Abbildung 21.11: Das Dialogfeld DATEINAMENOPTIONEN

Mit Fotos arbeiten

*E*in Bild sagt mehr als tausend Worte. Das ist wahrscheinlich
der Grund, warum alle dem Digitalbild verfallen sind. Viele besitzen heute eine
Digitalkamera (manche vielleicht nur eine
im Handy eingebaute) und bearbeiten und tauschen Fotos wie wild.

In Kapitel 4 finden Sie eine kurze Einführung in die Windows-Fotoanzeige. Dieses
Kapitel geht etwas mehr ins Detail und behandelt folgende Themen:

▶ Fotos anzeigen, Markierungen erstellen und Bewertungen abgeben, um die Suche
nach Fotos zu verbessern
▶ Fotos an Freunde mailen oder Fotos auf CD/DVD brennen,
um sie weiterzugeben
▶ Diashows erstellen und betrachten

22

In diesem Kapitel

▶ Digitale Bilder in der Windows-Fotoanzeige öffnen

▶ Fotos mit einer Markierung versehen

▶ Bewertungen für Fotos hinzufügen oder
ändern

▶ Fotos per E-Mail senden

▶ DVD mit Windows DVD Maker brennen

▶ Diashow erstellen und abspielen

Digitale Bilder in der Windows-Fotoanzeige öffnen

1. Klicken Sie mit der rechten Maustaste auf die Schaltfläche START und wählen Sie WINDOWS-EXPLORER ÖFFNEN.

2. Doppelklicken Sie dann auf das Symbol der Bildbibliothek. Wenn sich in dieser Bibliothek Ordner befinden, öffnen Sie diese mit einem Doppelklick. Doppelklicken Sie in dem Ordner auf das gewünschte Foto. In der Windows-Fotoanzeige (siehe Abbildung 22.1) arbeiten Sie mit den Werkzeugen am unteren Fensterrand (siehe Abbildung 22.2):

   • Mit den Schaltflächen WEITER und ZURÜCK zeigen Sie das nächste beziehungsweise das vorherige Bild im aktuellen Ordner an.

   • Wenn Sie auf die Schaltfläche mit der Lupe klicken, wird ein Regler angezeigt, mit dem Sie die Darstellung des Bildes ändern können.

   • Mit einem Klick auf die Schaltfläche LÖSCHEN wird das ausgewählte Bild gelöscht.

   • Mit den Schaltflächen GEGEN DEN UHRZEIGERSINN DREHEN und IM UHRZEIGERSINN DREHEN drehen Sie das Bild jeweils um 90 Grad.

   • Die Schaltfläche Diashow wiedergeben in der Mitte zeigt die Bilder im Bildordner in einer fortlaufenden Diashow an.

 Wenn Sie ein Bild in einer anderen Anwendung öffnen wollen, klicken Sie oben in der Menüleiste der Windows-Fotoanzeige auf ÖFFNEN und wählen dann das betreffende Programm aus, beispielsweise Paint oder MICROSOFT OFFICE PICTURE MANAGER.

Abbildung 22.1: Die Windows-Fotoanzeige

Abbildung 22.2: Die Werkzeuge, mit denen Sie Bilder bearbeiten können

Fotos mit einer Markierung versehen

1. Um eine neue Markierung zu erstellen, wählen Sie START|BILDER. Klicken mit der rechten Maustaste auf ein Bild und wählen Sie EIGENSCHAFTEN.

2. Im Dialogfeld EIGENSCHAFTEN VON [BILDNAME] klicken Sie auf die Registerkarte DETAILS (siehe Abbildung 22.3).

3. .Klicken Sie auf den Eintrag MARKIERUNGEN, um ein Feld zu öffnen. Geben Sie eine Markierung, beispielsweise ein Stichwort wie den Aufnahmeort, in das Feld ein (siehe Abbildung 22.4) und klicken Sie auf OK, um die Markierung zu speichern.

4. Wenn Sie nun die Bildbibliothek im Windows-Explorer in der Detailansicht anzeigen, wird die Markierung neben dem Foto angezeigt. Markierungen werden auch verwendet, wenn Sie Fotos im Windows Media Center anzeigen.

 Um eine Markierung zu löschen, öffnen Sie erneut das Dialogfeld EIGENSCHAFTEN VON [BILDNAME], klicken ganz rechts in das Feld mit der Markierung und drücken ⟵.

 Um eine Liste mit allen Fotos der Bildbibliothek im Windows-Explorer anzuzeigen, die nach Markierungen sortiert ist, wählen Sie in der Dropdownliste ANORDNEN NACH den Eintrag MARKIERUNG.

Abbildung 22.3: Das Dialogfeld EIGENSCHAFTEN VON [BILDNAME], Registerkarte DETAILS

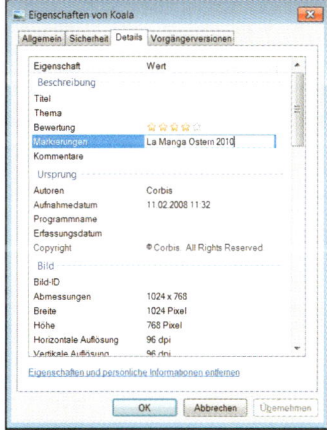

Abbildung 22.4: Foto mit einer Markierung versehen

Bewertungen für Fotos hinzufügen oder ändern

1. Wählen Sie START|BILDER, um die Bewertung für ein Foto zu ändern, nach der Sie diese auch in der Bildbibliothek sortieren können. Klicken Sie mit der rechten Maustaste auf ein Foto und wählen Sie EIGENSCHAFTEN.

2. Im Dialogfeld EIGENSCHAFTEN VON [BILDNAME] klicken Sie auf die Registerkarte DETAILS.

3. Klicken Sie auf die Anzahl Sterne, die Ihrer Bewertung entsprechen – also eins bis fünf – (siehe Abbildung 22.5) und klicken Sie dann auf OK, um die Bewertung zu speichern. Sie können die Bewertung in der Detailansicht in der Bildbibliothek anzeigen.

 Sie können Fotos nach beliebigen Kriterien bewerten. Zum Beispiel von weniger bis optimal gelungen, von hoher zu niedriger Qualität oder Sie verwenden eine Bewertung, um sich daran zu erinnern, dass Sie bestimmte Fotos aus Urheberschutzgründen nicht veröffentlichen dürfen.

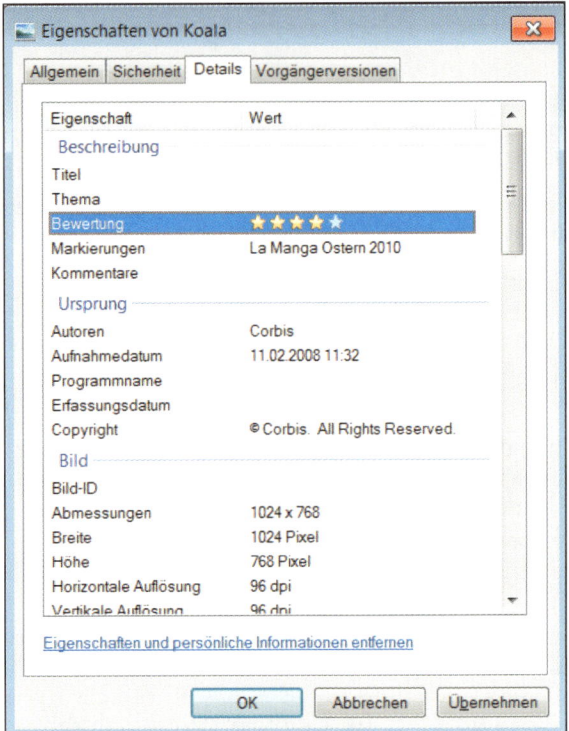

Abbildung 22.5: Foto im Dialogfeld Eigenschaften bewerten

Fotos per E-Mail senden

1. Wählen Sie START|BILDER. In der Bildbibliothek (siehe Abbildung 22.6) klicken Sie auf eine Miniaturansicht, um das Foto auszuwählen. Wenn Sie mehrere Fotos auswählen wollen, halten Sie (STRG) gedrückt und klicken Sie dann auf die betreffenden Miniaturansichten.

2. Klicken Sie mit der rechten Maustaste auf die markierten Dateien und wählen Sie im Kontextmenü SENDEN AN|E-MAIL-EMPFÄNGER. Im Dialogfeld Dateien anfügen (siehe Abbildung 22.7) ändern Sie die Bildgröße, indem Sie in der Dropdownliste BILDGRÖSSE eine Option in der Liste auswählen.

3. Klicken Sie auf ANFÜGEN. In Ihrem Standard-E-Mail-Programm öffnet sich ein E-Mail-Fenster, in dem das Foto bereits angefügt ist.

4. Füllen Sie das E-Mail-Formular noch mit Adresse, Betreff und eventuell einer Nachricht und klicken Sie dann auf SENDEN.

 Wählen Sie für E-Mail-Anhänge kleinere Bildgrößen, da Grafikdateien sehr groß sein können. Beim Senden größerer Dateien könnten Probleme auftreten oder die Empfänger können diese unter Umständen nicht empfangen. Verwenden Sie unbedingt eine kleinere Bildgröße, wenn Sie mehrere Bilder senden. **Hinweis:** Auch wenn Sie eine Videodatei als E-Mail-Anhang senden können, können Sie deren Größe nicht verändern: Videodateien lassen Fotodateien vergleichsweise winzig aussehen, also schicken Sie Videos, wenn überhaupt, immer als Einzeldateien.

 Sie können auch zunächst ein E-Mail-Formular öffnen. Wenn die Windows-Fotoanzeige geöffnet ist, klicken Sie dann auf ein Foto und ziehen es mit gedrückter Maustaste in die E-Mail. Auf diese Weise wird die Datei in Originalgröße an die Nachricht gehängt.

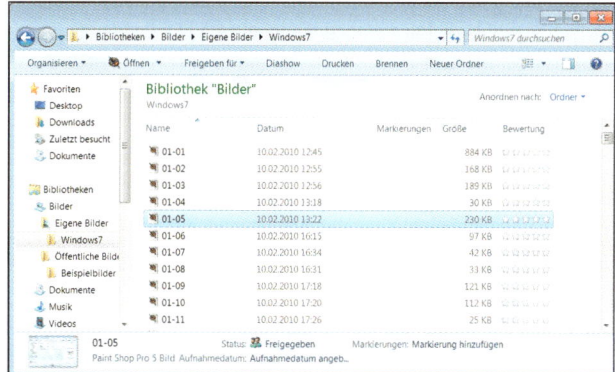

Abbildung 22.6: Bilddatei(en) in der Bildbibliothek auswählen

Abbildung 22.7: Das Dialogfeld DATEIEN ANFÜGEN

DVD mit Windows DVD Maker brennen

1. Legen Sie eine beschreibbare DVD in das DVD-Laufwerk ein.

2. Wählen Sie START|ALLE PROGRAMME|WINDOWS DVD MAKER oder warten Sie, bis das Dialogfeld AUTOMATISCHE WIEDERGABE angezeigt wird und wählen Sie dort die Option DVD-VIDEO-DATENTRÄGER MIT WINDOWS DVD MAKER BRENNEN.

3. Im Fenster WINDOWS DVD MAKER klicken Sie auf die Schaltfläche Elemente hinzufügen und fügen alle Fotos hinzu, die Sie auf DVD brennen möchten (siehe Abbildung 22.8).

4. Geben Sie im Feld DVD-TITEL am unteren Fensterrand einen Titel für die DVD ein (standardmäßig wird das aktuelle Datum verwendet) und klicken Sie dann auf WEITER.

5. Das Fenster DVD KANN GEBRANNT WERDEN wird angezeigt (siehe Abbildung 22.9). Klicken Sie auf BRENNEN, um fortzufahren.

6. Wenn die Dateien auf den Datenträger gebrannt wurden, wird eine Bestätigungsmeldung angezeigt und der Datenträger ausgeworfen. Klicken Sie auf FERTIG STELLEN, um den Vorgang abzuschließen und Windows DVD Maker zu schließen.

 Wenn Sie die Fotos prüfen möchten, bevor Sie sie auf DVD brennen, klicken Sie auf die Schaltfläche VORSCHAU.

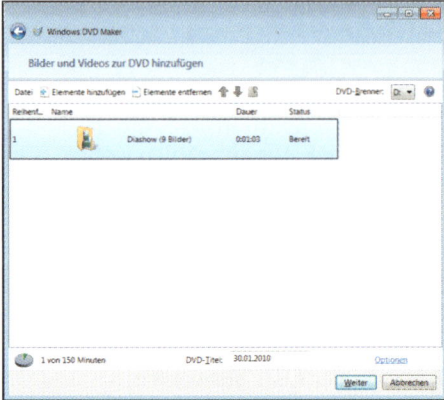

Abbildung 22.8: Elemente hinzufügen

Abbildung 22.9: Die gewählten Dateien können auf den Datenträger geschrieben werden.

Diashow erstellen und abspielen

1. Wählen Sie START|BILDER. Öffnen Sie einen Ordner in der Bildbibliothek, um alle darin enthaltenen Bilder aufzulisten.

2. Markieren Sie ein Bild, um es auszuwählen. Klicken Sie mit gedrückter ⌈Strg⌋-Taste auf weitere Bilder, die in der Diashow angezeigt werden sollen (siehe Abbildung 22.10).

3. Klicken Sie auf die Schaltfläche DIASHOW. Die Diashow wird im Vollbildmodus gestartet und die ausgewählten Bilder werden automatisch nacheinander angezeigt (siehe Abbildung 22.11).

4. Drücken Sie ⌈ESC⌋, um die Diashow zu beenden.

 Wenn Sie fortgeschrittenere Funktionen für eine Diashow suchen, öffnen Sie Windows Media Center. Hier können Sie beliebig viele benutzerdefinierte Diashows erstellen und speichern, Dias neu anordnen und Diashows bearbeiten, um neue Fotos hinzuzufügen oder vorhandene zu löschen. Vielleicht kaufen Sie sich sogar ein Präsentationsprogramm wie PowerPoint, mit dem Sie tolle Diashows erstellen können.

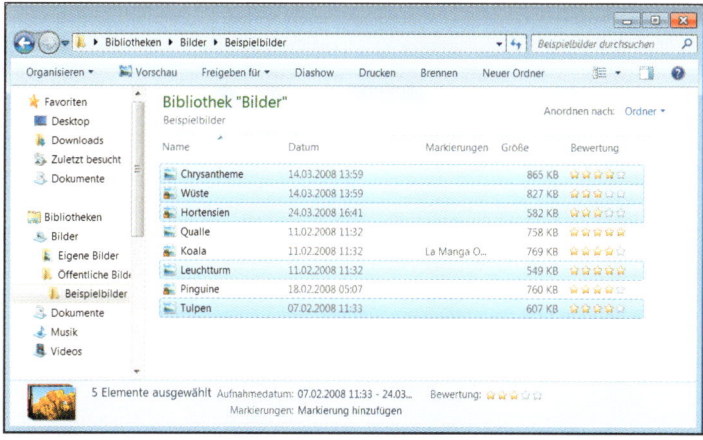

Abbildung 22.10: Bilder in der Bildbibliothek auswählen

Abbildung 22.11: Diashow im Vollbildmodus

Stichwortverzeichnis